조금 삐딱한 책읽기

■ 일러두기

1. 이 책에서 잡지와 신문은《 》, 영화와 노래는〈 〉, 단행본은『 』, 단편 소설, 시, 논문 등은「 」로 표기한다.
2. 외국어는 국립국어원 외래어 표기법을 따르되, 일부 우리말로 굳어진 것은 관용을 따른다.

조금 빼딱한 책읽기

윤정용

고두미

책머리에

홍상수의 영화 〈잘 알지도 못하면서〉(2008)가 떠오른다. 영화 줄거리는 이렇다. 영화감독 구경남은 제천의 영화제에 심사위원으로 초청받았지만 늘 그렇듯이 영화인들과의 술자리를 핑계로 심사는 뒷전이다. 영화제에서 한때 절친이었던 부상용을 우연히 만나 그의 집으로 향한다. 그는 밤늦게까지 상용 부부와 술자리를 갖는데 상용의 아내 유신 때문에 분위기는 묘해진다. 다음날 아침 그는 파렴치한으로 몰려 도망치듯 제천을 떠난다. 그는 제주도로 특강을 갔다가 그곳에서 한때 연모했던 후배 고순과 재회한다. 그녀와 밀회를 즐기다가 동네 주민에게 들키자 비겁하고 무책임하게 도망치고 만다. 경남은 참 한결같이 '비겁'하고 '무책임'하다.

'잘 알지도 못하면서', '비겁', '무책임' 등의 단어가 머릿속에서 떠나지 않는다. 영화 속 경남에서 자꾸만 내 모습이 떠올라 한없이 부끄러워진다. 책을 제대로 읽지 못했으면 글을 쓰지 말아야 하는데 아마도 '잘 알지도 못하면서' 무책임하게 글을 썼기 때문일 것이다. 글을 썼으면 두려움 없이 똑바로 가야 하는데 또 그게 두려워 비겁하게 돌아간다. '천학비재'와 '지리멸렬'이라는 단어가 이 상황에 딱 들어맞는다. '학문도 얕고 재주도 변변치 않기에' 그렇게 쓴 글은 '이리저리 흩어지고 찢기어 갈피를 잡을 수 없다.'

지난 책들의 '책머리에'를 다시 읽어 보았다. 불과 얼마 전에 "열심히 쓰다 보면 언젠가는 잘 쓸지도 모른다", "더 좋은 글을 쓰겠다"라고 썼는데, 지금은 생각이 바뀌었다. 열심히 많이 써도 잘 못 쓸 수 있다. 혹시나 운이 좋아 언제가 잘 쓸 수도 있지만 앞으로 계속 못 쓸 수도 있다. 이제는 '잘 쓰겠다', '더 좋은 글을 쓰겠다'라는 생각은 버렸다. 남들이 내 글을 많이 읽어주면 좋겠지만 읽어주지 않아도 괜찮다. 대신 언제까지라고 단언할 수 없지만 "계속 쓰고, 쓰고, 또 쓸 것이다." 뻔뻔하게 들릴 수도 있지만 지금까지 '잘 알지도 못하면서' 썼다면 앞으로는 '잘 알지도 못하지만' 그래도 계속 쓸 것이다.

이 책에 실린 글 대부분은 컴퓨터에 '최근에 읽은 책들' 폴더에 저장되어 있던 것들이다. 몇몇은 운이 좋아 지면을 얻어 매체에 실리기도 했다. 이 책에서 다루고 있는 주제는 문학, 철학, 윤리학, 사회학, 영화, 미학 등 다양하다. 심지어 교육학과 예술에 관련된 글도 있다. 하지만 주제도 일관되지 않는데다가 글마다 시차가 있어서 논리도 엉성하다. 다시 말하지만 대부분 '잘 알지도 못하면서' 쓴 글이기에 가독성이 많이 떨어진다.

끝으로 이 책이 나오는 데 도움을 준 많은 분들께 감사의 말을 전하고 싶다. 특히 함께 책을 읽고 많은 이야기를 들려준 독서클럽 '체홉'과 '지역작가와의 만남'의 회원들, 그리고 청주시립도서관 북멘토를 하면서 만났던 많은 분들께는 더더욱 감사하다.

2020년 가을

윤정용

조금 삐딱한 책읽기

차례

제 1 부

'찬란한 실패'의 **'슬픈 아일랜드'**

『번역』

아일랜드라는 작은 나라가 있다. 아일랜드는 '슬픈'이라는 형용사와 너무나도 잘 어울리는 나라다. 실제로 마리타 콘론 맥커너는 1840년대 아일랜드 전역을 휩쓸면서 많은 사람의 목숨을 앗아간 '감자 기근'을 소재로 『슬픈 아일랜드』(1990)라는 소설을 썼다. 역사학자 박지향도 같은 제목의 아일랜드 역사책을 썼다. 두 책의 제목에서 알 수 있듯이 아일랜드의 역사는 '슬픔'이라는 한 단어로 압축될 수 있다. 아일랜드의 역사는 고대부터 현대에 이르기까지 영국의 역사와 나란히 한다. 아일랜드의 선주민은 확실하지는 않지만, 원래 거주하고 있던 켈트족과 아일랜드를 침입한 노르만족, 이른바 바이킹족이 융합·동화되어 아일랜드인의 조족을 형성했다. 그러나 기독교의 전파와 함께 12세기 후반 헨리 2세 이후 영국의 잦은 침입으로 아일랜드는 점점 영국에 예속화되고 아일랜드인들은 점점 불만을 느끼게 된다. 영국 국교를 강요당하자 마침내 아일랜드 민중은 반항한다. 하지만 엘리자베스 1세, 제임스 1세 등은 아일랜드의 반항을 철저하게 무력으로 억압한다. 북부 얼스터 지방의 토지를 몰수하고 영국인의 이주와 정착을 강행한다. 청교도혁명으로 권력을 장악한 크롬웰은 구교도, 즉 가톨릭 신자들인 아일랜드인을 강력하게 탄압하고 토지를 몰수하여 영국인에게 분배한다. 그리하여 영국인 지주 아래 아일랜드인은 비참한 소작농으로 전락하여 그 유명한 '아일랜드의 빈곤'이 시작되었다. 즉 아일랜드의 빈곤은 1840년대 아일랜드 비극의 정점인 '감자 기근' 이전에 이미 시작되었다.

정치적으로 아일랜드는 1801년에 영국과 합병이 이루어진다. 엄밀히 말하면 아일랜드는 이제 공식적으로 영국의 식민지가 된다. 그 후 아일랜드는 영국으로부터 끊임없이 독립을 요구하지만 번번이 실패하고 만다. 정치적·경제적 실패는 많은 아일랜드인들의 희생을 남겼다. 수없이 많은 실패와 값비싼 희생을 통해 아일랜드는 마침내 독립을 이루었지만 그 역시 완전한 독립이 아니었다. 아일랜드 북부는 여전히 영국령으로 남아 오랜 기간 동안 유혈 투쟁과 테러가 계속되다가 비교적 최근에 정치적 타협으로 점차 안정되어 가고 있다. 일찍이 오스카 와일드는 아일랜드의 역사를 가리켜 '찬란한 실패'의 역사라고 했는데, 그가 말한 '찬란한 실패'는 '슬픈 아일랜드'와 더불어 아일랜드의 역사를 너무나 잘 예거한다.

아일랜드는 정치와 경제에서는 '실패'와 '슬픔'의 역사로 설명되지만 문화에서는 '영광'과 '찬란함'의 역사를 갖고 있다. 그 중심에는 윌리엄 버틀러 예이츠와 제임스 조이스가 있다. 아일랜드는 정치·경제적으로는 좌절과 비참함을 겪고 가난했지만, 예이츠와 조이스 덕분에 아일랜드 문화에 대한 자부심과 아일랜드인으로서 긍지를 가질 수 있었다. 하지만 두 사람이 아일랜드를 사랑하는 방법은 사뭇 달랐다. 예이츠는 '아일랜드 문예부흥운동'을 통해 아일랜드의 전통문화를 수호하고 아일랜드인의 문화적 자긍심을 높이려 했다. 반면 조이스는 아일랜드가 앞으로 더 나아가기 위해서는 지금 아일랜드가 겪고 있는 여러 가지 현실적인 문제를 해결해야 한다고 주장했다. 조이스의 『더블린 사람들』(1914)에는 주인공들, 즉 더블린 사람들이 유년기, 청년기, 성년기, 장년기를 보내면서 많은 갈등을 겪고 종국에는 기존 사회에서 자유스러운 세계로 탈출해 가는 과정이 묘사되고 있다. 작가 자신은 『더블린 사람들』에 일관적으로 흐르고 있는 주제나 분위기를 한마디로 '마비'(paralysis)라고 단언한다. 조이스는 당시 더블린 사람들, 더 나아가 아일랜드인들 전체가 무언가에 마비되어 있다고 보았고, 이 마비에서 벗어나야 비로소 아일랜드가 앞으로 더 나아갈 수 있다고 보았다. 하지만 조이스의 그런 태도는 아일랜드인들을 불편하게 했고, 그 때문에 그는 아일랜드를 떠나 '망명자'로 살 수밖에 없었다. 요약하면 이렇다. 당시 아일랜드 문예의 두 가지 큰 흐름은 예이츠와 조이스로 대별되었다. 두 흐름은 방법론에서 차이가 있다고 하더라도 큰 틀에서 보사면 최종 목표 또는 지향점은 '더 나은 아일랜드'로 수렴된다. 그 목표를 이루기 위한 최우선 사항으로 예이츠는 아일랜드의 전통문화의 '부활'(renaissance)을, 조이스는 아일랜드인의 '각성'(awakening)을 꼽았다.

다시 말하면 예이츠와 조이스는 당시 아일랜드가 처한 비참하고 비루한 정치적·경제적 상황에 주목했고 거기에서 벗어날 방법을 모색했다. 그들이 주로 활동하던 시기에는 비평적으로 파롤(parole), 즉 개별적인 발화를 경시하고 랑그(langue)를 중시하는 구조주의의 출현으로 개인의 '주체성'은 관심의 대상이 아니었다. 개인의 주체성보다는 외면적인 현실이 더 중요했다. 특히 조이스가 천착한 개인의 '의식'도 외면적 현실에 대한 개인의 작용에 머물렀지 개인의 주체성까지 확장되지는 않았다. 하지만 1950년대 이후 비참한 현실에 좌절하는 개인과 그런 개인의 개별적인 발화에 대한 관심이 생겨나면서, 개인의 '주체성'은 문학과 철학에서 중요한 화두가 되었다.

브라이언 프리엘의 희곡 『번역』(1980)은 아일랜드의 실제 역사를 소재로 하고 있지만, 문학적 방점은 개인의 주체성에 찍힌다는 점에서 예이츠와 조이스의 작품과 구별된다. 또한 다른 피식민지 리얼리즘 문학 작품들이 그런 것처럼 제국주의라는 사회적·역사적 맥락에만 매몰되지 않고 그 안의 인물들에 자율성과 다양성을 부여해 새로운 담론을 만들고 있다는 점에서도 차별된다.

『번역』은 실제 아일랜드에서 벌어졌던 역사적 사건을 극적 소재로 하고 있다. 극의 중심 사건은 크게 두 가지다. 첫째, 1833년 아일랜드의 언어인 게일어를 사용하는 서북 아일랜드의 도네갈주의 작은 마을 벨리 벡에 영국 공병대가 도착해 지도 제작을 하면서 게일어 지명을 영어로 바꾸려는 시도다. 둘째, 벨리 벡 지역민들이 자체적으로 운영해 왔던 노천학교를 폐교하고 국립학교를 세우려는 시도다. 지명 바꾸기와 국립학교 설립은 주체와 목적이 다르기 때문에 두 사건은 전혀 다른 사건처럼 보이지만 게일어 대신 영어를 공용어로 택하려 한다는 점에서 맥락은 비슷하다.

『번역』을 읽고 예전에 썼던 이 글을 다시 고치면서 자연스레 '식민/피식민'과 '언어'를 떠올리게 된다. 그리고 아주 오래전에 읽었던 소설과 최근에 보았던 영화도 생각이 난다. 다름 아닌 교과서에도 실렸던 알퐁스 도데의 단편 소설 「마지막 수업」(1871)과 영화 〈말모이〉(2019)다. 「마지막 수업」의 시공간적 배경은 보불 전쟁에서 패배해 프로이센의 영토가 된 알자스-로렌 지방이다. 공부보다는 놀기를 좋아하는 주인공 프란츠는 프랑스어로 하는 마지막 수업을 들으며 마음 깊이 프랑스어를 소홀히 배운 것을 반성하고 프랑스와 프랑스어에 대한 사랑을 가슴 깊이 새긴다. 특히 그는 아멜 선생님이 칠판에 쓴 '프랑스 만세'에 크게 감동한다. 조선어학회 사건을 바탕으로 한 영화 〈말모이〉에서 글을 모르던 판수(유해진)는 한글에 대한 소중함을 깨닫고 목숨을 걸고 말모이 원고를 끝까지 지킨다. 그의 희생 덕분에 우리나라는 제2차 세계대전을 겪은 식민지 가운데 자국의 언어를 온전히 지키고 회복한 유일한 나라가 된다.

「마지막 수업」과 〈말모이〉는 단순히 표면에 나타난 정치적·역사적 주제에만 몰두해서 한 문화가 다른 문화에 의해 침식되거나, 억압받거나, 혹은 대체되는 면만을 강조하지 않는다. 『번역』 역시 마찬가지다. 만일 그랬다면 이 작품은 몇몇 비평가들의 지적대로, 아일랜드인들에 대한 영국인들의 문화적·정치적 억압을 지나치게 단순화한 정치적 팸플릿에 불과했을 것이다. 프리엘은 『번역』에서 억압과 탈취라는 민족주의에 입각한 단순한 구도를 넘어 식민지 정책보다는 '언어'에 더 중요하게 관심을 둔다.

주지하듯, 한 언어가 사라지면 그 언어를 사용하던 공동체와 공동체의 구성원의 '정체성' 또한 사라진다. 즉 언어가 소멸되면 공동체의 사고방식, 생활방식, 행동 방식도 함께 소멸된다. 『번역』에서 프리엘은 언어가 정체성 및 문화, 그리고 역사와 맺고 있는 관계를 다각적으로 조명한다. 특히 아일랜드어인 게일어의 사멸과 그 결과로 초래된 언어 자체에 내포되었던 문화적·민족적 정체성 상실은 서로 다른 몇몇 명명(命名)의 주제를 통해 나타난다.

『번역』에서 휴와 지미는 지식인으로서 벨리 벡의 지도자 계층에 속한다. 휴는 욜랜드에게 게일어가 아일랜드 현실의 굴절의 산물이고, 그것으로 인해 또다시 아일랜드의 현실이 굴절되고 있다고 말한다. 그는 오언에게 언어가 역사적 사실들보다 중요하고 그 언어를 새롭게 만드는 일을 멈추면 안 된다고 주장한다. 그는 지식뿐만 아니라 통찰력도 뛰어난 학자이기도 하다. 지미 역시 욜랜드를 그리워하는 메어에게 '엑소가메인'이라는 단어를 통해 서로 다른 공동체가 평화롭게 화합하는 것이 얼마나 어려운 일이라는 것을 논리적으로 설명한다.

하지만 휴와 지미에게는 자신들의 생각을 실행할 용기가 결여되어 있다. 그렇기 때문에 휴는 영국의 제국주의 폭력에 굴복하고 지미는 비겁하고 소심하게 현실을 회피한다. 그들의 모순적 태도는 결국 자신들의 통찰력을 공허하게 만들고 결국은 패배주의로 치닫는다. 그들의 모순적인 태도는 다음 세대까지 이어진다. 즉 휴의 아들 매너스 또한 벨리 벡 사람들이 곤경에 처할 것을 알면서도 현실로부터 도망을 쳐 자신의 아버지가 걸었던 도피의 길을 다시 나아가려 한다.

반면 도알티와 브리짓은 학식은 부족하지만 현상을 있는 그대로 보고 부당한 폭력에 맞서는 민중들의 가능성을 대변한다. 특히 도알티는 시대가 자신에게 주어진 소명에 억지로 '무거움'을 주입하지 않는다. 그는 자신들이 영국군과 힘에서 비교가 안 되는 것을 알면서도 그들과의 싸움을 회피하지 않는다. 그에게 있어 정의는 전쟁의 승패라는 결과와 무관하다.

『번역』에서 도알티가 계속 자신의 신념을 지켜나갈 것인지, 아니면 휴, 지미, 그리고 매너스처럼 자신의 신념을 포기할지 알 수 없다. 즉 그가 어떤 선택을 할지 알 수 없다. 사실 그가 어떤 선택을 하느냐가 그렇게 중요하지 않을 수 있다. 인생은 무수한 선택에 무한히 노출된다. 항상 옳은 선택을 할 수 없고 또한 잘못된 선택을 했다 해도 영원히 거기에 머물 수 없다. 대신 도알티는 자신의 처지를 비관하거나 상황이 바뀌었기 때문이라고 핑계를 대지 않는다. 다시 말하지만 그에게 정의 또는 선악은 단순하고 선명하다.

『번역』은 시대의 이데올로기를 탁월하게 표현한 작품이다. 무엇보다도 작가 프리엘은 피식민지를 경험한 나라의 사람으로서 나타날 수 있는 편향성을 최대한 배제했다. 기본적으로 제국주의를 비판하면서도 거기에 머물지 않고 제국주의에 의해 굴절된 다양한 인간상을 표현하였다. 피식민지 국민뿐만 아니라 식민지 국민의 굴절된 인간상까지도 차분하게 제시하였다. 이는 제국주가 끝난 직후가 아니라 30여 년이 지난 20세기 말의 시대적 관용이 이제는 식민지의 주체에게까지도 '개성'을 인정할 수 있는 단계에 이르렀다는 것을 의미한다. 또한 프리엘은 인간을 변화하는 요인으로서 외적 요인과 내적 요인 사이의 치우침도 최대한 배제했다.

프리엘은 『번역』에서 인간의 가능성과 한계를 동시에 보여주며 무한히 엇갈리는 인간의 세계를 표현하였다. 넬리 루우의 아기가 세례식을 받자마자 경야를 치르게 되는 것처럼 벨리 벡의 미래는 표면상 매우 암울해 보인다. 하지만 도알티로 대표되는, 배운 것은 별로 없지만 떳떳하고 정의로운 민중은 여전히 존재한다. 그리고 메어가 현실의 무거움을 못 이겨내고 구원자를 찾으려 하는 반면, 오언은 자신만의 이익을 버리고 다시 무거운 현실로 돌아온다. 죽음과 태어남, 절망과 희망은 언제나 함께 공존한다. 그리고 이 엇갈림은 망각이라는 존재 안에서 무한히 반복된다. 로마가 잉글랜드처럼 침략자에 지나지 않았다는 것이 잊힌 것처럼 넬리 루우의 아기의 죽음이라는 아일랜드의 절망도 잊힐 것이다.

『번역』에서 프리엘은 게일어의 쇠퇴와 더불어 상당히 많은 아일랜드 문화가 소멸되었음을 잘 보여준다. 그는 이 작품에서 언어에 대한 다양한 관점을 가진 여러 인물들을 통해 언어와 민족 문화 사이의 연관성을 재고한다. 결국 언어를 상실하면 문화마저도 침식되고 강탈당한다. 왜냐하면 한 집단, 민족, 국가의 문화적 전통은 우리가 인식하는 것보다 언어 속에 더 확고하게 자리

잡고 있기 때문이다.

『번역』은 아일랜드가 전적으로 영국에 의해서 그 문명과 언어가 침식당한다고 문제를 단순하게 도식화하지 않는다. 프리엘이 이 극에서 언어에 대해 제기한 문제들은 그보다 훨씬 더 복잡하고 다층적이다. 그는 게일어의 사멸을 영국이 아일랜드 지명을 영어로 변경함으로써 야기된 탓으로만 돌리지 않는다. 바로 이 점은 이 극을 제국의 식민지 권력에 의한 게일어의 약탈이라는 단순한 공식을 초월하도록 하는 국면이다. 그는 게일어 자체 내에서도 필연적으로 진행되어온 보다 더 미묘한 종류의 언어 침식까지도 포착한다. 그는 영국의 침탈과 관계 없이 아일랜드 언어 내에서도 단어와 그 의미 사이의 연관성이 이미 허물어지기 시작했음을 시사한다.

『번역』은 게일족 과거의 책임을 단순히 영국에게만 묻지 않고, 아일랜드 식민지 역사가 게일족 문화 자체의 붕괴와도 관계가 있다는 것을 암시한다. 작가 프리엘은 고대 게일어 전통에 대해 맹목적인 충성을 수용하지도 않고, 식민지 권력의 문화로 전향하는 것을 인정하지도 않는다. 궁극적으로 그는 영어를 아일랜드 문화로 '재전유'한다. 아일랜드의 역사적 식민지화가 가져온 문화적·언어적 변화를 인식하고 수용하려 노력한다. 그는 고대 게일어 전통에 대한 절대적인 향수도 없고, 그렇다고 해서 영국의 문화적 제국주의에 대해 지속해서 굴종하지도 않는다. 결론적으로 말해 작가 프리엘은 『번역』에서 아일랜드의 과거, 즉 고대 아일랜드 언어와 문화를 현재로 번역함으로써 과거를 전유하여 아일랜드의 역사, 문학, 그리고 더 나아가 문화를 독창적으로 보존하려 시도한다.

아일랜드, **비극적인 역사**의 현재진행형

『주노와 공작』

우연히 켄 로치의 영화 〈보리밭을 흔드는 바람〉(2006)을 다시 보았다. 개봉할 당시에도 이 영화를 보았다. 하지만 그때는 지금보다 아일랜드의 역사에 대해서 더 몰랐고, 관심도 없어 영화를 자세히 보지 않았던 것 같다. 이 영화의 주연 배우가 킬리언 머피였고 이 영화가 칸 영화제 황금종려상을 수상했다는 정도만 기억에 남을 뿐 이 영화에 대해 기억나는 게 별로 없다. 그러다가 최근 브렉시트(Brexit)를 계기로 영국과 아일랜드에 대해 갑자기 관심이 생겨 여러 책을 찾아 읽다가 예전에 보았던 〈보리밭을 흔드는 바람〉이 생각나서 다시 보게 되었다.

로치는 칸 영화제에서 황금종려상 후보에 무려 열네 번이나 올랐고 두 번 수상했다. 첫 번째 수상은 〈보리밭을 흔드는 바람〉이고 두 번째 수상은 〈나, 다니엘 블레이크〉(2016)이다. 로치의 영화는 많은 평론가들이 말하듯이 직설적이고 불편하다. 관객 입장에서 그의 영화는 분명히 극영화이지만 마치 다큐멘터리처럼 받아들여진다. 그의 영화에서 낭만적인 해피엔딩은 찾아보기 힘들다. 그러면서도 희망의 메시지를 놓지 않는다. 바로 그 점이 시종일관 미국의 여러 제도와 관습에 대해 조롱과 비판 일색인 마이클 무어의 영화와 차별되는 지점일 수도 있다. 그렇다고 무어의 영화를 폄하하는 것은 절대 아니다.

두 차례의 세계대전을 겪으면서 영국은 미국에게 세계 최강의 자리를 넘겨주었고 정치, 경제, 사회, 문화 등 거의 모든 분야에서 수많은 문제점을 노출하게 된다. 존 오스본의 희곡 『성난 얼굴로 돌아보라』(1956)는 1950년대 영국의 시대상을 잘 반영한다. 당시의 젊은이들은 기성세대에 '분노'했다. 하지만 그들은 분노만 했을 뿐 현실적인 문제를 직시하거나 문제를 고치려 하지 않았다. 당시의 젊은이들, 즉 현재의 기성세대는 그 문제를 그대로 안고 지금까지 살아왔다. 그들에게 브렉시트는 선택의 문제가 아니라 생존의 문제다. 정치인들이나 많은 예술인들은 이 부분을 외면하고 마치 아무런 문제가 없다는 듯 영국의 문화적인 우수성만을 외쳐왔다. 하지만 로치는 자신의 영화에서 영국 사회가 안고 있는 여러 가지 문제들을 전경화한다. 주지하듯 영국은 잉글랜드를 중심으로 하는 연합국가다. 잉글랜드의 힘이 강할 때는 아무 문제가 없지만 통제력이 약해지면 스코틀랜드, 웨일스, 북아일랜드, 그리고 아일랜드 등 영국의 정체성과 관련해 여러 가지 문제가 수면 위로 오른다.

〈보리밭을 흔드는 바람〉은 아일랜드 문제를 전경화한다. 영화의 배경은 1920년대의 아일랜드다. 주인공인 젊은 의사 데미언(킬리언 머피)은 런던에 일자리를 얻는다. 그는 원래 소심하고 무력한 성격으로 아일랜드의 독립에 대해 회의적이었다. 하지만 아일랜드인에 대한 영국 군대의 횡포를 목격한 뒤로 형 테디, 연인 시네이드 그리고 친구들과 함께 아일랜드 독립운동에 뛰어든다. 아일랜드는 오랜 싸움 끝에 영국과 평화조약을 맺게 된다. 하지만 일부

지역 자치만 허용한다는 영국의 발표를 두고 데미언은 테디와 심한 갈등은 빚는다. 데미언은 완전한 아일랜드 독립을 원하는 강경파인데 반해, 테디는 영국의 자치안 정도로 만족하고 갈등과 대립을 끝내자는 온건파이다. 결국 데미언과 테디 형제뿐만 아니라, 아일랜드 역시 자치를 받아들이기를 원하는 쪽과 아일랜드의 완전한 독립을 원하는 쪽으로 갈라지며 내전에 휩싸인다. 테디는 강제 수색을 통해 데미언을 체포한다. 그는 데미언에게 배신을 강요하지만 데미언은 크리스의 예를 꺼내며 죽음을 맞이한다. 데미언은 영국으로부터의 아일랜드 독립운동을 전개할 당시 테디의 반대를 무릅쓰고 내부의 배신자 크리스를 처단했다. 테디는 시네이드에게 데미언의 죽음을 알린다. 하지만 영화는 분노와 슬픔으로 끝나는 것이 아니라 연인을 잃은 시네이드와 아들을 잃은 크리스의 어머니를 오버랩하면서 인간애라는 진한 감동을 준다. 감독은 아일랜드 독립운동 과정에서 일어나는 개인 간의 갈등과 반목, 배신과 화해를 전경화하면서도 이 모든 것은 결국 개인의 책임보다는 아일랜드를 무력으로 통치하고 진압한 영국의 책임이 더 크다고 역설한다. 더 나아가 아일랜드뿐만 아니라 스코틀랜드도 잉글랜드의 강압에 의해 억압되었다는 역사적 사실을 환기시킨다.

영화 〈보리밭을 흔드는 바람〉과 로치의 영화들을 다시 보면서 예전에 읽었던 숀 오케이시의 희곡들이 떠올랐다. 아일랜드 더블린의 빈민가에서 태어난 오케이시는 가난과 안질 때문에 학교 교육은 2년밖에 받지 못했고, 그 후 날품팔이, 부두 하역부, 공사장 잡역부 등 막노동판을 전전했다. 그는 힘든 일을 하면서 굶주림과 가난, 질병을 직접 체험했고 주위에 항상 존재하는 공포와 사회의 어두운 면도 목격했다. 그는 독학으로 공부하며 노동 문제에 관심을 두고 노동 운동에도 가담한다. 아일랜드 민병대에 가담하여 반영 독립운동에 참가하기도 한다. 하지만 그는 노동 조직의 건설적 행동의 결핍에 환멸을 느껴 노조에서 탈퇴하고, 그 후로는 주로 극작에 전념하게 된다.

오케이시는 "평생을 하층 계급으로 살아왔고 가장 기초적인 교육 외에는 받지 못했던 인물로 인간의 권리와 관련된 모든 문제에 대해 큰소리로 대변해준 인물"로 평가된다. 그렇기 때문에 그의 주된 관심은 언제나 가난하게 태어나 특권을 누리지 못한 사람들에게 향해 있었다. 민족적 영웅에 대한 천착, 영국의 지배 아래 민족성을 잃지 않으려던 민족주의적 성향, 정치적 변화와 현실에 대한 관심, 힘없는 일반 소시민들을 좌초하게 만드는 사회 현실과 그런 암울한 현실 속에서 나타나는 진정한 영웅, 강인한 아일랜드의 여인 등 오케이시의 작품에 형상화되는 1920년대의 더블린의 모습들은 여러 면에서 우리나라의 근현대사를 떠올리게 한다.

오케이시는 존 밀링턴 싱, 윌리엄 버틀러 예이츠와 더불어 아일랜드를 대표하는 극작가다. 그들을 공통적으로 묶어주는 것은 아일랜드 문예부흥운동이다. 아일랜드 문예부흥운동을 주도한 싱은 아일랜드 토착민의 일상어와 아일랜드 사람들의 일상생활과 전설을 소재로 진실하고 아름다운 극 세계를 독창적으로 개척했다. 특히 그는 애런 제도와 아일랜드 서부 해안지방의 소박한 삶을 세련된 필치로 형상화했다. 시인이자 극작가인 예이츠도 아일랜드의 전설과 신화를 소재로 아일랜드의 '찬란한 실패'의 역사 구현과 민족적 기상의 고취를 극작의 목표로 삼았다. 반면 오케이시는 아일랜드의 도시를 대표하는 더블린을 작품의 주요 공간으로 삼아 아일랜드의 신산한 역사를 온몸으로 받아들이는 소시민들의 삶의 이야기를 형상화했다. 그 결과물이 바로 '더블린 3부작'이다.

오케이시는 일명 더블린 3부작을 1923년부터 1926년까지 4년 동안 썼다.

작품의 시대적 배경이 『총잡이의 그림자』(1923)는 1920년의 게릴라전, 『주노와 공작』(1924)은 1922년의 내전, 『쟁기와 별』(1926)은 1916년의 부활절 봉기가 주 대상이라는 점에서, 사실상 작품의 창작 연대와 작품의 시간적 배경이 거의 일치한다. 따라서 더블린 3부작은 당시 아일랜드에서 벌어지던 실제 역사적 사건들을 극의 소재로 삼았던 매우 전형적인 작품들로서 오케이시의 자서전이자, 아일랜드 민중의 삶의 단면이자, 아일랜드의 역사다.

더블린 3부작의 공통적인 공간적 배경이 되는 더블린 빈민가의 공동주택은 아일랜드의 축도라 할 수 있다. 그리고 이 공동주택에서 벌어지는 정치적·경제적 어려움에 처한 민중들의 삶은 바로 아일랜드 전체가 경험하는 현실이다. 작품을 개별적으로 놓고 보아도 각각의 작품은 아일랜드의 삶의 단면을 보여주기에 전혀 부족함이 없다. 하지만 세 작품을 연결시켜 하나의 큰 작품으로 보아도 전혀 상충되지 않고 아일랜드가 처해 있는 가난과 고통, 정치적 혼란을 총체적으로 보여준다.

더블린 3부작은 영국의 식민지로서의 아일랜드의 상황 속에서 민족과 국가적 통일과 독립을 쟁취하기 위한 끝없는 정치적 소요와 유혈 사태로 점철된 아일랜드의 비극적 역사의 한 시점을 보여준다. 그리고 이 투쟁의 과정에서 양산된 민족 지도자들이 아일랜드를 가난과 억압에서 해방시켜 줄 수 있는 구세주로서 영웅적 존재로 숭배된다. 이 구세주에 대한 열망과 동경은 영웅의 흉내를 내는 거짓 영웅의 등장과 이들 가짜 영웅에 대한 더블린 사람들의 왜곡된 존경과 신뢰로 어긋나 투사된다. 이 과정에서 분출되는 갈등과 반목은 때로는 희극적이기도 하고 때로는 비극적이기도 하다. 예컨대 『주노와 공작』에서 엉덩이에 맞은 총알의 파편 때문에 다리를 절고 한쪽 팔을 잃어버린 조니는 같은 동족끼리 싸워 자신들의 팔다리를 잘라내는 것과 같은 결과를 초래한 아일랜드 사람들의 어리석음과 만신창이가 된 그 당시 아일랜드의 실상을 극명하게 보여주는 시각적인 예로 기능한다.

그러나 『주노와 공작』은 국가의 정치적 상황을 배경으로 삼고 있으면서도 '보일 선장'의 집안에서 일어나는 문제들을 다룬 소위 '가정극'의 형태를 취하고 있다. 정치적·사회적 혼란은 이 작품의 극중 인물들이 갈등과 고통을 겪게 되는 간접적인 원인이 되며 조니의 죽음도 정치적 상황과 관련된 것이다. 그러나 보다 근본적으로 보일의 가정에서 일어나는 비극은 그 가족 개개인의 무책임한 행동과 그릇된 사고방식의 산물임을 이 작품은 보여주고 있다. 즉 작가는 한 집안 또는 한 국가 안에서 구성원들의 지나친 욕심, 위선, 허영, 게으름, 책임감의 결여 등으로 궁극적으로 엄청난 비극이 초래된다고 본다. 더 나아가 보일의 가정에서 일어나는 문제는 한 가정의 문제가 아닌 그 당시 아일랜드 전체가 지닌 문제로 확장될 수 있다.

아일랜드 시민군의 깃발이 담고 있는 '쟁기와 별'은 이런 측면에서 매우 의미심장한 상징이다. 아일랜드 사람들이 품고 있는 이상을 상징하는 '별'과 현실적인 노동을 상징하는 '쟁기'는 더블린 3부작의 여러 측면에서 비유적으로 작용할 수 있다. 현실에서는 별과 같은 영웅보다 거짓 영웅들이 들끓는다. 민족 해방과 독립을 위해 목숨을 던져 놓는 진정한 투사들보다는 투사의 외양만 두르고 현실에서는 자신의 목숨 또는 이익에 집착해 실제 위기 상황이 벌어졌을 때는 오히려 도망가고 다른 사람들을 희생시키는 '투사의 그림자'나 '총잡이의 그림자'들에 해당되는 인물로 현실은 채워져 있다. 다시 말하면 그림자가 실체를 대신하고 있다.

사실 그들이 영웅이라고 믿은 영웅은 거짓 영웅이었다. 하지만 그들의 이상이 물거품이 되는 순간에도 더블린의 공동주택 민중들은 또 다른 영웅을 기다리며 희망의 끈을 놓지 않고 그 희망과 기다림에 의지하여 힘겨운 현실을 버텨 나간다. 루쉰의 다음 전언이 그들에게 위로가 될 수도 있다.

> "희망은 본래 있다고 할 수도 없고 없다고 할 수도 없다. 그것은 지상의 길과 같다. 사실은, 원래 지상에는 길이 없는데, 걸어 다니는 사람이 많아지자 길이 된 것이다."

이 희망과 기다림은 한편으로는 현실을 견디는 힘이 될 수도 있지만, 다른 한편으로는 거짓 구세주, 거짓 영웅들과 그 그림자들을 실제적 영웅적 존재로 착각하게 만드는 위험일 수도 있다.

더블린 3부작을 비롯한 오케이시의 초기 작품들에서는 그의 극작 세계의 특징인 인물에 대한 성격화와 극 언어가 잘 표현되어 있다. 작품의 시대적 상황이 비록 전쟁과 가난으로 점철된 어두운 현실이라고 하더라도 그는 희극적인 장면들을 연출해 냈다. 예를 들어 아주 희극적인 장면 뒤에 비극적 장면이 뒤따르기도 하고, 아주 비극적인 장면에 몹시 희극적인 장면이 겹쳐지기도 한다. 또한 그의 작품에서 인물들은 대체로 정형화되어 있다. 남자들은 대개가 영웅인 척하는 기생적 인물들로, 여자들은 남자들과는 반대로 가정을 지키기 위해서 자신을 희생하는 인물들로 그려진다.

후기 작품들에서는 등장인물의 성격화보다도 표현주의와 상징주의가 도드라지고, 때로는 계몽과 교훈을 강조한다는 평가가 따르기도 하지만, 전체적으로 보았을 때 오케이시는 무의식적인 명랑함과 쾌활함으로 이 세상을 풍요롭게 하는 사람들을 칭찬하였고, 위선과 권위로 이 세상을 부패시키는 자들을 규탄하였다. 그의 가장 위대한 점은 비극과 희극, 사실주의와 표현주의,

시와 산문, 이상주의와 익살 등 모든 상반된 요소들을 그의 작품 속에서 하나로 용해시키는 능력이었다. 다시 말하면 그의 희곡은 한마디로 사실주의와 로맨스, 상징주의가 절묘하게 뒤섞인 혼합체인 동시에 또한 산문에 시적 상상과 심상이 용해된 하나의 융합체이다.

오케이시는 한편으로는 당시 아일랜드의 정치·경제 상황을 비판했지만, 다른 한편으로는 인간은 어떠한 혼란 속에서도 개성을 유지하게 마련이라고 믿었다. 그의 작품은 대개 주인공들의 비극적 혹은 희극적 반응으로 순화된 사회적 항의에 가깝다. 그가 적대시하는 대상은 자본주의, 전쟁, 가톨릭, 청교주의 그리고 영국의 아일랜드 통치였다. 그는 허위를 공격하고 자신과 민족에게 충실하도록 권고하고 있다. 익살과 풍자가 그의 무기이며, 인간성이 극의 주제를 이루고 있다. 그런데 이 단락의 전체 주어를 오케이시에서 로치로 바꾸어도 의미는 크게 달라지지 않는다. 오케이시의 희곡과 로치의 영화는 이렇듯 공명한다. 그런데 시간이 100년 가까이 흘렀음에도 아일랜드와 영국의 관계는 크게 달라지지 않았다는 사실을 예거하는 것 같아 씁쓸하기도 하다.

아이에서 어른으로의 **성장**

『십이야』

사람들은 누구나 어렸을 때부터 마음속 깊이 자신의 이상형을 만들어 놓고 그런 이상형을 만나게 되면 첫눈에 반하고 사랑에 빠진다. 하지만 엄밀히 말하면 첫눈에 반하는 사랑은 그 사람을 사랑하는 게 아니라 자신의 사랑 욕망이 만들어 낸 심상을 사랑하는 것이다. 이성을 사랑한다고 믿지만 실제로는 자기 마음속의 상대방에게 투영하고 그 이미지를 사랑하고 있는 것이다. 즉 실체를 사랑하는 것이 아니라 그 이미지와 사랑을 하는 것이고 이미지와 사랑에 빠지게 되는 것이다. 이미지와 실체가 사뭇 다르기 때문에 그 사랑을 후회하는 경우도 흔하다. '실체가 아닌 이미지에 대한 동경'의 사랑의 희극성을 잘 보여주는 작품 가운데 하나가 바로 윌리엄 셰익스피어의 『십이야』(1600)다.

『십이야』는 셰익스피어의 다른 낭만 희극과 마찬가지로 사랑으로 빚어진 희극적 상황을 극화한다. 이 작품에는 두 가지 종류의 사랑, 즉 '첫눈에 반하는 사랑'과 '귀를 통해 일어나는 사랑'을 다룬다. 귀를 통해 일어나는 사랑은 사랑 자체가 목적이 아니라 개인적으로나 사회적으로 얻을 수 있는 어떤 이해관계가 동기가 되어 결혼에 이르는 사랑이다. 반면에 첫눈에 반하는 사랑은 사랑 자체를 위해 사랑하고 결혼하는 낭만적 사랑이다. 사랑을 주제로 하는 『십이야』에는 메인 플롯과 서브 플롯에서 이와 같은 두 가지 종류의 사랑이 병렬적으로 다루어진다.

사랑의 욕망에 심취된 오시노 공작은 올리비아를 처음 본 순간 그녀와 사랑에 빠지고, 그녀가 자신의 사랑을 받아 주지 않자 괴로워한다. 사실 올리비아가 오시노 공작의 사랑을 받아들이지 않는 이유는 그가 싫어서가 아니다. 그녀는 오빠가 죽자 그를 그리워하며 7년 동안 어떤 남자도 만나지 않겠다고 결심했기 때문이다. 오시노는 올리비아의 이미지를, 올리비아는 그녀의 죽은 오빠의 '이미지'를 그리워한다. 이 장면을 통해 오시노와 올리비아의 사랑이 근본적으로 환상이라는 것을 알 수 있다.

바이올라는 남장을 하고 세자리오라는 이름으로 오시노 공작의 시종이 된다. 사실 그녀는 오시노 공작을 흠모하고 있다. 그런데 오시노 공작은 그런 바이올라에게 올리비아에 대한 자신의 사랑을 고백한다. 다시 말하자면 그는 자신이 올리비아를 사랑하고 있다고 믿고 있다. 하지만 앞에서 말했듯이 그는 올리비아의 실체를 사랑하고 있는 것이 아니라 자신의 이상형에 가까운 올리비아의 이미지를 사랑하고 있는 것뿐이다.

바이올라는 남장하고 오시노 공작의 사랑의 사자가 되어 올리비아에게 간다. 하지만 이번에는 올리비아가 바이올라를 보고 첫눈에 반한다. 올리비아는 바이올라로부터 그녀가 가슴속에 품어 왔던 '백마 탄 왕자'의 이미지를 발견한 것이다. 올리비아의 바이올라에 대한 사랑 역시 오시노의 사랑과 마찬가지로 이미지에 대한 사랑이다. 올리비아는 바이올라에게 오시노가 모든 면에서 탁월한 남자인 것을 알지만 그에게 사랑의 감정이 일어나지 않는다고 고백한다. 대신 신분이 낮은 바이올라에게 이끌리는 자신의 행동을 '운명'이라고 정당화한다.

오시노와 바이올라의 관계는 짐짓 그리스로마신화 속의 나르키소스와 에코의 관계를 떠올리게 한다. 오시노의 사랑은 사랑하는 사람을 볼 수 없기 때문에 마음속의 이미지만을 놓고 사랑한다는 점에서 나르키소스의 사랑과 비슷하다. 나르키소스가 물에 비친 자신의 이미지를 사랑하지만 반응이 없어 괴로워하듯이 오시노는 자신의 마음속에 간직하고 있는 사랑의 이미지를 사랑하며 괴로워한다. 바이올라는 오시노 공작을 사랑하지만, 그는 오시노의 사랑의 사자로서 그의 말을 '반향'(echo)하는 역할을 해야 하므로 그에 대한 자신의 사랑을 말할 수가 없다. 이처럼 자신이 하고 싶은 말을 하지 못하고 오시노의 말만을 반향해야 하는 바이올라의 처지는 신화 속 에코와 비슷하다. 실제로 바이올라는 자신의 사랑을 에코의 사랑에 빗대어 말하기도 한다.

이미지에 빠져 있는 한 그 실체를 볼 수가 없다. 실체를 보기 위해서는 이미지에서 빠져나와야 한다. 오시노가 올리비아를 만나지 못하는 것은 그가 그녀의 이미지만을 사랑하고 있기 때문이다. 올리비아가 바이올라를 사랑하게 되는 이유 또한 바이올라가 자신의 오빠 이미지와 닮았기 때문이다. 오시노와 올리비아는 실체가 아니라 자신들의 이미지만을 사랑하고 있기 때문에 그들의 사랑은 처음부터 완전한 사랑이 될 수 없다. 다시 말하면 그들의 사랑은 '실행 불가능한 사랑'이 될 수밖에 없다. 극 중에서 그들의 '이미지 소동'은 해결되지 않는다. 이때 바이올라의 쌍둥이 오빠 시배스천이 등장하게 되는데, 그의 등장은 이미지에만 사로잡혀 있던 사람들이 환상에서 벗어날 수 있는 계기가 된다. 시배스천을 본 올리비아는 사랑의 이미지만 쫓다가 그 실체를 만나 결합함으로써 '환상적 사랑'(fancy love)에서 벗어나 '실제적 사랑'(real love)에 이르게 된다.

오시노는 자신이 가슴속에 간직했던 이상형, 즉 '잠자는 공주'를 올리비아로 생각하고 그녀에 대한 사랑을 바이올라 앞에서 고백했다. 그가 자신의 이상형을 끊임없이 바이올라에게 이야기한 이유는 자기도 모르게 바이올라의 이미지를 좋아했기 때문이다. 그는 바이올라를 처음 보자마자 총애해 주위 사람들을 놀라게 했고, 또 그녀에게 자신의 속마음을 털어놓았다. 이는 사실 그의 이상형이 바이올라였다는 것을 방증한다. 즉 그는 자신의 이상형을 올리비아라고 생각했지만 실제로는 바이올라였던 것이다. 일리리아 사람들은 올리비아와 시배스천이 함께 있는 것을 보고 놀란다. 그들은 남장한 바이올라가 아닌, 실제 남자인 시배스천을 통해 마침내 허상이 아닌 실체를 보게 된 것이다.

결국 『십이야』의 주인공들은 새롭고 완전한 자아를 깨닫고 성인이 되어 결혼에 이르게 된다. 성인이 된다는 것은 곧 자아를 발견하고 자신이 만들어 놓은 이미지에서 벗어나 실체를 깨닫게 된다는 것이다. 그런 점에서 결혼식은 일종의 성인의식이다. 나르키소스처럼 자신만을 사랑하면 제대로 된 성인, 즉 사회인이 될 수 없다. 자신이 아닌 남을 사랑할 수 있을 때야 비로소 성인이자 사회인이 되는 것이다. 그리고 전통적인 가치관에 따르면 남녀의 사랑은 바로 그런 사회인이 되는 첫 관문이다. 물론 친구를 사귀고 가족을 사랑하는 것도 사회인이 되기 위한 훈련일 수도 있지만, 남녀의 사랑과 그 사랑의 완성인 결혼이야말로 인류의 존속을 보장하는 타고난 인간 본능의 사회적 형식이다. 인간의 일차적인 사회적 책임은 이성을 사랑하고 결혼하는 것이다. 사랑과 결혼은 마치 사람이 물에 빠져 죽었다가 부활하는 경험과 같다. 자기애에서 벗어나지 않고서는 결코 성인이 될 수 없고 결혼할 수 없다는 것을 셰익스피어는 낭만 희극에서 기본 주제로 다루고 있다.

첫눈에 반하는 사랑과 정반대로 이해타산에 따른 사랑도 있다. 이런 사랑은 사랑 자체가 목적이 아니라 사랑 또는 결혼을 통해 재산이나 신분 상승 등 현실적인 이익에 정향된 사랑이다. 더 쉽게 말해 정략적인 사랑이다. 『십이야』에서 정략적인 사랑을 하는 인물의 전형으로 말볼리오를 꼽을 수 있다. 그는 자신이 "가장 훌륭한 인물"이라고 생각하고 신분이 높은 사람과 결혼하여 사회적인 신분 상승을 꾀한다. 그는 자기애가 무척 강하고 청교도적인 생활 태도를 갖고 있다. 그는 나르키소스가 그랬듯이 주변 사람들을 무시하고 오직 자기만을 사랑하며 스스로 고립되어 있다. 자신의 고립과 소외를 오히려 자신의 우월성의 증거라고 착각하고 있다.

그런데 말볼리오의 자기애는 오시노와 올리비아의 자기애와 다르다. 오시노와 올리비아는 자신들이 간절히 원하는 이상형을 찾아 사랑을 완성하려 하지만, 말볼리오는 자기만 잘났다는 망상에 사로잡혀 다른 사람을 이해하거나 사랑하지 않고 오직 그들로부터 존경과 사랑을 받을 생각뿐이다. 이런 일방적인 나르시시스트적인 말볼리오의 자기애는 '반사회적인' 사랑으로 귀결된다. 결국 그는 자신이 혐오하던 인물들에게 속아 망신당하고 파탄에 이르게 된다. 그런데도 그는 자신의 허물을 반성하기보다는 복수하겠다며 독선에서 벗어나지 못한다. 『십이야』의 말볼리오나 『베니스의 상인』의 샤일록과 같은 셰익스피어의 희극의 전형적인 주인공들은 그릇된 생각과 행동으로 돈도 잃고 명예도 잃고 망신을 당하며 결국 웃음거리로 전락한다. 셰익스피어 희극의 방점은 여기에 있다. 그의 희극은 우스꽝스러운 인물을 통해 어리석음을 경계하라는 교훈을 우리에게 일깨워 준다.

『십이야』에서 나르시시스트적인 사랑을 한 오시노, 올리비아, 말볼리오는 때로는 고통을, 때로는 조롱을 당하기도 한다. 결국 사랑 자체를 목적으로 생각한 오시노와 올리비아는 진실한 사랑을 찾아 행복한 결말에 이르지만, 결혼을 신분 상승의 수단으로 생각한 말볼리오는 비현실적이고 반사회적인 자화상만을 쫓다가 결국 불행한 결말에 이르게 된다. 자신의 욕망이 만들어 낸 '환상'에 빠져 있던 인물들이 환상에서 깨어나 실제적인 사랑을 하게 되는 과정은 아이에서 어른으로 가는 성장 과정이다. 그 과정에서 정말 어른이 되기도 하고 그냥 아이로 남기도 한다. 어른이 되고 못 되고는 개인의 책임이 더 크다.

'성장소설' 혹은 '세태소설' : 『데이비드 코퍼필드』

19세기 영국의 소설가 찰스 디킨스는 당대 사회에 대한 충실한 기록자이자 치열한 비판가이며, 민중의 삶 속에서 제기되는 문제들을 진지하게 성찰한 리얼리스트로 평가된다. 하지만 디킨스의 사실주의는 19세기 말의 냉소적이고 우울한 사실주의가 아니라 따뜻하고 해학적인 사실주의이다. 그가 서민들의 삶을 사실적이면서도 따뜻하게 그릴 수 있었던 이유는 무엇보다도 그 자신의 유년 시절의 경험에서 비롯된다. 호인이었지만 경제적으로 무능력했던 아버지 때문에 디킨스는 어렸을 때부터 가난 속에 살았다. 그는 학교에도 거의 다니지 못하고 열두 살 때부터 공장에서 노동자로 일해야만 했다. 자본주의 발흥기에 접어들던 19세기 전반기의 번영에 찬 영국의 대도시 이면에는 무서운 빈곤과 사회의 모순, 부조리 등과 같은 어두운 면이 도사리고 있었는데, 디킨스는 누구보다도 이런 모습을 '사실적으로' 그리고 '대중적으로' 잘 그려냈다. 바로 이 대중성이 디킨스 소설의 가장 핵심이라고 할 수 있다. 그의 작품은 19세기 중반 빅토리아 시대를 생생히 묘사했으며 시종일관 따뜻한 유머가 흐르고 캐릭터에 생동감이 있다. 또한 이야기에 힘이 있고 복잡한 관념을 끌어오기보다는 쉬운 주제에 집중했기 때문에 잘 읽힌다.

다시 말하지만 디킨스 작품은 자전적 요소가 강하다. 그는 실제 경험을 통해 체득한 사회 하층민의 생활상과 그들의 애환을 생생히 묘사하는 동시에 세상의 모순과 부조리를 용감하게 지적한다. 그러면서도 시종일관 유머를 잃지 않는다. 『데이비드 코퍼필드』(1849~1850)는 디킨스의 가장 대표적인 자전적 작품으로서 그 자신의 어린 시절의 추억과 고난이 잘 담겨 있다. 유복자로 태어난 데이비드는 어머니의 재혼으로 인해 불행하게 되고 온갖 고통을 겪고 이 과정에서 정신적으로 성장하게 된다. 대고모 베시 트롯우드의 사랑과 보살핌, 도라 그리고 아그네스와의 사랑을 통해 데이비드는 이성과 세상에 대해 눈을 떠가고 마침내 안정된 생활과 행복을 찾는다. 그런 점에서 이 작품은 영국소설 가운데 대표적인 성장소설 또는 '교양소설'(Bildungsroman)로 꼽힌다.

『데이비드 코퍼필드』에는 주인공 데이비드 이외에도 그 당시 사회의 전형으로 볼 수 있는 다양한 등장인물이 등장한다. 크게 보았을 때 그들은 '교양 있는 인물'과 '교양 없는 인물'로 나뉜다. 작가는 등장인물들의 극단적인 성격화에만 초점을 맞추고 있지 않다. 그보다는 그들과의 만남을 통해 '미숙한 상태'에서 '성숙한 상태'로 발전해 가는 데이비드의 발전과정에 주목하고 있다. 따라서 이 작품은 데이비드의 성장소설로서뿐만 아니라 '세태소설'(novel of manners)로서도 읽힐 수 있다. 그런데 『데이비드 코퍼필드』는 성장소설과 세태소설로 명확하게 구분되지 않는다. 마치 전혀 다른 두 천을 재료로 솜씨 좋은 바느질로 솔기 없이 아주 매끄럽게 지은 옷처럼 말이다.

디킨스의 소설에서는 주인공 못지않게 잠깐 등장하고 사라지는 이름 없는 인물들이 전체 이야기에서 중요한 역할을 담당한다. 『데이비드 코퍼필드』에서 데이비드가 옷을 팔기 위해 상점 안으로 들어갔을 때 상점의 주인은 추한 몰골과 초라한 행색을 하고 있다. 작가는 추한 몰골과 초라한 행색의 상점 주인을 통해 그 당시 사회의 최하층 인물들의 삶을 전경화한다. 그는 또한 우스꽝스러운 행동과 말투를 보이는데, 그의 이런 모습은 무대 밖 어디에선가 일어나는 인간의 불행, 곤경, 불의를 시사하며 더 넓은 세계가 존재한다는 사실을 시사한다. 디킨스의 등장인물들은 헨리 제임스나 제임스 조이스의 등장인물들처럼 섬세하고 복잡하고 입체적이지 않다. 오히려 등장할 때마다 같은 대사와 같은 행동을 반복하는 평면적 인물에 가깝다. 디킨스는 소설에서 한 인물의 다양한 모습을 보여주는 것이 아니라 다양한 인물들의 다양한 모습을 보여주며 독자의 공감을 끌어낸다. 거듭 말하지만 디킨스 소설에서 공감을 이끄는 힘은 작품에 배어 있는 유머다. 디킨스 작품의 유머는 지적이거나 세련되지 않고 과장된 몸짓과 우스꽝스러운 말투에서 비롯된다. 그럼에도 인간에 대한 따뜻한 태도로 그 유머는 더욱 빛을 발한다.

성장소설로서 『데이비드 코퍼필드』를 살펴보기 위해서는 당연히 데이비드의 성격을 살펴볼 필요가 있다. 그는 천성적으로 선하고 따뜻하고 사랑스럽지만 주변 환경에 상당히 민감하고 쉽게 감정이 동요되는 인물이다. 그는 정직하고 성실하고 관대하고 자신의 행동과 느끼는 대상에 대해 낭만적인 열정을 품고 있지만, 결정적으로 실제적인 용기와 세상을 살아나가는데 필요한 지혜가 부족하다. 그는 보통 사람처럼 좋은 면과 좋지 않은 면을 모두 갖고 있다. 예컨대 그는 양부 머드스톤에게 위협감을 느껴 그를 피한다. 하지만 습관이 반복되면 운명이 되듯, 그는 결단력의 부족으로 웨이터, 마차꾼, 하녀 등 다른 사람들로부터 업신여김을 당하고, 사람들에게 잘 속아 경제적으로 어려움에 처하게 된다.

데이비드의 이런 성격 형성은 유전적 요인과 환경적 요인이 결합된 결과다. 데이비드의 대고모인 베시 트롯우드는 데이비드가 머드스톤으로부터 자신에게로 도망쳐왔을 때 데이비드를 씻긴 뒤 잠든 모습을 보며 그가 부모를 얼마나 많이 닮았는지 말한다. 그녀는 데이비드의 아버지를 "세심한 성격에 납 인형에 병적으로 집착한 인물"로, 데이비드의 어머니를 "단지 다정다감하기만 하고, 불행하고 그릇된, 가엾고 불쌍한 바보"로 규정한다. 그녀는 데이비드가 그의 부모처럼 미성숙한 인물이 될까 봐 걱정을 하며 그에게 "단호한 사람"이 되라고 당부한다. 하지만 그런 말을 하는 그녀 역시 어떤 면에서는 미성숙하다. 그녀는 기본적으로 온화하고 따뜻한 품성을 지녔지만 지나칠 정도로 예민한 면을 드러내기도 한다. 예컨대 그녀는 당나귀와 동네 아이들에 대해 히스테릭한 모습을 보인다. 또한 그녀는 불행한 결혼 생활 때문에 남성에 대해 혐오감을 느끼고 있다. 하지만 데이비드가 베시의 보살핌과 사랑을 통해 안정을 찾아가듯이, 그녀 역시 데이비드를 보살피면서 인간적으로 성숙해 간다. 결국 은둔자에 가까웠던 그녀는 데이비드뿐만 아니라 주변 사람들에게도 마음을 연다.

데이비드의 성격 형성에서 빼놓을 수 없는 요소는 '사람을 보는 눈'이다. 데이비드의 학교에서의 교우 관계는 그의 성격의 미숙함을 단적으로 예거한다. 그는 겉모습만으로 사람을 판단한다. 그렇기 때문에 그는 트래들스의 정직함과 성실함을 알아차리지 못하고, 스티어포스의 뻰지르르한 모습에 반해 그를 우상으로 삼아 맹목적으로 추종한다. 심지어 스티어포스처럼 행동하지 못하는 자신을 자책하기도 한다. 하지만 스티어포스는 자신을 맹목적으로 추종하는 데이비드의 어리석음을 이용한다. 결국 데이비드는 스티어포스 때문에 불행에 처한 뒤 자신의 미성숙을 깨닫고 후회한다. 동시에 그는 사랑, 진실, 그리고 성숙의 본질에 대해서도 진정으로 깨닫기 시작한다.

『데이비드 코퍼필드』에서 데이비드가 진정한 사랑을 찾아가는 과정은 곧 사리를 분별하는 과정, '세상을 살아가는 데 필요한 지혜'(worldly wisdom)를 알아가는 과정의 일환이다. 데이비드는 처음에는 에밀리를 사랑하지만 그녀는 그의 '목가적이고'(idyllic) '유아적인'(egoistic) 사랑의 대상에 지나지 않기 때문에 그녀와의 사랑을 진정한 사랑이라고 부르기에는 한참 부족하다. 그 뒤 그는 대고모 베시의 만류에도 불구하고 도라와 사랑에 빠진다. 사실 도라는 데이비드의 어머니와 비슷한 인물로서 자기중심적이고 소녀 취향에 사로잡혀 있다. 경제적으로는 아주 간단한 살림조차 할 수 없을 정도로 현실감각이 떨어진다. 도라는 데이비드의 어머니와 비슷한 성격만큼이나 비슷한 삶의 궤적을 밟아 요절하고 만다. 데이비드는 도라를 진정으로 사랑했다기보다는, 오히려 자신이 일방적으로 헌신하며 보상심리로 그녀에게서 어머니의 모습을 찾으려 했다고 볼 수 있다. 데이비드는 어릴 때부터 알고 지내던 아그네스로부터 마음의 위안을 얻는다. 마침내 그는 분별 있게 아그네스와 결혼해 행복한 삶을 살아가게 된다. 요컨대 데이비드는 처음에는 감정에 너무 치우친 나머지 현실을 직시하지 못했지만 진정한 사랑을 찾아가는 과정에서 분별 있는 행동을 통해 행복을 얻고 인격적으로도 성숙해 간다.

디킨스는 『데이비드 코퍼필드』에서 데이비드와 대조되는 인물 유라이어 힙을 통해서 하층 계급의 신분 상승이 얼마나 힘든지를 잘 보여준다. 동시에 그를 통해 신분 상승을 위해 수단과 방법을 가리지 않고 주변 사람들을 딛고 올라서려는 하층민의 이기적 욕망을 보여준다. 한마디로 유라이어는 신분 상승을 꿈꾸는 하층 계급에 적대적인 당대 사회가 낳은 병리적 인간의 전형이라고 할 수 있다. 그는 주인의 도움을 받을 수도 없었고, 가장 밑바닥에서부터 자신의 힘으로 일어서야 했기에, 자신의 처지를 개선하고 싶은 열망을 겸손으로 위장한다. 하지만 인성의 교화가 수반되지 않은 그의 성공 열망은 결국 실패하고 만다.

반면 데이비드는 속기법을 배워 신분 상승을 꾀한다. 그가 속기법을 배우는 이유는 신분 상승보다도 국회의 속기사가 됨으로써 현재의 고단한 삶에서 벗어나 더욱 안락하고 윤택한 삶을 영위하기 위해서이다. 데이비드에게도 신분 상승의 욕구가 있다. 그러나 그는 유라이어처럼 부당한 방법을 통해 신분 상승을 꾀하려는 것이 아니라 정당한 방법을 통해 신분 상승을 추구했다는 점에서 유라이어와 다르다.

디킨스는 데이비드와 유라이어의 대조를 통해 미숙과 성숙이라는 작품 전체 주제를 형상화하고 있다. 디킨스는 『데이비드 코퍼필드』를 비롯한 대부분의 작품에서 19세기 영국 중산층의 모습을 형상화했다. 그가 생각하는 중산층은 생래적인 특권이 아닌 교육을 통해 '교화된' 인간을 가리킨다. 그런 점에서 데이비드는 디킨스의 이상적인 중산층이자 신사로 자리매김한다.

디킨스는 『데이비드 코퍼필드』에서 플롯과 스타일보다도 등장인물에 초점을 맞추고 있다. 데이비드뿐만 아니라 디킨스의 작품의 어린 주인공들은 대부분 부모가 없거나 부모가 있어도 부모로부터 사랑을 받지 못한다. 이런 등장인물의 성격화는 어린 시절 작가 자신의 경험과 떼 놓을 수 없다. 하지만 그들은 자신의 환경이나 운명에 굴복하지 않는다. 처음에는 성격적인 결함 내지는 천성적인 소심함으로 인해 힘든 고난과 역경에 처하게 되지만 결국 이를 잘 극복하고 정신적 성숙에 이르게 된다. 이 작품의 주인공 데이비드 역시 마찬가지다. 처음에는 부모의 그릇된 성격과 결혼으로 인해 고통을 겪고 자신의 성격적 결함으로 힘든 상황에 처하게 되지만, 결국에는 모든 것을 잘 극복하고 정신적으로 성숙하게 된다. 바로 이점은 작가 디킨스의 인생관이자 예술관이라고 말할 수 있다.

『데이비드 코퍼필드』는 성장소설의 한 전형을 이루고 있다. 이 작품을 전체적으로 고려해 볼 때 디킨스의 '미숙에서 성숙으로의 정신적 성장'이라는 이 작품의 주제는 작품의 내적 구조를 형성하는 데 도움을 주고 있다. 동시에 이 작품은 19세기 빅토리아 시대의 다양한 인물 군상을 풍부하게 보여주는 세태소설이기도하다. 결론적으로 작가는 다양한 인물 군상을 통해, 선과 악의 대립 구도에서 처음에는 선이 악에 꺾이고 굴복하는 듯하지만, 결국 선이 승리한다는 멜로드라마 요소를 배면에 깔고 있다.

'성녀'와 '악녀' **사이**

『허영의 시장』

한 여성이 있다. 편의상 그녀를 A라고 부르자. A는 얼굴도 예쁘고 심성도 곱다. 그래서 주변 사람들 모두가 그녀를 좋아한다. 그녀에게는 어렸을 때부터 같이 지내 온 친한 친구 B가 있다. B는 A만큼 얼굴은 예쁘지 않지만 그래도 예쁜 편이다. 그런데 사람들은 B를 좋아하지 않는다. B는 사람들이 왜 그녀보다 A를 좋아하는지 이해할 수 없다. 그래서 B는 자신이 A보다 훨씬 잘되어야 한다고 다짐하고 목표를 위해서 악행도 서슴지 않는다. 심지어 자신에게 늘 잘 대해주는 A를 모함하고 위험에 빠뜨린다. A의 남자친구 또는 남편까지도 빼앗으려 한다. 하지만 A에게는 늘 도와주는 사람들이 있기에 주변 사람들의 도움으로 위기에서 벗어난다. B는 A에게 용서를 구하고 A도 그런 B를 용서한다. B는 자신의 잘못을 뉘우치고 좋은 사람으로 거듭난다.

이런 줄거리는 여느 멜로드라마에서 쉽게 볼 수 있다. 어쩌면 이 이야기는 시간과 공간에 관계없이 가장 일반적인 멜로드라마의 플롯일 것이다. 여러 가지 연원이 있는 멜로드라마는 사전적으로 그리스어의 '노래(melos)'와 '극

(drama)'이 결합된 말로서 "반주가 따르는 간단한 극"을 말한다. 그러나 현재는 인물의 성격이나 심리묘사보다는 허구가 많은 파란만장한 줄거리를 드라마틱하게 연출하여 희비가 엇갈리는 장면 속에 전개되는 통속극을 가리킨다. 한 사회학자는 멜로드라마의 구성 요소로 우연, 대립, 선택, 파당, 복선, 표현, 환각을 꼽았는데, 그래도 멜로드라마의 가장 큰 특징은 역시 '권선징악'의 결말이다. 역사적으로 멜로드라마는 19세기 말 연극에서 비롯되었지만, 사실 그전에도 멜로드라마적 요소는 소설에도 있었고, 지금은 정형화할 수 없을 정도로 무한히 변주되고 있다.

윌리엄 메이크피스 새커리는 찰스 디킨스와 더불어 영국 빅토리아 시대를 대표하는 소설가다. 그의 대표작 『허영의 시장』(1847~48) 역시 멜로드라마의 범주에 든다. 멜로드라마적인 소설이라고 하면 자연스럽게 제인 오스틴의 『오만과 편견』(1813)과 샬럿 브론테의 『제인 에어』(1847)를 먼저 떠올리게 되지만, 엄밀히 말하면 이 두 작품의 메인 플롯은 여주인공의 '진정한 사랑'을 찾는 과정이다. 따라서 권선징악을 멜로드라마의 본령으로 간주한다면 『허영의 시장』이 멜로드라마의 원형에 더 가깝다고 할 수 있다.

『허영의 시장』은 19세기 초 영국 사교계의 모습을 생동감 있고 화려하게 보여주는 새커리의 걸작이다. 이 작품의 시대적 배경은 영국의 '섭정 시대'(The Regency, 1811~20)다. 이때는 황태자, 즉 훗날의 조지 4세가, 정신 발작을 일으킨 아버지 조지 3세 대신 다스린 시기로서 정치적인 혼란기다. 작가는 이 시기를 배경으로 아밀리아 세들리와 베키 샤프라는, 계급도 다르고 성격도 다른 두 여성의 삶을 전경화한다. 아밀리아는 착하고 예쁘지만 수동적인 인물이다. 전쟁의 영향으로 아버지가 파산하면서 그녀의 사랑과 결혼에도 여파가 미친다. 그녀는 그런 냉혹한 현실 앞에서 무력하게 허물어진다. 반면 가난한 화가의 딸인 베키는 매사에 적극적이고 때로는 도발적이다. 그녀는 운명을 따르기보다는 자신의 야망을 성취하기 위해 운명을 개척해 나간다. 즉 아밀리아와 베키는 삶의 '도전과 응전'에 있어 사뭇 대조적인 모습을 보인다.

아밀리아는 용모가 수려한 조지를 한결같이 사랑해 그와 결혼한다. 하지만 그는 워털루 전투에서 전사하기 직전 그녀를 버리고 베키를 선택할 정도로 성실한 남편은 못 된다. 그런데도 아밀리아는 그를 끝까지 믿는다. 그렇기 때문에 그녀는 18년 동안이나 자신의 곁에 있던 도빈의 진심은 알아차리지 못한다.

베키는 자선 단체의 도움으로 부유한 처녀들이 다니는 여학교를 다니게 된다. 그녀는 그곳에서 돈의 힘이 세다는 것을 깨닫고 돈을 벌기 위해서는 수단과 방법을 가리지 않겠다고 다짐한다. 그녀는 학교를 졸업하고 피트 크롤리 경의 집으로 가기 전 일주일 정도 아밀리아의 집에 머무르게 된다. 그녀는 아밀리아의 오빠 죠스를 보고 의도적으로 그에게 접근해 그의 환심을 사 그와 결혼하려 한다. 하지만 죠스와의 결혼이 성사되지 않자 그녀는 계획을 수정해 더 큰 목표를 세운다. 그녀의 새로운 목표는 크롤리 저택의 며느리가 되는 것이다. 그녀는 크롤리 저택에 있는 사람들의 환심을 사기 위해 하인들에게까지 공손히 대하고 마침내 그들로부터 신뢰를 얻게 된다. 신뢰를 얻은 후에도 그녀는 자신의 목표를 달성하기 위해 전보다도 사람들을 상냥하고 친절하게 대한다.

베키는 온갖 노력 끝에 크롤리 가문의 로든과 결혼해 마침내 사교계에 진출한다. 하지만 순수한 의도로 시작된 사랑과 결혼이 아니기 때문에 그 결혼은 결코 행복할 수 없다. 로든은 베키의 모습에 환멸을 느끼며 방탕한 생활을 하다가 결국 그녀를 떠난다. 베키 또한 자신의 잘못을 뉘우치며 자선 사업을 한다. 그녀는 아밀리아가 도빈과 결혼할 수 있도록 중간에서 애를 쓴다. 이처럼 『허영의 시장』은 글을 시작하면서 언급한 멜로드라마의 예에 가장 잘 부합한다.

작가 새커리는 유복한 가정에서 태어나 대학교육까지 받았다. 한때 부인의 정신병 증세 때문에 가정생활이 고독해지기도 했지만, 대체로 그의 삶은 유복하고 안락했다. 그런데도 그는 중산층에 대해 대체로 비판적이었다. 당시 중산층은 산업 혁명으로 인해 사회적·경제적 지위가 향상되고 중심적인 주도 세력으로 부상했지만, 금전 숭배와 물질 존중으로 기울어 정신적 가치의 중요성을 쉽게 잊었고, 허영과 허식에 사로잡혀 외부적 체면만 존중하며 속물 근성과 위선적 아집으로 가득 찼다. 새커리는 『허영의 시장』에서 중류 계급의 정신적 폐풍과 위선을 폭로했다. 그렇기 때문에 그는 멜로드라마적인 결말을 보이는 『허영의 시장』을 다음과 같이 끝낸다. “아, 허영의 덧없는 이여! 이 세상에서 과연 행복한 이는 누구이며, 자신의 욕망대로 만족해 사는 이는 과연 누구인가?” 그는 우리의 인생을 한낱 인형 놀이에 비유하면서 인생의 덧없음을 강조하고 있다.

같은 빅토리아 시대에 활동했지만 새커리는 찰스 디킨스와 사뭇 달랐다. 디킨스가 타고난 이야기꾼으로서 거의 ‘무의식적’ 차원의 소설가였다면, 새커리는 연습을 통해 문학적 재능을 갈고닦은 ‘의식적’ 차원의 소설가였다. 디킨스는 쉬운 영어로 독자들의 호기심을 끊임없이 자극했다. 예컨대 오늘날 소설이나 영화 등의 작품에서 쓰이는 줄거리 장치 중 하나인 ‘클리프행어’(Cliffhanger)는 디킨스의 유산이라고 해도 과언이 아니다. 디킨스의 많은 소설에서는 주인공이 어렵거나 위협적인 상황에 처하거나, 이야기의 마지막 부분에서 충격적인 결말 또는 반전이 일어난다. 반면 새커리의 소설에는 그런 반전보다는 18

세기의 우아하고 선명한 문체, 즉 '신고전주의 스타일'이 깊게 배어 있다. 형식뿐만 아니라 내용과 주제 면에서도 새커리는 디킨스와 달랐다. 디킨스가 하층민의 비참한 생활상을 따뜻하면서도 인도적인 시각으로 그렸다면, 새커리는 빅토리아 시대 번영의 이면에 도사린 추악하고 타락한 부패 현상을 폭로했다. 한마디로 새커리는 영웅적 행위니 미덕이니 하는 것의 뒤에 숨겨진 인간의 내재적인 이기심과 자기기만 등을 속속들이 파헤친 빅토리아 시대의 '우상 파괴자'라 할 수 있다.

『허영의 시장』은 멜로드라마적인 권선징악 결말로 끝난다. 소설의 결말에서 아밀리아는 행복을 되찾고 베키는 과거의 잘못을 뉘우치며 착하게 살아간다. 일반적인 경우라면 초점은 아밀리아에 맞춰진다. 하지만 이 작품에서는 예외적으로 베키에 맞춰진다. 사실 이야기의 전체적인 흐름도 아밀리아보다는 베키에 의해 진행된다. 아밀리아는 자신의 성격대로 이 작품에서 시종일관 수동적이다. 사실 그녀의 행복도 결국은 베키에 의해 비롯되었다. 『허영의 시장』의 부제는 '주인공이 없는 소설'이다. 그런데 주인공이 없다는 것은 엄밀히 말하면 일반적인 주인공이 아니라 '영웅적인 주인공'이 없다는 뜻이다. 보통 영웅적인 주인공은 남녀를 떠나 역경을 극복하고 마침내 정의를 수호하거나 자신의 목표를 이룬다. 그런 점에서 '영웅'의 남성형인 hero와 여성형인 heroine은 동의어다. hero의 반의어는 오히려 anti-heroine이다. 『허영의 시장』에서 anti-heroine에 가장 가까운 인물은 베키다. 따라서 새커리가 『허영의 시장』이 '주인공이 없는 소설'이라고 말한 것은 아밀리아가 아니라 베키가 주인공이라고 말한 것으로 해석할 수도 있다.

빅토리아 사회는 여성에게 일명 '집안의 천사'라는 역할을 부여해서, 늘 조용히 남을 배려하고, 집안일을 성실하게 하며, 남편과 아버지, 그리고 아들을 잘 보필하는 따뜻하고 자애로운 여성을 이상적인 여성성으로 제시했다. 반면 남성은 강하고 활동적이어야 한다. 경제적으로 가정을 책임지고 가문의 대를 이으며 사회적·정치적인 활동을 하는 것이 빅토리아 사회의 이상적 남성의 모습이었다. 이는 곧 여성을 가정이라는 사적 영역에 가두고 남성에게만 사회·정치 활동이라는 공적인 영역을 허락하는 것이었다. 이러한 남녀의 성 역할은 산업혁명을 거치면서 정교하게 정립되어 오늘날까지도 남아 있는 성차별에 근거를 제공하고 있다.

빅토리아 시대의 기준으로 보면 『허영의 시장』의 아밀리아는 '성녀'이지만 베키는 그와 정반대로 사회를 위협하는 '악녀'로 규정될 수 있다. 하지만 새커리는 베키를 그렇게 부정적으로 묘사하지 않는다. 작가는 그녀가 돈에 가치를 두고 극도의 이기적인 가치관을 지녔지만, 그녀의 상황에서는 어쩔 수 없는 선택이었다고 말하는 것처럼 보인다. 크롤리 가문의 환심을 사기 위한 거짓 환대에 내해서도 유보석인 태노를 취한다. 베키의 총명함, 처세의 능란함을 강조하면서 아밀리아의 연약하고 순진한 면은 세상을 살아가는 데 커다란 장애로 간주하는 것처럼 보인다. 마지막 부분에 이르면 새커리는 베키를 '아름다운 인어'로 묘사하는데 인어의 무시무시한 꼬리는 물밑에 있어 보이지 않는다. 그렇기 때문에 당대 비평가들은 베키에 대한 새커리의 유보적인 태도를 비판했다. 한동안 간악하고 부도덕한 여우인 동시에 총명하고 처세술이 능란한 매력적인 기회주의자 베키는 끊임없는 논란의 대상이 되어 왔다.

하지만 최근 들어서는 베키에 대한 평가가 조금씩 바뀌어 가는 것 같다. 리즈 위더스푼이 베키로 나오는 영화 〈베너티 페어〉(2004)는 그 단적인 예다. 영화 속 베키는 간악하고 부도덕하기보다는 귀여운 팜므파탈로 그려진다. 반면 빅토리아 시대에는 예쁘고 착하게 그려졌던 아밀리아는 사랑을 철석같이 믿는 순진한 인물로 그려진다. 영화 속 아밀리아는 순수하다기보다는 오히려 수동적이고 주체성이 없는 인물에 가깝다. 인터넷으로 찾아보니 이 영화는 인도의 여성 감독 미라 네어가 연출했는데 영화의 모든 스태프가 여성으로 구성되었다. 베키와 아밀리아가 영화 속에서 왜 그렇게 그려졌는지 짐작이 간다. 앞으로 더 적극적이고 진취적인 베키가 기대된다.

제2부

혁명은 살아 있다

『로베스피에르의 죽음』

1392, 1492, 1592, 1688, 1789, 1861. 이 숫자들은 역사적으로 아주 중요한 해를 가리킨다. 이 가운데 1789년은 더욱더 그렇다. 그 당시 조선 시대에 무슨 일이 벌어졌는지는 몰라도, 1789년에 프랑스 대혁명이 발발했다는 사실만큼은 거의 모든 사람들이 알고 있을 것이다. 프랑스 대혁명은 1789년 7월 14일부터 1794년 7월 28일에 걸쳐 일어난 프랑스의 시민혁명이다. 이 혁명은 그후 프랑스에서 여러 차례 일어난 혁명들과 구분하기 위해 프랑스 대혁명이라고 불린다.

'태양왕'이라고 불린 루이 14세, 그의 뒤를 이은 루이 15세와 루이 16세가 베르사유 궁전에서 화려한 생활을 누리고 있을 때 프랑스의 모든 사람이 행복하고 부유하게 잘 살았던 것은 아니다. 당시 프랑스는 성직자, 귀족, 평민의 세 신분으로 나뉘어 있었다. 제1신분인 성직자와 제2신분인 귀족들은 많은 땅을 가지고 있으면서 한 푼의 세금도 내지 않고 높은 관직을 독점했다. 하지만 인구의 대부분을 차지하는 제3신분인 평민은 무거운 세금을 부담하면서도 정치에 참여할 수 없었다. 제3신분 가운데 특히 판사, 변호사, 부유한 상인 등이 불만이 컸고, 그들은 점차 시민 계급으로 자신들의 세력을 키워 나갔다. 그들은 국민들의 권리를 중요하게 여긴 장 자크 루소의 주장에 공감했고, 미국이 영국에 대항해 독립 전쟁을 치르는 것을 보면서 자극을 받았다. 마침내 그들은 잘못된 제도를 없애고 자유롭고 평등한 사회를 건설해야 한다고 생각했다.

프랑스 대혁명 과정을 간단하게 살펴보면 이렇다. 사치스러운 생활과 계속된 전쟁으로 왕실 재정이 파산 직전에 이르자 루이 16세는 귀족들도 세금을 내라고 명령한다. 귀족들이 이에 반발하자 결국 왕은 삼부회를 소집하기에 이른다. 프랑스 대혁명은 왕과 귀족의 대립으로 시작되었지만, 예상치 않게 왕과 평민의 대립으로 전개된다. 즉 왕이 평민 대표들의 투표를 반대했고, 이에 맞서 평민 대표들은 '국민의회'를 결성한다. 왕이 국민의회를 무력으로 해산시키려 한다는 소문이 돌자, 파리의 시민들은 바스티유 감옥을 습격하고 파리를 점령하고 인권선언을 발표한다. 한마디로 말해 인권선언은, 인간은 자유롭고 평등한 권리를 가지고 태어났고 나라의 주권은 국민에게 있음을 천명한 문서다.

시민들은 다시 '국민공회'를 결성해 프랑스 대혁명을 반대하는 세력과 맞서 싸웠다. 그들은 외국으로 탈출을 시도한 루이 16세와 오스트리아 출신의 왕비 마리 앙투아네트를 처형하고 공화정을 선포한다. 혁명을 이끈 지도자 로베스피에르는 농민의 세금 부담을 없애고 물가를 억제하는 개혁적인 정책을 펼치지만, 혁명을 지킨다는 이유로 혁명을 반대하는 사람들을 기요틴으로 처단하는 등 공포정치를 편다. 계속되는 공포정치에 사람들은 불만을 나타내기 시작했고, 로베스피에르 역시 기요틴으로 처형된다. 그후 총재가 다스리는 총재정부가 수립되기도 하지만 결국 여러 혼란 끝에 나폴레옹이 쿠데타로 정권을 장악하며 프랑스 대혁명으로 세워진 공화정은 무너지고 만다.

서준환의 소설 『로베스피에르의 죽음』(2013)은 제목에서 알 수 있듯이 프랑스 대혁명의 중심인물이었던 로베스피에르의 '최후의 3일'을 추적한다. 이 작품은 요즘 유행하는 '팩션'(faction)에 가깝다고 말할 수 있다. 그러나 이 소설은 일반적인 팩션과는 확연히 다르다. 대부분의 팩션이 역사적 사실의 빈틈을 허구적 상상력으로 채운다면, 이 소설은 역사적 사실 자체의 진위에 대해 질문을 던지고, 중심 인물과 주변부 인물의 행위를 따라가며, 그들에 대해 역사적 평가를 내린다.

『로베스피에르의 죽음』에서 가장 중요하게 논의되는 주제는 '자유'이다. 오늘날 자유라는 단어는 공기나 물처럼 너무나 쉽게 쓰인다. 그러나 당시 자유는 프랑스 대혁명의 핵심 테제였다. 주지하듯, 프랑스 대혁명의 핵심 강령은 자유, 평등, 박애 이 세 가지다. 이 가운데 자유는 생각보다 용례가 넓다. 프랑스 대혁명 당시 로베스피에르가 생각한 자유는 왕정에서 완전히 탈피하는 정치적 자유였다. 하지만 그의 추종 세력 또는 그의 반대 세력이 생각한 자유는 경제적 자유였다. 그들이 원한 것은 자신들의 '사유재산'의 인정 또는 보장이었다. 루이 16세가 귀족들에게 세금을 징수하는 것을 반대한 것처럼, 그들 역시 왕이 자신들의 재산에 간섭하는 것을 반대했다. 따라서 왕정이든, 공화정이든, 혹은 입헌군주제든 프랑스의 정치 체제는 그들의 주요 관심사가 아니었다. 그들의 유일한 관심사는 자신들의 사유재산 보장이었다. 결국 그들은 자신들의 기득권을 위해 로베스피에르를 처형했다. 앞에서 잠깐 살펴보았듯이 로베스피에르가 죽은 지 몇 년 후 프랑스는 공화정을 폐기하고 이름만 바뀌었을 뿐 왕정과 다름이 없는 제정의 정치체제를 취한다. 이런 일련의 과정이 소설에서 자세하게 다루어진다.

『로베스피에르의 죽음』은 소설 못지않게 소설 뒤에 실린 장정일의 발문이 돋보인다. 이 발문은 소설을 이해하는데 대단히 중요하다. 장정일은 게오르그 뷔히너의 희곡 『당통의 죽음』(1835)을 언급한다. 참고로 당통은 프랑스 대혁명 당시 부패와 독직 혐의로 로베스피에르에 의해 처형된 인물이다. 뷔히너는 『당통의 죽음』에서 프랑스 대혁명의 마지막 국면, 즉 당통과 로베스피에르가 서로 첨예하게 대치하다가 로베스피에르 일파에 의해 당통을 비롯한 그의 동료들이 처형당하기까지의 약 10일 남짓한 기간을 그리고 있다. 뷔히너는 역사적 관점에서 소재를 취하되 종전과는 다른 방식으로 형상화했다. 이 작품에서 뷔히너는 당통을 프랑스 혁명사를 빛낸 영웅이 아니라 혁명과 거리를 두고 그것을 비판적인 눈으로 바라보는 이른바 '반영웅'으로 그리고 있다. 당통은 혁명의 중심 역할을 하던 시기의 영웅적인 면모를 지닌 인물이 아니라, '9월 학살'을 주도했지만 자신의 책임을 곱씹으며 고뇌하는 인물로 그려진다.

뷔히너는 『당통의 죽음』에서 개인의 권리를 중시하는 당통이 내세우는 '향락주의'와 사회복지를 우신시하는 로베스피에르가 내세우는 '공화주의'가 궁극적으로는 정치적 욕망을 추구하기 위한 이기주의를 바탕으로 한다는 것을 은유적으로 표현하고 있다. 그렇지만 전체적으로 보았을 때 이 작품에서 당통은 온건한 혁명가로, 로베스피에르는 악마로 묘사된다. 오늘날 로베스피에르에 대해 갖는 부정적 이미지는 아마도 뷔히너의 『당통의 죽음』에서 비롯되었다고 말할 수 있다.

『로베스피에르의 죽음』으로 다시 돌아가자. 이 작품에 따르면, 프랑스 대혁명 당시 혁명적인 민중 세력이었던 시민들, 즉 '상퀼로트'들은 로베스피에르의 죽음 이후 그들의 선택과 판단, 즉 로베스피에르를 배신하고 그의 선의를 의심하고 죽음에 이르게 한 그들의 결정이 잘못되었음을 뒤늦게 깨닫게 된다.

그래서 작가는 이 소설에서 일반의 평가와는 달리 로베스피에르를 대체로 긍정적으로 묘사하고 있다. 물론 그의 순수성, 진정성에 대해서는 다른 평가들도 인정하지만, 이 소설에서는 그런 평가에 더해 그를 가장 바람직한 혁명의 완성을 위해 노력하다가 좌절한 '미완의 혁명가', '불운의 혁명가'로 묘사하고 있다. 여기서 미완이란 인민 혁명적 관점에서 그렇다는 얘기다.

로베스피에르는 원치 않았지만 프롤레타리아 혁명을 주도했다. 그의 혁명의 지향점은 주로 노동자, 중소 상인, 도시 빈민 등 기층 민중의 이익으로 수렴되었다. 그리고 그는 개인의 이익보다도 전체의 이익을 우선했다. 개인의 이익을 취하기 위해 공공의 이익을 해치는 행위를 용납하지 않았다. 그런 행위를 저지르는 사람을 정의의 이름으로 처단했다. 그럼에도 민중들은 그를 오해해 부르주아지들과 결합해 그를 몰락시켰고 나중에 자신들의 선택을 후회한다는 것이, 작가가 이 소설에서 로베스피에르에 대해 취하고 있는 기본 입장이다.

로베스피에르는 오늘날 어떻게 기억되고 있을까? 대부분의 사람들에게 그는 프랑스 대혁명 직후 극렬 좌파인 자코뱅당의 리더로서 공포정치를 펼치다가 그 또한 단두대에서 죽음을 맞이한 '극좌파 독재자' 또는 권력욕에 사로잡힌 '냉혹한 악마이자 미치광이'로 기억되고 있다. 하지만 『로베스피에르의 죽음』에서 로베스피에르는 한때 자신을 열렬히 지지했던 상퀼로트들과 각기 다른 입장을 가진 정치인들에 둘러싸인 한 인간일 뿐이다. 식료품에 대한 최고가격 고정제가 철폐되고 최고 임금 상한제가 도입되자 그에 대한 민중의 열렬한 지지가 차갑게 돌아선다. 그들은 납세액에 따른 선거권 제한에 극렬히 반대했던 그의 의도와 진정성까지도 의심한다. 민중들에게는 혁명적 부르주아라고 해도 결국 로베스피에르는 부르주아 정치인일 뿐이다.

어느 순간부터 모든 책임은 로베스피에르에게 돌아간다. 프랑스 대혁명이 실패로 돌아간 것도 로베스피에르 때문이고, 나폴레옹이 등장한 것도 로베스피에르 때문이다. 로베스피에르와 그를 끌어내리기 위해 온건파와 급진파, 그리고 상퀼로트들의 결합은 이념 간의 갈등보다는 복수극의 형태를 띠게 된다.

어쩌면 모든 이익을 초월한 공공의 선을 추구한다는 로베스피에르의 발상은 처음부터 불가능한 일이었는지 모른다. 그에게 '각기 다른 입장과 시각차를 가진 사람들 모두에게 이익이 되는 정책이란 과연 무엇일까?'라는 질문을 던져 본다. 이 질문은 우리에게 지금도 유효하다. 그는 이성을 바탕으로 허무주의와 맞서 싸우지만 결국 장렬히 전사했다. 그의 '공화국의 덕성과 정의에 대한 열정'은 '권력욕으로 똘똘 뭉친 영악한 정치가가 빚어낸 오물 덩어리'로 전락하고 말았다.

〈베르사유의 장미〉(1972)라는 '전설적인'(?) 일본 만화가 있는데, 이 작품의 배경이 바로 프랑스 대혁명이다. 이 만화는 슈테판 츠바이크의 평전 『마리 앙투아네트 베르사유의 장미』(1932)를 원작으로 하고 있다. 따라서 이 만화는 최소한 마리 앙투아네트에 대해서 적대적이지 않다. 작가는 마리 앙투아네트를 "영리하지도 어리석지도 않으며 선을 위해 앞장서지도 악을 행할 의사도 전혀 없는 평범한 여인"으로 묘사하고 있다. 〈베르사유의 장미〉는 실존 인물인 마리 앙투아네트와 가상 인물이자 남장 여자인 오스칼에 초점을 맞추고 있지만 로베스피에르도 잠깐 등장한다. 만화에서 로베스피에르는 오스칼에게 그녀를 '국왕을 휘두르는 왕비'로 부르며 그녀에게 좋지 않은 감정을 드러낸다. 왕비 역시 그를 좋아하지 않는다. 이 작품에서도 로베스피에르에 대한 평가는 크게 다르지 않다. 혁명 동지인 생쥐스트조차 로베스피에르를 두고 '권력을 탐하는 테러리스트'로 부른다.

프랑스 대혁명 230주년을 기념해서 만든 영화 〈원 네이션〉(2018)에도 로베스피에르(루이 가렐)가 등장한다. 이 작품에서 그는 "모든 사람은 동등한 권리와 자유를 가진다"라고 역설하는 평등법 전문 변호사다. 그는 시민을 위한 제3계급의 대표로 "모든 시민들에게 정치 참여 권리를 줘야 한다"라고 주장한다. 나중에 그는 왕의 사형을 주장하는 급진파의 중심에 서게 된다. 영화 속에서 그는 너무나도 유명한 말을 한다. "왕은 무죄일지도 모르지만 그를 무죄라고 선언하는 순간 혁명은 유죄가 된다. 이제 와서 혁명을 잘못이라고 할 수 있는가? 왕을 죽여야 한다. 혁명이 죽을 수는 없기 때문이다."

영화 속에서 로베스피에르는 이처럼 혁명의 정당성을 멋진 연설로 감동적으로 전한다. 그는 '권력을 탐하는 악마'로만 그려지지 않는다. 그가 왜 공포정치를 하려고 하는지 그 이유가 설명된다. 그의 말에 따르면, "프랑스는 혁명을 통해 왕이나 귀족들 없이도 시민들 스스로 통치할 수 있는 정치 제도를 확립했다. 하지만 자유에는 절제라는 미덕이 필요하다. 절제가 없으면 공동체의 이익의 실현은커녕 혼란만 빚어질 뿐이다. 민주주의를 경험해보지 못한 프랑스 민중에게는 공포정치가 필요하다."

로베스피에르에게는 오직 혁명뿐이었다. 그는 혁명 정신을 지키기 위해서 공포정치가 불가피하다고 생각했고, 혁명 정신에 반대하는 인물들, 심지어는 자신과 혁명을 함께 했던 동지들조차도 정의라는 이름으로 처단했다. 가만히 생각해보면 그는 한 가지 사실을 간과했는데, 다름 아닌 인간의 욕망이다. 아니면 인간의 욕망을 과소평가했는지도 모른다. 그는 자신의 욕망을 절제했고, 타인들의 욕망도 절제하려 했다. 욕망의 절제를 위해서라면 공포정치도 마다하지 않았다. 하지만 역사를 통해 알 수 있듯이 인간의 욕망은 그렇게 간단하지 않다. 인간의 욕망은 공포심에 의해 일시적으로는 제어될 수 있지만 결코 그 욕망을 억제할 수 없다. 그리고 그 욕망은 때에 따라 변한다. 프랑스 대혁명 당시 시민들은 왕과 귀족의 압제에서 벗어난 자유를 욕망했다. 로베스피에르에게 필요한 것은 절제된 자유였지만, 그들이 욕망한 것은 무한한 자유였다. 시민들은 처음에는 로베스피에르를 두려워했지만 나중에는 의심하고 그를 끌어내렸다. 심지어 자신들의 잘못된 선택을 정당화하기 위해 그에게 악마의 이미지를 덧씌웠다.

문득 영화 〈이끼〉(2010)가 떠올랐다. 〈이끼〉에도 로베스피에르의 죽음과 비슷한 장면이 나온다. 천용덕(정재영)을 비롯한 마을 사람들은 젊었을 때 살인, 방화, 폭력 등 온갖 나쁜 짓을 다 했지만, 유형목(허준호)을 만나 모두 죄를 뉘우치고 새롭게 태어나기로 다짐한다. 유형목은 그들과 함께 작은 공동체를 건설한다. 그는 그들에게 욕망을 절제하며 금욕적인 삶을 요구한다. 그들은 처음에 유형목의 뜻을 따랐지만 차츰 염증을 느끼고 나중에는 그의 뜻을 거스르고 그를 유폐시킨다.

사실 영국의 청교도 혁명 과정도 프랑스 대혁명 과정과 비슷했다. 엄밀히 말하면 프랑스 대혁명이 영국의 청교도 혁명의 전철을 밟았다. 영국인들은 처음에는 청교도 혁명에 환호했지만, 나중에는 프랑스로 망명했던 왕을 다시 모셔온다. 즉 왕정을 무너뜨리고 피를 흘려 공화정을 세웠지만, 그 공화정을 버리고 다시 왕정을 택했다.

개인적인 생각에 로베스피에르의 가장 큰 잘못은 공포정치를 통해 많은 사람들을 형장의 이슬로 사라지게 한 것보다도 인간의 욕망을 간과한 것이다. 다시 말하면 '그 자신이 스스로 욕망을 절제하듯이 다른 이들도 그렇게 할 수 있을 것이다'라고 믿은 오만함이 그의 가장 큰 오류다. 그리고 사람들은 자신들의 욕망 때문에 혁명이 실패했다는 사실을 인정할 수 없기 때문에 그를 '악마'

로 규정했다. 결국 언제나 혁명을 반기지 않는 역사에 의해 로베스피에르는 '권력욕의 화신'으로 확정되었다.

마녀는 어떻게 만들어지나?

『세일럼의 마녀들』

로절린 섄저의 『세일럼의 마녀들』(2011)은 실제로 미국에서 있었던 '세일럼의 마녀재판'(Salem's Witch Trials)이라는 역사적 사건에 대한 일종의 르포르타주다. 1692년 미국의 매사추세츠주 세일럼이라는 한 작은 마을에 '마녀사냥'이라는 광풍이 몰아쳐 마을 사람들은 서로를 마녀로 고발하기에 이른다. 무고하게 고발당한 사람들 가운데 19명이 마녀로 몰려 교수형을 당했다. 그 가운데는 끝까지 마녀가 아니라고 항변한 사람도 있고, 이웃 사람을 마녀를 고발하지 않아서 목숨을 잃은 사람도 있다.

그렇기 때문에 마녀사냥이라는 비극적인 사건이 끝났다기보다는 누군가가 덮었거나 누군가에 의해 덮였다는 표현이 더 정확할지 모른다. 마녀사냥의 후유증은 생각보다 훨씬 더 오래갔다. 사실 마녀로 몰려 죽은 사람의 숫자보다도 청교도 공동체가 붕괴되어 이웃끼리 서로가 서로를 믿지 못하는 불신의 벽이 훨씬 더 심각했다.

세일럼의 마녀사냥은 표면적으로는 마을 사람들 간의 종교적 갈등처럼 보인다. 하지만 이 사건은 전통을 고수하던 집단과 새로운 상업 계층 간의 정치, 경제, 사회, 문화, 종교 등 여러 분야에서 헤게모니를 둘러싸고 벌인 갈등과 투쟁의 결과다. 거기에 마을 사람들 사이에 오랫동안 쌓여 있던 개인적인 증오와 원한이 더해졌다. 당시 뉴잉글랜드 지방은 토지 문제로 이웃 간에 많은 분쟁이 발생해 이웃끼리 서로 고발하는 경우가 빈번했고 당연히 이웃 간의 불화가 심했다. 게다가 당시에는 위생 상태가 안 좋아 유아 사망률이 높았다. 아이가 없거나 아이가 죽은 이들은 아이가 있는 많은 이들을 시기하고 질투했다. 이런 여러 가지가 복합적으로 작용해 결국 마녀사냥과 마녀재판이라는 비극적 사건이 벌어졌다.

교과서적으로 말해 우리가 역사를 배우고 역사를 기록하는 이유는 과거의 실수를 반면교사로 삼아 같은 실수를 되풀이하지 않기 위해서다. 그렇지만 인간이기 때문에 같은 실수를 되풀이한다. 앞에서 언급한 미국 역사에서 가장 비극적인 사건 중 하나인 마녀재판은 1950년대 '매카시즘'이라는 형태로 재현된다. 매카시즘은 반공주의 성향이 강한 집단에서 정치적 반대자나 집단을 공산주의자로 매도하려는 태도를 가리킨다. 매카시즘은 미국의 위스콘신주 상원의원 조지프 매카시가 국무부의 진보적 인사들을 공산주의자로 규정한 발언에서 비롯되었다.

매카시즘이라는 광풍이 휘몰아치는 가운데 전도 유망한 젊은 예술가와 지식인들이 '공산주의자'로 몰려 숱하게 희생되었다. 예컨대 영화 〈트롬보〉(2015)는 매카시즘 광풍으로 천재 작가였지만 과거 전력 때문에 매장당하고 교도소에 수감되었던 실존 인물 달튼 트롬보의 삶을 극화한다. 냉전이 본격화되던 당시 원래 가치중립적이었던 '공산주의자'라는 단어는 마녀와 동일한 의미와 맥락을 갖게 되었다. 그때 예술가들은 선택의 기로에 놓이게 된다. 다시 말하면 그들 앞에는 두 개의 선택지만이 놓여 있다. 개인적인 양심을 지키기 위해 동료의 이름을 말하지 않거나, 아니면 자신의 예술을 위해 동료의 이름을 말하거나. 그도 아니면 가짜 이름으로 작품을 발표하거나.

『세일즈맨의 죽음』(1949)으로 유명한 미국의 극작가 아서 밀러는 과거 공산주의에 동조했던 동료들의 명단을 제출하라는 의회의 명령을 거부한다. 반면 그의 절친한 친구였던 연극연출가 엘리아 카잔과 그가 존경해 마지않았던 극작가 클리퍼드 오데츠는 매카시즘 광풍에 떠밀려 결국 과거 공산주의에 경도되었던 동료들의 명단을 제출한다. 그들 외에 디즈니랜드 왕국을 건설한 월트 디즈니, 나중에 대통령에 오르게 되는 로널드 레이건 등도 자신이 알고 있는 공산주의자들의 명단을 제출한다.

물론 카잔과 오데츠, 디즈니와 레이건의 선택 사이에는 차이가 있다. 전자가 자신의 예술 세계를 위해 어쩔 수 없이 동료들의 명단을 넘겼다면, 후자는 개인적인 영달을 위해 동료들을 팔아넘겼다. 온 나라를 떠들썩하게 만들고 미국 문화 예술계를 갈등과 투쟁의 장으로 만들었던 매카시즘은 실체도 정확히 밝혀지지 않은 채 결국 '해프닝'으로 끝나고 말았다. 매카시즘 광풍을 보면서 "역사는 처음에는 비극으로, 나중에는 희극으로 반복된다"라는 마르크스의 전언을 새삼 실감하게 된다.

다시 말하지만 밀러는 공산주의자로 몰려 과거에 공산주의에 동조했던 동료들의 명단을 제출하라는 위협에 가까운 명령을 받는다. 하지만 그는 개인적인 양심에 따라 동료들의 명단 제출을 거부한다. 그 때문에 밀러는 예술 활동이 제한되고, 심지어 의회 모독죄로 기소된다. 결국 그는 무죄 판결을 받지만 이 사건은 밀러 개인적으로나, 사회와 국가적으로나 치유되기 힘든 비극적 사건이다. 밀러는 극작품 『시련』(1953)에서 세일럼의 마녀재판과 매카시즘의 '유비'(analogy)를 통해 개인의 양심이라는 문제에 대해 숙고한다. 참고로 거의 비슷한 시기에 카잔은 부두 노동자 노조의 불법 행위를 고발하는 주인공의 양심적인 행위를 중심 서사로 하는 영화 〈워터프론트〉(1954)를 통해 자신의 정치적·예술적 선택을 정당화한다.

마녀사냥과 마녀재판은 단지 미국의 역사로만 읽히지 않는다. 분단과 내전의 역사를 경험한 우리도 마녀사냥의 비극적인 역사로부터 결코 자유롭지 않다. 오래전에 읽었던 복거일의 소설 『높은 땅 낮은 이야기』(1988)에도 세일럼의 마녀재판과 비슷한 이야기가 나온다. 요컨대 마녀사냥과 마녀재판은 우리와 동떨어진 곳에서 벌어진 '이미 끝난' 과거의 사건이 아니라 오히려 지금 이 순간 우리 땅, 우리 사회에서 '여전히 벌어지고 있는' 현재 진행형의 사건이다.

앞에서 말했듯이 『세일럼의 마녀들』은 마녀사냥과 마녀재판이라는 실제의 역사적 사건에 대한 기록이다. 반면 이택광은 『마녀 프레임』(2013)에서 마녀가 어떻게 만들어지는가를 추적한다. 저자는 근대 계몽주의의 도래로 마녀가 없어진 게 아니라 '숨었다'고 결론을 내린다. 즉 그의 주장에 따르면 마녀는 숨었다가 때가 되면 갑자기 모습을 드러낸다. 그리고 어느 순간 마녀는 또 사라진다. 더 엄밀히 말하면 마녀는 스스로 등장하는 게 아니라 필요에 따라 우리에 의해 소환된다. 저자는 에필로그에서 다음과 같이 말한다.

> "누구나 마녀가 될 수 있다. 우리는 마녀인 동시에 마녀 심판자이기도 하다. 마녀로 지목당하지 않기 위해서 필사적으로 마녀를 지목해야 하는 운명에 놓인 것이다."

짧지만 강하고 묵직한 울림을 전한다. 게다가 더 이상의 설명이 필요 없을 정도로 핵심을 꿰뚫고 있다.

환대에 대하여

『앵무새 죽이기』

영화 〈프리 스테이트〉(2016)에서 미시시피주의 가난한 농부 뉴튼 나이트(매슈 매코너헤이)는 남북전쟁의 코린트 전투에서 살아남은 뒤 탈영병, 소작농, 노예 등으로 구성된 반란군을 이끈다. 그는 정규군을 격퇴하고 남부군의 영역에서 노예제 없는 자치지구이자 최초의 혼혈 인종 공동체 '프리 스테이트 오브 존스'를 구축한다. 영화는 새로운 공동체 건설이라는 희망의 메시지를 주며 끝나는 듯했다. 그런데 마지막에 반전이 있다. 반전의 주인공은 레이첼(구구 바샤-로)이다. 레이첼은 노예로서 나이트 부부의 아이가 아팠을 때 돌봐주었고, 그가 늪으로 도망칠 때도 그를 도왔다. 그녀 자신도 숲으로 도망쳐 뉴튼에게 글을 배우고 숲속 아이들에게 글을 가르친다. 레이첼은 뉴튼의 아내 세레나(케리 러셀)가 떠난 뒤에는 뉴튼과 결혼한다. 하지만 떠났던 세레나가 돌아오자 그녀를 받아들여 함께 살아간다. 한마디로 레이첼은 뉴튼이 만든 새로운 공동체의 이상을 실현하는 인물이다.

레이첼은 뉴튼과 결혼했지만 법적으로 그의 아내가 될 수 없었다. 그래서 뉴튼은 그녀에게 약간의 땅을 양도했고, 그녀는 미시시피주에서 땅을 소유한 얼마 안 되는 여성이 되었다. 그후 그녀의 삶이 어땠는지 영화를 통해 정확히 알 수 없지만 사랑하는 남편의 법적 아내가 되지 못했으니 늘 행복하지는 않았을 것 같다. 그래도 그녀는 후손들은 자신보다 더 행복할 것이라고 꿈꾸었을 것이다. 그러나 그녀의 바람은 이루어지지 않는다. 그녀의 증손자 데이비스는 백인 여성과 결혼하려고 하지만 미시시피주 법은 이를 허락하지 않는다. 미시시피 법에 따르면, 그는 1/8의 흑인 혈통을 갖고 있기 때문에 흑인으로 분류되고, 백인 여성과의 결혼은 무효다. 심지어 그는 미시시피 주 '분리정책'을 위반했다는 죄목으로 5년 형을 언도받는다. 미시시피주 대법원도 상고심에서 그에게 유죄를 선고한다. 오래전 이야기 같지만 영화 속 뉴튼과 레이첼 에피소드 85년 뒤, 즉 1960년도를 전후로 한 미국의 이야기다. 영화 속 이야기는 실제일 수도 있고 허구일 수도 있지만, 허구라고 하더라도 당시 실제로 얼마든지 있을 법한 이야기다.

하퍼 리의 『앵무새 죽이기』(1960)는 1960년에 출간되었지만 시간적으로는 영화 〈프리 스테이트〉의 마지막 장면보다 앞선다. 즉 『앵무새 죽이기』의 시간적·공간적 배경은 1930년대 앨라배마주 메이콤이다. 이 작품은 1930년대가 시간적 배경이지만 1860년대의 남북전쟁뿐만 아니라 로자 파크스(Rosa Parks) 사건을 비롯한 1950년대의 여러 사건을 연상시킨다. 그뿐만 아니라 1960년대 마틴 루터 킹 목사의 흑인 민권 운동을 예고한다.

『앵무새 죽이기』는 소설 전통으로 보자면 '성장소설'이다. 대부분의 성장소설이 그런 것처럼 이 작품에서 주인공 스카웃과 그녀의 오빠 젬은 온갖 시련과 고통을 겪으면서 정신적으로 성장해 나간다. 소설은 스카웃이 초등학교에 입학하기 직전부터 2학년까지 약 3년 동안 일어난 일련의 사건들을 어른이 된 후에 회상하는 방식을 따른다. 3년 동안 스카웃은 육체적으로뿐만 아니라 정신적으로 성장을 하고 영혼의 '개안'을 느낀다. 특히 마지막 장면에서 그렇게 만나보고 싶었던 아서 래들리, 일명 부 아저씨를 뜻하지 않게 만난다. 그녀는 그를 집까지 데려다준 뒤 집까지 걸어가는 동안 "나는 나이가 부쩍 든 것 같은 느낌이 들었다"라고 말한다.

스카웃이 정신적으로 성장하는 데에는 변호사인 아버지 에티커스 핀치의 역할이 무척 크다. 그 밖에 오빠 젬과 미시시피주에서 온 친구 딜, 이웃에 사는 듀보스 할머니, 모디 앳킨스 아줌마, 고모 알렉산드라, 흑인 가정부 캘퍼니아 등도 그녀가 정신적으로 성장하는데 '안내자 역할'을 한다. 그렇다면 스카웃이 고통과 좌절을 겪으며 얻는 삶의 교훈은 무엇일까? 한마디로 남에 대한 배려와 관용, 그리고 사랑이다. 마지막 장면에서 스카웃은 그토록 무서워하던 래들리의 집 현관 앞에서 자신의 집과 이웃을 바라본다. 그녀는 "상대방의 입장이 되어 보지 않고서는 그 사람을 참말로 이해할 수 없다"는 아버지의 말을 곱씹는다. 또한 자신보다 열등한 위치에 있는 사람에 대해서는 특별히 관심을 기울여야 한다는 사실을 깨닫고 그렇게 하겠다고 다짐한다.

『앵무새 죽이기』는 스카웃의 정신적 성장뿐만 아니라 이웃에 대한 '환대'라는 주제를 역설한다. 부 아저씨는 사춘기 때 친구를 잘못 사귀어 물의를 일으킨 것 때문에 평생 집 안에 갇혀 지낸다. 마을 사람들에게는 완전히 따돌림을 받고, 스카웃과 젬, 그리고 딜과 같은 아이들에게는 놀림 대상이 된다. 그러나 그는 십수 년 동안 젬과 스카웃이 커가는 모습을 지켜보았고 그들이 어려움을 겪을 때마다 남모르게 도와준다. 속이 빈 나무 속에 온갖 선물을 갖다 놓은 것도 그였고, 마지막 장면에서 밥 이웰로부터 그들을 구출해준 것도 그였다. 그가 베풀어준 환대에 대해 그녀 역시 환대로 대한다. 스카웃은 자신의 집 안에서는 그를 마치 어린아이처럼 자상하게 돌봐주었지만, 막상 집 밖으로 나와서는 그에게 신사처럼 자신을 인도하도록 한다. 그녀는 부 아저씨가 유령이나 흡혈귀가 아니라 아버지처럼 자상하게 어린아이를 돌보아주는 다정다감한 사람이라는 사실을 깨닫는다. 그녀의 깨달음은 큰일을 겪은 후 그녀의 정신적인 성장에서 비롯되었을 수도 있지만, 그보다도 환대에 대한 환대에서 비롯된다고 할 수 있다.

하지만 『앵무새 죽이기』의 톰 로빈슨 사건에서 보듯이 환대가 항상 환대로 되돌아오는 것은 아니다. 흑인인 톰 로빈슨은 밥 이웰의 딸 메이옐라를 강간했다는 혐의로 재판을 받게 되고 스카웃의 아버지 핀치 변호사가 그를 변론한다. 평소에 톰은 그녀 대신에 땔감을 쪼개주고 물을 길어다 주는 등 온갖 친절을 베풀었다. 사건이 벌어진 바로 그날에도 그는 단지 메이옐라를 도와주려 했을 뿐이다. 하지만 그녀는 톰에게 키스를 하며 육체적으로 접근했고 톰은 백인 여성과 추문에 휘말릴 것을 두려워해 도망쳤다. 메이옐라가 톰이 자신을 강간했다고 고소하면서 작은 마을의 큰일이 된다. 여러 가지 증거와 증언을 통해 보았을 때 톰이 메이옐라를 강간했다고 판단할 수 없지만 배심원들은 톰에게 유죄 평결을 내린다.

마을 사람들 역시 이 사건이 톰의 강간 사건이 아니라 밥의 가정폭력 사건이라는 것을 알면서도 강간 사건이라고 규정한다. 왜냐하면 밥이 아무리 쓰레기 같은 인간이라고 하더라도 흑인의 손을 들어줄 수 없기 때문이다. 결국 톰은 탈주 중 보초병들의 총탄 세례를 받고 죽는다.

스카웃은 톰 로빈슨 사건을 통해 인간이란 피부 색깔에 따라 구분되어서는 안 된다는 사실을 깨닫는다. 하지만 『앵무새 죽이기』에서 애티커스 핀치 변호사, 존 테일러 판사, 보안관 헥 테이트, 그리고 모디 앳킨스 정도를 제외하면 마을 사람들 대부분은 정도의 차이가 있지만 대부분 인종차별주의자들이다. 그들은 흑인만 차별하는 게 아니라 자신들의 편견과 아집으로 사회적인 약자까지도 차별한다. 이 작품에서 약자는 '앵무새'로 표상된다. 앵무새는 다른 새들과 달리 아름다운 목소리로 사람들의 귀를 즐겁게 해줄 뿐 곡식을 먹거나 창고에 둥지를 트는 등 어떤 해를 입히지도 않는다. 그런데도 사람들은 재미삼아 그런 앵무새를 죽이려 한다. 부 아저씨나 톰은 바로 앵무새와 같은 사람들이다. 그들은 다른 사람들에게 해를 끼치지 않고 오히려 환대를 베푼다. 하지만 그들의 환대는 환대로 돌아오지 않는다. 그들은 다른 사람들의 편견이나 아집 때문에 고통을 받거나 목숨까지 잃는다. 작품의 제목 '앵무새 죽이기'는 절대로 해서는 안 되는 일이지만 공공연히 벌어지는 일을 가리킨다. 그렇기 때문에 애티커스는 아이들에게 크리스마스 선물로 엽총을 사주면서 까치새와 같은 다른 새를 죽이는 것은 몰라도 "앵무새를 죽이는 것은 죄가 된다"고 말한다.

프랑스의 철학자 자크 데리다는 『환대에 대하여』(1997)에서 다음과 같은 질문을 던진다.

> "'환대'를 베풀기 위해서 우리의 거처는 확고한 존재에서 출발해야 하는가? 또는 그보다 진정한 환대는 오직 비호-부재의 해체로부터, 자기-집 부재의 해체로부터 개화할 수 있는가?"

그 질문에 대해 그는 스스로 "어쩌면 집 없는 경험을 해 본 사람만이 환대를 베풀 수 있을지 모른다"고 조심스럽게 자신의 생각을 밝힌다.

즉 『환대에 대하여』에서 데리다는 환대를 베푸는 쪽과 환대를 받는 쪽의 위상, 특히 환대의 조건을 논의의 출발점이자 핵심으로 삼는다. 또한 '환대' 뿐만 아니라 환대의 주체와 환대를 베푸는 당사자와 객체, 즉 환대를 받는 '이방인'에 대해 고찰한다. 그의 논의를 더 밀고 나가자면, 환대는 한쪽의 일방적인 시혜라기보다는 상호작용에 가깝다. 환대란 무조건 일방적으로 베푸는 것이라는 우리의 보편 정서와도 배치된다.

그렇다면 이방인은 도대체 어떤 사람을 가리키는가? 이방인은 외국에 머무르거나 사회나 가족이나 도시의 외부에 머무르는 남자나 여자만이 아니다. 이방인은 단순히 '타자'가 아니다. 다시 말하면 이방인은 사람들이 절대적이고 야생적이고 야만적인, 전(前)문화적이고 전(前)법적인 외부에 내밀어 버리는 극도의 타자, 가족과 공동체와 도시와 국민 또는 국가의 저쪽 외부로 혹은 이쪽 외부로 추방된 극도의 타자가 아니다. 이방인에 대한 관계는 권리에 의해, 정의의 권리의 생성에 의해 규제된다.

강제 이주자들, 망명자들, 강제 수용소에 수용된 자들, 추방된 자들, 고향 상실자들, 유목민들은 공통적으로 두 가지 한(恨) 또는 향수를 가지고 있는데, 나름아닌 '죽음'과 '언어'다. 한편으로 그들은 묻혀 있는 죽은 친지들이 최후의 거처를 가지고 있는 장소로 최소한 순례 차원에서나마 돌아오기를 원한다. 또 다른 한편으로 그들은 언어가 이른바 모국어가 최후의 고향이라고, 최후의 보루라고 생각한다. 언어는 소속감, 즉 정체성의 첫 조건이자 마지막 조건이다. 더 나아가 소유 박탈의 경험, 환원 불가능한 자가 고유성의 소유 박탈의 경험이기도 하다. 따라서 모국어는 사람들이 자기 자신과 함께 가지고 다니는 양도 불가능한 소유물, 아니면 일종의 제2의 피부에 갈음한다.

예컨대 오이디푸스는 테베의 재앙의 근원이 자신임을 깨닫고 모든 것을 버리고 방랑을 떠난다. 그는 죽음을 앞두고 테세우스에게 자기 죽음에 대해 딸들에게 알리지 말라고 부탁 또는 명령한다. 만일 자신의 명령을 따르지 않을 시에는 도시에 큰 재앙을 내리겠다고 경고한다. 반대로 그 명령이 지켜지면 그 도시를 구원하겠다고 약속한다. 오이디푸스와 테세우스의 관계를 보면 마치 이방인이 주인을 구하고 주인의 권력을 해방하는 게 가능한 것처럼 보인다. 주인은 주인으로서 자신의 장소와 권력의 포로, 자신의 자기성의 포로, 자신의 주관성의 포로가 된 것처럼 보인다. 맥락상 포로는 인질과 동의어다. 데리다에 따르면, 주인과 손님의 관계에서 인질은 예상하는 것과 다르게 초대받은 손님이 아니라 초대하는 주인이다. '손님', 즉 초대받은 인질은 초대하는 자의 초대하는 자가 된다. 주인은 손님의 손님이 되고 손님은 주인의 주인이 된다. 참고로 영어 단어 '환대'(hospitality)와 '적대'(hostility), 그리고 '인질'(hostage)은 어원적으로 같다.

가족의 이름으로 대변되고 보호되는 '가족을 구성한' 이방인에게 제공된 환대받을 권리는 이방인에게 환대 또는 환대 관계를 가능하게 하지만, 동시에 환대 관계를 제한하고 금지하기도 한다. 왜냐하면 이러한 조건 하에서 사람들은 익명의 '도래자', 즉 이름도 성도 가족도 사회적 위상도 없어서 이방인으로 취급되지 못하고 야만적 타자로 취급되는 사람에게는 환대를 베풀 수 없기 때문이다. 이방인, 그중에서도 야만적 타자에게 베푼 환대의 끔찍한 결과는 장뤼의 영화 〈두만강〉(2009)에서 잘 드러난다.

데리다는 『환대에 대하여』에서 환대를 '조건적 환대'와 '무조건적 환대'로 나누어 고찰하지만 '환대'에 대해 단정적으로 결론을 내리지 않는다. 오히려 환대의 본질에 대해서, 그리고 현재 상황에서 환대의 위상학적 좌표에 대해 생각할 거리를 제공한다. '무조건적인 환대'는 단어 그대로 조건 없이 베풀어지는 환대이다. 반면 조건적 환대는 환대에 조건을 주는 권리와 의무를 구별한다. 이 구별은 환대의 욕구를 마비시키거나 환대의 요청을 파괴하기보다는 우리에게 칸트의 언어에서 매개적 도식이라고 부를 수 있는 것을 규정하도록 한다. 이 둘 사이에는 근본적인 차이가 존재한다. 즉 한쪽은 다른 한쪽을 부르고 내포하고 또는 처방한다.

데리다는 『환대에 대하여』에서 환대가 우리가 흔히 생각하는 것처럼 자명하지 않다고 말한다. 그는 환대가 정치, 경제, 종교, 언어 등 인간 삶의 모든 중요한 공적·사적 세계와 깊숙하게 관련된 것임을 끊임없이 상기시킨다. 그렇기 때문에 그는 다음과 같은 질문들을 던진다.

> "무조건적인 환대에 정당성을 인정하면서, 한정되고 제한 가능하고 한계를 획정할 수 있는, 한마디로 계산 가능한 권리가 발효되게 하려면 어떻게 해야만 하는가? 구체적인 정치와 윤리가 시행되게 하려면 어떻게 해야만 하는가? 역사, 진화, 실질적인 혁명, 진보, 한마디로 완벽해질 가능성을 수반하고 있는 정치와 윤리가 시행되게 하려면 어떻게 해야만 하는가? 전대미문의 역사적 상황이 지시하는 새로운 명령들에 부응하는, 법률을 바꾸어 시민권·민주주의·국제법의 정의를 변경함으로써 거기에 실질적으로 상응하는 정치, 윤리, 권리, 법을 어떻게 대두시킬 것인가?"

하지만 그는 이 질문들에 대한 답을 요구하지 않는다. 이 질문들을 통해 우리는 환대에 대한 데리다의 태도에서 "우리는 환대가 무엇인지 모른다"라는 진술을 도출할 수 있다.

데리다가 생각하기에 환대란 아름답기만 한 낭만적 개념이 아니라 다층적으로 권력 문제가 개입되는 치열한 정치적 행위이다. 그렇기 때문에 그는 환대에 대한 탈낭만화를 요청한다. 게다가 궁극적으로 그는 "진정한 환대는 불가능한 환대"라고 보았다. 그가 생각하는 환대는 미소가 없이는 불가능하다. 환대란 '나' 자신을 타자에게 무한히 확장하는 것이다. 여기에서 말하는 나는 하나의 개별적 존재이든, 집단이든, 국가이든 '주인'의 역할을 하는 주체를 가리킨다. 따라서 진정한 환대란 '무조건적인 환대'이자 '불가능한 환대'다. 그렇다고 불가능이 곧 포기를 가리키는 것은 아니다. 환대는 불가능하지만 어렵기 때문에 마땅히 도전해야 할 과제로 격상된다. 결론적으로 『앵무새 죽이기』에서 애티커스와 스카웃 부녀가 '앵무새 죽이기'에 반대하고 타인에게 환대를 베풀어야 한다고 역설하고 실제로 타인에게 환대를 베푸는 모습에서 데리다의 환대를 읽는 것은 너무나도 당연하다.

소설이 **역사**를 **기억**하는 방식

『종이동물원』

책을 고르는 기준이 항상 똑같을 수 없다. 책마다 다르고 때에 따라 다르다. 어떤 책은 입소문 때문에 고르고, 또 어떤 책은 필요해서 고르고, 또 어떤 책은 그냥 아무 이유 없이 끌려서 고른다. 켄 리우의 『종이 동물원』(2016)은 마지막 경우에 해당한다. 제목만 보고 책을 집어 들었다. 책을 펴기 전까지는 작가가 누군지도 몰랐다. 심지어 소설집인지도 몰랐다. '종이 동물원'이라는 책 제목에서 당연히 테네시 윌리엄스의 희곡 『유리 동물원』(1944)을 떠올렸다. 참고로 『유리 동물원』은 작가 윌리엄스의 자전적인 경험이 녹아 있는 작품으로서 해설자이자 주인공인 톰이 그의 어머니 아만다와 누나 로라에 대한 기억을 회상하는 '회상극'이다. 『종이 동물원』의 영문 제목에서 동물원이 『유리 동물원』에서처럼 'zoo'가 아니라 'menagerie'라서 더욱 호기심이 생겼다.

일단 표제작인 「종이 동물원」부터 살펴보자. 이 작품은 어린 시절 선물 포장지를 사용해 종이 동물을 만들고 거기에 생명을 불어넣어 주던 중국인 엄마와 그 아들에 관한 짧은 이야기다. 그럼에도 이 작품은 중국의 '문화 대혁명'이라는 무겁고 비극적인 역사를 환기한다. 주인공 '나'의 아버지는 미국인으로 결혼 중개 회사의 소개로 홍콩 출신의 어머니와 결혼했다. '나'는 어렸을 때는 어머니와 관계가 좋았지만, 영어를 못 하는 어머니를 점점 창피하게 여겼고, 그녀가 만들어 준 종이호랑이 장난감도 내팽개쳤다. 어머니가 만들어 준 라오후라는 이름의 종이호랑이는 어린 시절 '나'의 가장 큰 친구였지만 제대로 된 장난감을 가진 친구들 사이에서 열등감을 느끼자 종이 동물들을 모두 치워 버린다.

'나'는 어머니가 중국어로 말을 걸면 대꾸도 하지 않았다. 대화는 점점 줄어들었고 모자 관계는 점점 서먹해졌다. 시간이 흐른 뒤 어머니는 병에 걸린다. 유언으로 "[청명절] 상자 꼭 챙겨가서 가끔씩 열어 봐"라고 남기지만 '나'는 그조차 외면한다. 어머니가 죽은 뒤 '나'는 집을 정리하다가 어머니가 말한 상자와 그 안에 있던 장난감 동물들과 편지를 발견한다. 중국어를 모르는 '나'는 편지를 들고 시내로 가서 중국 관광객들에게 편지의 내용을 물어본다. 사실 그 편지는 어머니의 개인적인 삶의 기록인 동시에 문화 대혁명이라는 중국의 비극적인 역사의 기록이다. 어머니는 편지에 문화 대혁명 이후의 일들, 즉 홍콩으로의 탈출, 아버지와의 결혼, 주인공의 태어남, 중국어로 말을 하지 못하게 됨 등을 자세하게 풀어놓았다. 당연히 영어가 아닌 중국어로 말이다. '나'는 편지를 읽어 준 여성에게 어머니의 편지글 밑에 '아이'[愛]라고 읽는 한자를 적어 달라고 부탁한다. 그리고 포장지에 그 한자를 몇 번이고 적는다.

「종이 동물원」은 짧지만 큰 울림으로 단숨에 켄 리우를 베스트셀러 작가 반열에 올린 작품이다. 사실 이 작품을 읽으면서 예전에 읽었던 이창래의 「영어뿐인 세상에서 말 못 하는」(1996)이라는 에세이가 떠올랐다. 이민 1.5세대인 작가는 어렸을 때 미국으로 이주해 학교에서 영어를 배웠지만 그의 어머니는 영어에 익숙하지 못했다. 그래서 마트에 갈 때도 그의 도움을 받아야만 했다. 그의 어머니는 영어로 읽고 쓸 수는 있었지만 말을 하는 것은 서툴렀다. 그래서 그녀는 좀처럼 '말을 하지 않았다'(mute). 그러던 중 어느 날 그녀는 소꼬리를 사러 혼자 정육점에 들어가지만 당황한 나머지 'oxtail'을 한국말 '소꼬리'로 발음하게 된다. 그녀는 결국 정육점 주인으로부터는 무시를 당하고 운전미숙으로 거리의 사람들로부터 많은 비난을 받는다.

시간이 흘러 미국 뉴저지 거리에서 한국어 간판들이 급증하자 많은 미국인들이 불만을 토로한다. 작가는 한국어 간판을 비난하고 있는 미국인들은 과연 영어를 배우기 위해 노력했던 어머니의 노력을 어떻게 받아들일 것인가에 대하여 의문을 제기한다. 그리고 그는 만일 그의 어머니가 살아있다면 한국어 간판을 내건 사람과 이를 보고 당황해하는 미국인의 입장을 모두 이해할 수 있었을 것이라고 말한다.

이창래는 한국에서 태어나 어렸을 때 세 살 때 미국으로 건너갔다. 그는 예일대학교 영문과를 졸업했고, 오리건대학교 분창과 교수를 거쳐, 현재는 프린스턴대학교 문창과 교수로 재직 중이다. 작가가 되기 전에는 월스트리트에서 증권분석가로 일을 하기도 했다. 켄 리우는 이창래와 비슷하면서도 조금 다르다. 켄 리우 역시 이창래와 마찬가지로 이민 1.5세대다. 그 역시 중국에서 태어나 열한 살 때 미국으로 건너갔다. 그는 하버드대학교 영문과를 졸업한 뒤 프로그래머로 일했고, 다시 하버드대학교 로스쿨을 졸업하고 변호사로 일했다. 켄 리우와 이창래는 성공한 이민자 출신 작가다. 그런데 그들의 글쓰기 방식과 작품의 소재는 사뭇 다르다. 켄 리우가 SF 및 환상 문학, 하드보일드, 대체 역사, 전기 소설 등 다양한 장르에 걸쳐 다채로운 예술적 실험을 한다면, 이창래는 초창기부터 아시아계 이민자로서 겪는 정체성 문제에 천착한다.

다시 켄 리우로 돌아가자. 켄 리우는 「종이 동물원」으로 2012년 SF 및 판타지 문학계에서 최고의 권위를 자랑하는 휴고상, 네뷸러상, 세계환상문학상을 모두 휩쓴 최초의 작가가 되었다. 『종이 동물원』은 SF에서부터 환상 문학, 하드보일드, 대체 역사, 전기소설에 이르기까지 켄 리우의 작품 세계를 한눈에 볼 수 있다. 앞서 살펴본 문화 대혁명을 다룬 「종이 동물원」을 비롯해, 과거 체험을 통해 일본군의 731부대의 잔학성을 다큐멘터리 형식으로 그려낸 「역사에 종지부를 찍은 사람들」, 제2차 세계대전으로 패망하지 않은 일본이 강제노역을 통해 미국과 해저터널을 잇는다는 대체 역사물 「태평양 횡단 터널 약사」, 대만의 2·28사건을 소재로 한 「파자점술사」, 서양 열강의 경제 침탈을 환상문학과 스팀 펑크 장르로 다룬 「즐거운 사냥을 하길」, 개인의 모든 결정을 인공지능이 대신해 주는 디스토피아를 경고하는 「천생연분」, 몰래카메라와 이와 관련된 사건을 추적하는 탐정을 그린 하드보일드 「레귤러」, 인격을 가상현실로 복제하여 체험하는 기계를 소재로 한 「시뮬라크럼」, 영생을 사는 인류의 머나먼 미래를 폭발적인 상상력으로 다룬 「파(波)」, 우주로 나온 인류에 관한 작품인 「모노노아와레」 등이 포함되어 있다.

흥미로운 소재 때문인지, 작가의 경쾌한 스타일 때문인지 『종이 동물원』에 실린 켄 리우의 각 작품들은 전반적으로 잘 읽힌다. 하지만 그의 작품들은 가독성만 좋은 게 아니라 읽고 난 뒤 많은 것을 생각하도록 한다. 특히 역사를 소재로 한 작품은 누군가는 애써 지우려는 과거의 역사를 소환해 전경화한다. 개인적으로는 「역사에 종지부를 찍은 사람들」, 「태평양 횡단 터널 약사」, 그리고 「파자점술사」가 읽은 뒤에도 기억에 많이 남는다.

「역사에 종지부를 찍은 사람들」은 과거의 정보와 기억을 그대로 체험할 수 있는 기술을 통해 731부대의 희생자 유족을 과거로 보내 과거의 진실을 밝히는 과정을 다큐멘터리 형태로 풀어낸 소설이다. 작가는 731부대의 끔찍한 행위를 적나라하게 묘사하는 한편, 관련자의 증언과 일본의 로비, 미국 정치계의 대립 등을 마치 실제처럼 구성했다. 작가는 수많은 실제 관련자 인터뷰와 기사, 서적, 특히 미국 하원 '종군 위안부에 관한 하원 결의안 121호'를 의결하기 전에 개최한 청문회를 참고했고, 731부대의 모든 희생자들을 추모하는 뜻에서 집필했다고 밝히고 있다. 작가 자신도 "가장 아끼고 자랑스러워하는 이야기"라고 말한다. 하지만 일본은 자신들의 역사적 치부가 적나라하게 드러나기 때문에, 중국은 공산당이 부정적으로 묘사되기 때문에 이 작품을 불편해했다. 결국 『종이 동물원』이 정식 출간될 때 일본에서는 이 작품이 제외된 채, 중국에서는 공산당에 관련된 부분은 수정 또는 삭제된 채 출판되었다. 작 중 한 인물이 731부대에 대해 다음과 같이 말한다.

> "그런 이야기를 떠벌리는 사람들은 그냥 관심을 받고 싶은 거예요. 그 왜, 2차 대전 때 일본군한테 납치당했다고 주장하는 조선인 매춘부들처럼."

우리나라 사람이라면 분노를 느끼지 않을 수 없다. 아니 마땅히 분노해야 한다. 그런데 최근 들어 그 정당한 분노를 의심하려는 몇몇 의도가 불거져 나와 대단히 안타깝고 분노를 느낀다.

우리를 분노하게 한다는 점에서는 「태평양 횡단 터널 약사」도 마찬가지다. 대체 역사소설인 「태평양 횡단 터널 약사」는 '제2차 세계대전에서 일본이 패망하지 않고 미국, 중국과 우호 관계를 맺고 조선과 만주를 지배했다면'이라는 대체역사에서 시작된다. 그래서 처음에는 이 작품이 복거일의 『비명을 찾아서』(1987)와 비슷하리라 생각했다. 하지만 전혀 다르다. 이 작품은 강제 징용을 통해 불법적으로 노동력을 갈취하고 그 비밀을 숨기기 위해 노역자들을 몰살시키는 충격적인 내용을 다루고 있다.

「파자점술사」의 주인공 릴리는 아버지 직장 때문에 미국의 텍사스주에서 대만으로 이사를 온 미국 소녀다. 그녀는 미국에 있었을 때는 인기가 많았지만 대만에서는 늘 외톨이다. 그러던 어느 날 그녀는 한 노인과 또래의 소년을 만나면서 삶의 즐거움을 찾는다. 노인은 그녀에게 파자를 풀이해 주고 그녀는 그의 파자 풀이에 흥미를 느낀다. 노인과 릴리는 점점 가까워지고, '우연히' 노인은 릴리에게 2·28사건의 진상을 알려준다. 그는 "이제 아무도 '2·28학살'이라는 말을 입에 올릴 수가 없게 된 거야. 2·28이라는 숫자는 금기가 되고 말았네"라고 말한다. 릴리는 저녁 식사 때 '무심코' 아버지에게 "사람들이 2·28사건에 관해서 이야기할 수 없는데 타이완이 왜 자유로운 나라라는 건지, 이해가 안 가요"라고 말한다. 그후 그녀는 노인과 소년을 기다리지만 다시는 그들을 보지 못한다. 그리고 그녀는 아쉬움을 뒤로 한 채 아빠와 함께 텍사스로 돌아갈 예정이다.

이처럼 노인이 '우연히' 꺼낸 2·28사건의 진상에 대한 설명과 릴리가 '무심코' 던진 2·28사건에 대한 단상은 결국 엄청난 비극을 가져온다. 릴리의 아버지가 속한 타이완 정보부는 노인을 임무를 띠고 대만에 들어온 중국 공산당 스파이로 규정하고 결국 그를 손자와 함께 처형한다. 릴리는 그 소식을 모른 채 그냥 노인과 소년을 만나지 못하게 된 것만을 아쉬워한다.

「파자점술사」는 대만의 2·28사건을 역사적 소재로 한다. 2·28사건은 1947년 2월 28일부터 5월 16일까지 대만 전역에서 일어난 민중봉기다. 중화민국 정부 관료의 폭압에 맞서 대만 다수 주민인 본성인들이 불만을 표출하며 항쟁을 일으키자 중국 국민당을 위시한 외성인들은 본성인들을 폭압적으로 학살

했다.

허우샤오셴 감독의 영화 〈비정성시〉(1989)는 4형제가 모두 죽거나 행방불명되는 한 가족의 비극을 통하여 2·28사건과 제2차 세계대전 이후 대만의 혼란한 모습을 잘 보여준다. 특히 말을 못하는 문청(양조위)은 한 개인 또는 가족의 슬픔을 넘어 타이완 전체의 슬픔을 예거한다. 불행은 행복의 절정에서 찾아온다는 말처럼 그는 집안이 거의 풍비박산된 상태에서 친구의 동생 관미와 결혼해 아들을 낳으며 짧은 행복을 누린다. 하지만 불행은 그를 피해가지 않는다. 그 역시 형들과 마찬가지로 체포되어 생사를 알 수 없게 된다.

2·28사건의 사상자가 무려 3만 명이나 된다고 한다. 그런데 2·28사건에서 시작된 대만의 불행과 비극은 1987년 계엄령이 해제될 때까지 계속된다. 2·28사건과 계엄령 해제의 중간에 「파자점술사」와 영화 〈고령가 소년 살인사건〉(1991)이 있다. 공교롭게도 소설과 영화의 시간적 배경은 모두 1960년대 초반으로 대만에서 중국에 대한 공포와 증오가 절정에 달할 때다.

〈고령가 소년 살인 사건〉에서 사오쓰(상첸)의 아버지는 중국 본토에서 시식인이었으나, 대만으로 이주한 후에는 지식인으로서의 자존심을 상실했다. 현재 그는 대만에서 공무원으로 일하고 있지만, 경비총부라는 비밀경찰과 주변 사람들로부터 끊임없는 감시를 받고 있다. 그는 뚜렷한 증거도 없이 중국본토의 공산주의와 연계되어 있다는 혐의로 가족들이 보는 앞에서 체포되어 경비총부에서 심문을 당하기도 한다. 그는 풀려난 뒤에도 누군가가 끊임없이 자신을 감시하고 있다고 생각한다. 사실 국가권력과는 전혀 상관없어 보이는 파티장에서도 그에 대한 감시는 계속된다.

국가권력에 의한 개인에 대한 폭력은 부모 세대에서 자식 세대로 이어지고 있다. 타이베이는 폭력이 일상화된 공간이다. 일상화된 폭력은 이데올로기의 국가 장치들을 통해 행사된다. 샤오쓰가 가정, 학교, 그리고 사회에서 경험하는 장소 상실은 근본적으로는 외성인들이 대만에서 겪는 사회 폭력의 역사적 행위의 산물이다. 특히 학교는 국가권력이 비상식적으로 작동하는 관료기관 중 하나이다. 샤오쓰 뿐만 아니라 그의 아버지도 이러한 학교를 일종의 폭력의 공간으로 인식한다. 그들은 중국 본토에서 '뿌리 뽑힘'을 경험하고 대만에서 '불확실한' 현실을 감내하고 있다.

대만은 적응하지 못하는 외성인들, 특히 샤오쓰 가족이나 그 주변 사람들에게는 다양한 물리적·상징적 폭력이 행사되는 억압의 공간이다. 샤오쓰의 아버지가 샤오쓰의 형을 때리거나 샤오쓰가 좋아하던 샤오밍을 우발적으로 살해하는 극단적인 폭력적 행위는, 국민당 정부를 따라 대만으로 이주하였으나 그곳에서 안주하지 못하는 외성인들의 상실감과 비극이 형상화된 단적인 예이다. 그들은 국가 체제의 감시를 받는 상황에서 주변 사람들과 온전한 관계를 맺지 못해 고독과 소외감을 느끼고 결국은 비극적 상황에 처해진 것이다.

다시 소설로 돌아가자. 켄 리우는 일반적으로 SF 및 판타지 소설가로 소개된다. 옮긴이의 설명에 따르면 "『종이 동물원』은 판타지에서 하드보일드, 대체 역사, 스팀 펑크, 중국 전기(傳奇)소설 등 다양한 장르와 형식을 넘나들면서도 몇 가지 공통된 주제를 보여 주는데, 다름 아닌 바로 '역사'와 '문자'다."

개인적으로는 『종이 동물원』에서 작가가 보여주는 역사관이 더욱 흥미롭다. 앞서 말했듯이 같은 이민자 출신, 그것도 아시아계 이민자 출신 작가인 이창래가 끊임없이 아시아계 이민자 출신의 미국인이 겪는 정체성에 천착했다면, 켄 리우는 일단 형식과 기법을 통해 '중국계 미국인'이라는 범주를 넘어선다. 더 엄밀히 말하면 그 범주를 무화시킨다. 미국인의 고정관념 속에서 중국계 미국인은 '전통'을 상징하는 동양문화와 '현대성'을 상징하는 서양문화 사이에서 한쪽을 선택하려고 고뇌하는 존재이지만, 켄 리우의 작품에 등장하는 인물들은 철저히 하나의 개인이자 기호로서 개별성과 보편성을 지닌다. 그렇기 때문에 그는 기존 역사로부터 훨씬 더 자유롭다. 중국 전통문화의 상징인 한자를 현대적인 개인주의자의 관점에서 해체하고, 아시아 현대사의 꺼지지 않는 불씨인 '역사적 증거'의 개념 자체를 바꿔 놓는다.

그렇다고 이창래의 소설 작업을 폄훼하는 것은 결코 아니다. 그의 『영원한 이방인』(1995)이나 『제스처 라이프』(1999)가 단순히 아시아계 이민자의 정체성의 혼란이나 자신의 정체성을 감추거나 지우려는 음험한 시도로도 읽히지 않는다. 이창래의 소설 또한 역사의 연장이다. 요컨대 켄 리우의 역사가 과거 역사에 대한 대체 역사라면, 이창래의 역사는 현재를 보여주는 거울로서의 역사다. 이처럼 소설이 역사를 기억하는 방식은 작가마다 다르다. 당연히 달라야 한다.

복수와 망각의 서사

『농담』

'복수'와 '망각'은 아주 오래전부터 많은 문학 작품이나 영화에서 다루어지는 주제 가운데 하나다. 복수하는 주체는 과거를 망각하지 않으려 애쓰고, 복수의 대상은 의식적으로 과거를 망각하려고 애쓴다. 아니면 자신도 모르게 과거를 망각한다. 이럴 때 복수의 주체는 허망함을 느낀다. 밀란 쿤데라의 소설 『농담』(1967)의 주제 역시 복수와 망각이라 할 수 있다. 주인공 루드비크는 대학 시절 여자친구의 관심을 끌려고 엽서에 악의 없는 '농담' 한마디를 적어 보냈다. 하지만 낙관주의적인 사회주의 건설에 경도되어 있던 당시 체코 공산당과 대학은 그 농담을 근거로 그를 트로츠키주의자로 규정하고 대학과 당에서 축출한다. 그는 오스트라바 지역 군부대에 배속되어 석탄 캐는 일을 하며 절망적인 삶을 살아간다. 그는 미래를 포기한 채 오직 증오와 분노로 가득 차 있다. 그렇기에 비관적인 삶에서 자신을 구해줄 수도 있었던 구원의 여인 루치에와의 사랑도 결국 비극으로 치닫는다.

루드비크는 '복수'와 '망각'으로 15년의 세월을 견뎌낸다. 그러던 어느 날 그는 우연히 라디오 방송국에서 자신이 근무하는 연구소를 취재하러 온 헬레나가 바로 15년 전 대학 시절 자신을 절망의 구렁텅이로 빠트린 파벨 제마네크의 부인이라는 사실을 알게 된 후 그에게 복수를 다짐하며 의도적으로 그녀에게 접근한다. 그는 그녀와 육체적 관계를 맺고 그녀를 버리는 것으로 제마네크에게 복수할 계획을 세운다. 루드비크의 고향 모라비아에서는 '왕들의 기마행렬'이라는 전통 축제가 거행될 예정인데, 그는 이 축제를 자신의 복수 계기로 삼는다.

『농담』에서 다루어지는 시간대는 대체로 체코슬로바키아에서 공산주의 혁명이 성공한 후 사회주의가 시작되는 1948년부터 1963년까지다. 당시는 체코뿐만 아니라 동유럽 전체에서 사회주의 건설이 지상과제였던 시절이다. 대학생이었던 루드비크는 방학 중에 여자친구 마르게타와 함께 지내려던 계획을 세운다. 하지만 그녀가 당 교육 연수에 참가하자 이내 실망한다. 그녀를 애타게 그리워하는 자신과는 달리 그녀가 혁명적 낙관주의의 건전한 정신이 지배하는 연수원에서 행복하다는 내용의 편지를 보내자, 그는 자신의 마음을 몰라주는 무심한 그녀에게 짧은 엽서를 보낸다. 엽서의 내용은 이렇다. "낙관주의는 인류의 아편이다! 건전한 정신은 어리석음의 악취를 풍긴다. 트로츠키 만세! 루드비크."

루드비크가 마르게타에게 보낸 이 엽서는 공산당 학생위원회로 넘어가고 엽서의 내용은 전혀 다른 맥락으로 해석된다. 애인을 당에 빼앗긴 한 젊은이의 투정은 사회주의 건설을 향해 매진하고 있는 젊은이들에 대한 조롱과 스탈린의 정적 트로츠키에 대한 찬양이라는 전혀 다른 맥락으로 읽힌다. 질투심에서 비롯된 농담 때문에 루드비크는 트로츠키주의자로 낙인찍힌다. 평소 루드비크가 농담을 즐겨한다는 사실을 잘 알고 있는 친구이자 차기 학생위원회 의

장인 제마네크는 변호하기는커녕 공개재판을 통해 그를 당과 대학에서 축출한다.

결국 루드비크는 당에 대한 배신행위로 당에서도 제명되고, 학교에서도 제적을 당한 후 군에 입대한다. 그는 탄광에서 강제노동을 하며 5년의 세월을 보낸다. 사소한 농담으로 시작된 사건은 그의 삶을 송두리째 흔들어 놓는다. 그는 이제 더 이상 사람을 믿지 못하기에 주변 사람들과 깊고 진실한 관계를 형성하지 못한다. 그는 삶에 대한 희망을 잃고 절망 속에서 자기 자신을 파멸해 간다. 참담한 심정으로 하루하루를 보내던 어느 날 그는 우연히 자신의 삶을 송두리째 무너뜨린 제마네크의 부인을 알게 되었고 그녀의 육체를 범함으로써 제마네크에게 복수를 다짐한다.

고향에 도착한 루드비크는 사랑으로 가장한 복수를 실행에 옮길 장소로 예전에 알고 지내던 코스트카의 집을 빌리고 마침내 복수를 실행에 옮긴다. 그는 헬레나와의 성관계를 다음과 같이 복수로 규정한다.

> "파벨 제마네크의 방을 약탈한다! 구석구석까지 모두 뒤져내고 난장판을 만들어 놓는다! 그리하여 그에게 황폐함을 남긴다!"

루드비크는 그녀와 성관계를 맺는 중 그녀의 몸과 얼굴을 마구 때리고, 그녀는 쾌락의 비명을 지른다. 가학적으로 복수극을 끝낸 그는 만족하여 승리감에 도취한다. 그러나 그의 승리감은 오래 가지 못한다. 그의 의도와는 반대로 제마네크에게는 젊고 아름다운 애인이 있고, 그와 헬레나는 사실 3년 전부터 이미 각방을 쓰고 있었다. 더구나 헬레나는 그를 통해 진정한 사랑을 찾았다며 오히려 행복해한다. 즉 제마네크에 대한 루드비크의 복수는 오히려 제마네크를 도운 꼴이 되고 말았다. 다르게 말하면 루드비크는 제마네크에게 복수를 위해 헬레나의 육체를 사용했다고 생각했지만, 사실은 헬레나가 자신의 행복을 위해 루드비크의 육체를 이용한 것이다.

여러 가지 생각으로 머릿속이 복잡해진 루드비크는 축제에서 십오 년 만에 우연히 제마네크를 만난다. 제마네크는 이미 헬레나로부터 그녀가 그와 사귄다는 이야기를 전해 들었다. 그는 루드비크에게 헬레나가 "여전히 아름다울 뿐만 아니라 능력 있는 아주 멋진 여자"니까 그녀와 잘 사귀어보라고 격려한다. 헬레나가 나타나자 제마네크는 젊은 애인과 함께 자리를 뜬다. 루드비크는 제마네크를 한순간도 잊은 적이 없었다. 과거를 잊는다는 것은 자신의 자아를 상실하는 것인 동시에 자신이 삶 전체를 부정하는 것이기 때문이다. 하지만 제마네크에게 아무 말도 하지 못했다. 심지어 제마네크는 자신을 절망 속에 빠뜨린 중요한 사건을 기억조차 못 한다. 루드비크는 애인과 함께 유유히 사라지는 제마네크를 보며 굴욕과 수치심을 느낀다. 그는 헬레나에게 그녀를 사랑하지 않으며 다시는 만나지 않을 것이라고 매몰차게 말하고 그 자리를 벗어난다. 그는 자신이 과거에 최면이 걸려 복수라는 끈으로 자신을 과거에 옭아맸다는 사실을 깨닫는다. 더 나아가 그가 그토록 다짐하고 마침내 실행에 옮긴 복수가 아무런 의미도 없다는 사실 또한 깨닫는다.

루드비크는 코스트카가 소개한 이발소에서 여자 면도사로부터 면도를 받게 되는데, 나중에 그녀가 자신이 한때 그토록 사랑했던 루치에였다는 사실을 알게 된다. 대학에서 제적을 당하고 군에 입대하여 오스트라바에서 강제노동을 하며 절망의 시간을 보내고 있을 때, 그는 부대 근처 공장 기숙사에서 지내는 루치에라는 여성을 만나면서 아주 잠시 인생에서 희망을 꿈꾸었다. 사실 그에게 오스트라바에서의 "삶은 삶이 아니라 반죽음이며, 권태이고, 유배이고, 시베리아"나 다름이 없었다. 하지만 그는 루치에를 사귀면서 뜻하지 않게 희망을 품었다. 그는 그녀와 사귄 몇 달을 자신의 인생에서 가장 행복했던 시절로 기억한다. 하지만 그녀와의 사랑은 그에게 더 큰 고통을 안겼다.

그 시절 루드비크는 끊임없이 루치에의 육체를 갈구했다. 하지만 그러면 그럴수록 루치에는 그를 끊임없이 거부했다. 그렇다고 그녀가 그를 사랑하지 않는 것은 아니었다. 그녀는 그가 보낸 편지에 답장도 쓰지 않고 병영으로 그를 찾아가 그에게 꽃다발을 건넬 뿐이었다. 끝내 그녀는 육체를 허락하지 않았고 어느 날 말없이 그의 곁을 떠났다. 몇 주 후 그는 그녀의 소식을 알아내기 위해 무단외출을 하다가 탈영죄로 군사재판에 회부되어 십 개월 형을 선고받았다. 그 때문에 그는 어머니 장례식에도 참석하지 못했다. 즉 구원의 여인으로 생각되었던 루치에는 오히려 루드비크의 절망과 고통을 더욱 가중시켰다.

루드비크는 코스트카로부터 루치에가 자신을 끝내 거부했던 진짜 이유를 듣게 된다. 어린 시절 루치에는 윤간을 당했다. 그렇기 때문에 그녀에게 "육체는 추악했고, 사랑은 비육체적"이어야만 했다. 하지만 루드비크는 그녀가 자신을 거부하는 이유를 다르게 생각했다. 그는 그녀가 처녀이기 때문에 자신을 거부한다고 생각했고, 그 때문에 그녀의 몸을 더욱 갈구했다. 루드비크는 루치에의 이야기를 통해 삶은 필연이 아닌 우연의 연속임을 깨닫게 되었다. 그는 자신이 루치에를 아주 오랜 세월 동안 열망해 왔다고 생각했지만 정작 만났을 때는 그녀를 알아보지 못했다. 그는 루치에에 대한 오해도 풀고 마침내 그녀를 육욕의 대상이 아닌 한 인간으로 바라볼 수 있게 된다. 결국 그는 제마네크, 헬레나, 그리고 루치에를 통해 망각에 의한 복수의 무의미함과 인간 존재의 가벼움을 깨닫게 된다.

루드비크는 헬레나와 헤어진 뒤 심란한 마음을 달래기 위해 들판을 걷다가 강둑에 누워 있는 야로슬라프를 발견하게 된다. 그는 민속 음악에 보존되어 있는 가부장적 과거를 재건하려는 욕망으로서의 공산주의를 구현하려는 인물로서 한때 루드비크와 가깝게 지냈다. 하지만 루드비크는 엽서 사건 이후 고향도 멀리했고 고향 친구들도 멀리했다. 그러므로 고향에 도착한 첫날 야로슬라프를 거리에서 보았음에도 불구하고 그를 못 본 척 지나갔다. 루드비크는 자신의 행동을 후회하며 그에게 '왕들의 기마행렬' 행사의 일환으로 계획된 민속 음악 연주회에서 연주할 수 있게 해달라고 부탁한다.

루드비크는 민속 음악을 자기 자신과 동일화했다. 친구들로부터 버림받고, 당에서 제명당하고, 학교에서 제적당한 후 탄광에 내동댕이쳐진 자신의 처지와 공산주의 혁명이 성공한 후 민중예술로서 주목을 받다가 역사의 수레바퀴에서 내팽개쳐진 민속 예술을 동일화 했고 의식적으로 멀리했다. 내쳐진 민속 예술은 자신의 비참한 모습을 계속 상기시켰다. 하지만 그는 '버림받았다'는 사실에서 동질감을 느끼고, 민속 예술이 본래 지니고 있는 아름다움을 인식하고, 세계를 편견 없이 바라보게 되었다.

루드비크는 한동안 클라리넷을 연주하지 않았기 때문에 처음에는 두려움이 앞섰다. 하지만 그는 두려움을 곧 이겨내고 연주를 마치고 동료들로부터 찬사를 받는다. 동료들과 연주를 함께 하며 뜨거운 연대감을 느끼고 황홀한 현기증에 빠지며 행복감을 느낀다. 하지만 바로 그 순간 함께 연주하던 야로슬라프가 심근경색으로 쓰러진다. 루드비크는 "증오의 대상 제마네크를 쓰러뜨리는 것을 목표로 했던 이 귀향이 결국은 이렇게 땅에 쓰러진 내 친구를 두 팔에 안고 있는 것으로 귀결되었다는 사실을 확인하며" 눈물을 흘린다.

『농담』의 주제는 농담과 망각이다. 쿤데라는 반항적이지만 소심한 주인공 루드비크의 극적인 삶을 통해 인간 정신의 나약함 또는 가벼움을 묘파하고 있다. 루드비크는 자신을 절망의 구렁텅이로 빠뜨린 제마네크에게 분노와 증오심을 품으며 하루하루를 견뎠고, 마침내 그녀의 아내 헬레나를 통해 복수를 다짐했다. 그리고 마침내 복수에 성공했다고 생각했다. 하지만 제마네크는 과거의 일들을 전혀 기억하지 못하고 있고, 헬레나는 루드비크를 통해 진정한 사랑을 찾았다면서 오히려 행복감을 느낀다. 루드비크의 복수는 자신이 겪은 고통을 상대방도 똑같이 느끼게 하는 것이었다. 그런 점에서 본다면 그의 복수는 실패로 규정될 수 있다. 그는 과거를 전혀 기억하지 못하는 제마네크의 모습을 통해 복수의 허망함과 망각에 의한 존재의 가벼움을 깨닫기 때문이다.

복수가 일시적인 만족감을 줄 수는 있지만 고통으로부터 영원히 해방시키지 않는다. 과거에 대한 집착 또는 과거로의 회귀는 인간의 행복과 치유를 보장하지 않는다. 진정한 치유는 타인에 대한 책임감과 공감에서 비롯된다. 인간은 타인과의 관계 속에서 상처도 받고 고통스러워하지만 그 관계 속에서 또한 성장한다. 쿤데라의 소설 『농담』은 바로 이 점을 잘 보여준다.

제3부

'현재적'이고 '현대적'인 **스피노자**

『에티카』

현재성'(nowness)과 '현대성'(modernity)은 뜻이 비슷하면서도 조금 다른 단어다. 국어사전에 따르면, 현재성은 '지금 이 자리 혹은 이 시대에 실재하는 성질'을, 현내성은 '현대에 알맞은 특성'을 가리킨다. 현재성과 현대성은 모두 어떤 사물이나 현상의 발생 시점보다는 그 사물이나 현상 자체를 주목한다. 하지만 현재성이 조금 더 객관적이고 지속성이 있고 현대성은 주관적이고 일시적이라는 점에서 두 단어는 차별된다. 더 단순화시켜서 말하면 현재적인 것은 당연히 현대적이다. 반면 현대적인 것이 항상 현재적인 것은 아니다. 논리학적으로 말해 현재성은 현대성을 담보하지만 그 역은 성립되지 않는다. 철학에서 현재성을 논할 때 그 기준은 주로 철학 또는 철학자와 관련된 저서의 판본, 번역, 연구서, 논문, 콜로키움의 횟수 등이다. 그런 점에서 보았을 때 플라톤, 아리스토텔레스, 데카르트, 칸트의 철학은 언제나 현대적이다. 하지만 그들의 철학이 항상 현재적인 것은 아니다. 반면 스피노자의 철학은 들뢰즈, 라캉 등에 의해 끊임없이 인용되고 변주되기 때문에 현대적이면서 동시에 현대적이다. 들뢰즈의 『스피노자의 철학』(1981)을 번역한 철학자 박기순에 따르면, "한 철학은, 비록 그것이 한 시대에 생산되었지만, 현재 속에 작동하면서 미래를 열어나갈 때, 즉 새로운 사유를 위한 재료와 환경을 제공할 때 현존한다고 말할 수 있다. 이처럼 여러 면에서 보았을 때 스피노자의 철학은 현재성과 현대성 모두를 갖추고 있다.

주지하듯, 스피노자는 데카르트, 라이프니츠와 함께 근대 합리론을 대변하는 철학자이다. 그런데 스피노자의 삶은 합리론 철학자의 삶 치고는 너무나 굴곡이 많다. 그의 아버지는 부유한 유대인 상인이었고, 그는 어린 시절부터 유대인 목사가 되기 위한 교육을 받았다. 하지만 그는 유대교 목사 학교 교육에 불만을 느껴 철학으로 진로를 바꾼다. 그 때문에 그는 유대교 공동체로부터 살해의 위협도 받았고, 나중에는 무신론자 또는 이교도로 낙인찍혀 결국 추방당한다. 그후 스피노자의 삶은 우리가 알고 있는 그대로다. 그는 여러 도시에 숨어 살면서 광학 연구를 하는 한편 생계를 위해 안경 제조업에 종사했다. 그는 자신의 정신적 독립성을 보존하기 위해 하이델베르크 대학에서 제의한 교수 자리조차 거절할 정도로 철저히 은둔자의 삶을 살았다.

은둔자적인 삶을 산 것에서 짐작할 수 있듯이, 스피노자는 살아 있을 때 많은 책을 출판하지 않았다. 그가 생전에 출간한 책은 『데카르트에 관한 저술』(1663)과 『신학적·정치적 논고』(1670) 단 두 권이다. 그의 대표작인 『에티카』(1677)를 포함해 나머지 책들은 사후 친구에 의해 유작으로 출판되었다. 스피노자의 저작 가운데 『에티카』는 그의 합리주의 철학이 체계적으로 잘 정리되어 있다. 참고로 이 책의 부제는 '기하학적 질서에 따라 증명된 윤리학'이다. 『에티카』는 스피노자의 윤리학뿐만 아니라 인식론, 형이상학, 심리 철학 등 그의 철학 전반을 다루고 있기 때문에 스피노자를 이해하는 데 대단히 중요하다.

스피노자 철학의 출발점은 당연히 데카르트다. 그는 데카르트 철학을 계승하면서 동시에 비판했다. 그는 데카르트의 이원론을 극복하기 위해 물질과 정신을 통일시키려고 하였다. 스피노자의 철학 체계의 특징으로는 무한성에 대한 사상, 수학적 사고방식, 근대 자연 과학의 원리, 자연적 종교의 개념과 플라톤 철학의 반영 등을 꼽을 수 있다.

스피노자 철학에서 핵심 개념은 '인식'이다. 그에 따르면, 인식은 감각이 영혼에 표상을 생기게 함으로써 시작된다. 표상은 전혀 규칙이 없는 것 같지만 사실은 자연의 질서를 따르며 영혼은 수동적인 위치에 선다. 그러나 영혼은 표상들에 질서를 부여하고 정신의 질서에 따라서 표상들을 결합하는 능동적인 작용도 한다. 감각 능력이 낮은 단계의 인식이라면 사유에 필연적인 개념인 보편 개념은 인식의 기초를 이루는 더 높은 단계의 인식이 있다는 것을 전제로 한다. 따라서 감각 능력만으로는 인식이 성립할 수 없고, 보편 개념이 표상에 적용되어야만 비로소 인식이 성립하게 된다. 즉 감각과 표상이 결합될 때에야 인식이 제대로 성립된다.

스피노자의 인식은 '원인이나 근거에 대한 통찰'을 의미한다. 그는 인간에게는 세 가지 인식이 성립한다고 보았다. 첫째, '감각 인식'이다. 감각 인식은 가장 낮은 단계의 인식으로서 '감각'에 의해서 성립하는 표상과 의견이다. 감각 인식은 불완전하기 때문에 사물의 원인과는 상관없고 부분이 전체에 대해서 갖는 관계를 밝히지 못한다. 둘째, '이성 인식'이다. 이성 인식에서는 이성이 표상에 질서를 부여하면 명석 판명한 관념이자 적절한 관념, 혹은 개념이 생기게 되어 표상의 원인을 발견하게 된다. 원인의 계열이 밝혀져서 궁극적으로 최초의 원인에 이를 때 인식은 완전하게 된다. 그렇지만 인간의 유한한 오성은 궁극의 원인에 도달할 수 없다. 셋째, '직관적 인식'이다. 인간의 유한한 오성은 사물이나 표상의 궁극 원인에 도달할 수 없지만, 이성 인식은 궁극 원인, 곧 실체를 직관적 인식에 의존하여 알 수 있다. 직관적 인식이란 내면적 조명 또는 정신적 관조에 해당한다. 직관적 인식은 실체를 인식할 뿐만 아니라 사물의 본질, 종류, 법칙 또는 형상 따위를 인식할 수 있다. 왜냐하면 이것들은 모두 사물이나 표상의 원인이거나 또는 궁극의 원인에 해당하기 때문이다.

스피노자의 합리주의 철학에서 또 다른 특징적인 개념은 '실체'다. 그의 설명에 따르면, "실체란 자신 안에 있으며 자신에 의해 생각되는 것이라고 이해하며, 그것의 개념을 형성하기 위해서 그 개념이 다른 것의 개념을 필요로 하지 않는, 자기 자신에 의존하여 파악되는 것으로 이해한다." 실체는 자기 원인이자 다른 모든 것의 원인이기도 하다. 실체는 무한하고, 영원하고, 유일하고, 자유롭다. 실체의 본질은 속성이고 실체의 변화는 양태다. 정신과 물체 현상이 개별적으로 나타나는 바로 그것이 양태다. 양태는 다른 것 안에 있으면서 다른 것을 통해서 파악되고 무한양태와 유한양태로 구분된다. 무한양태는 실체와 속성에서 직접 나온다. 반면 유한양태는 우연적이고 제약을 받고 분할될 수 있다. 스피노자는 모든 양태가 두 가지 속성에 모두 참여한다고 보기 때문에 물체 역시 정신적 측면을 갖고 있지만, 우리의 지성이 유한한 탓에 돌이나 쇠와 같은 물체의 영혼을 알지 못할 뿐이라고 주장한다. 요컨대 스피노자의 철학에서 실체의 본질이나 속성이 불변하는 신의 관념이라면 양태는 변화하는 관념이다.

스피노자의 심리 철학은 그의 인식론 및 형이상학과 불가분의 관계를 형성한다. 인간의 정신의 과정과 신체의 과정은 서로 직접적으로 관계가 없는 폐쇄된 과정이므로 두 과정은 심신평행론에 따라 설명될 수밖에 없다. 감각 또는 지각을 통해 표상이 생기며 정신 활동으로 관념이나 개념이 생긴다. 이 모든 사태가 자기 안에 존재하는 동안에는 자신의 존재 안에서 지속하려고 하는 경우 이러한 법칙을 근거로 삼은 것은 의지다. 인간의 자기 보존을 위한 맹목적 의지는 곧 '욕구'다. 충동적 욕구에 의지가 생기면 '욕망'이 된다. 인간의 욕구는 신체뿐만 아니라 정신에도 관계한다. 특히 정신에 관계하는 내면적 욕구는 다름 아닌 의지다. 의지는 부정하고 긍정하는 능력인 지성과 동일하다. 따라서 욕구가 곧 의지이기 때문에 스피노자는 인간의 자유 의지를 인정하지 않는다.

스피노자는 세 가지 기본적인 정서와 부차적 정서, 그리고 여기에서 도출된 정서를 구분한다. 그가 말하는 가장 기본적인 정서는 욕망, 쾌, 불쾌다. 욕구가 성공하면 쾌, 실패하면 불쾌가 생겨난다. 인간의 다른 정서는, 이 세 가지 기본 정서의 변이형이다. 부차적 정서로 사랑과 증오가 있다. 그가 생각하기에 그 자체로서 선하거나 악한 것은 없기 때문에 절대 선과 절대 악은 존재하지 않는다. 선과 악의 가치 판단은 인간의 욕구에서 생겨난다. 최고의 선은 최고의 인식이다. 선은 정신을 강하게 하고 쾌락을 생기게 하며 자신의 본성에 일치하는 것은 우리의 정신에 도움이 되기 때문이다. 인식은 정신의 강한 활동이다. 특히 궁극 원인인 실체에 대한 인식은 신 안에 있는 만물의 인식으로서 인간을 선하게 하고 사회의 발전을 촉진하기에 가장 완전한 최고의 선일 수밖에 없다. 각 인간이 자신과 타인에 대한 인식에 도달하려고 노력할 때 비로소 인간은 인간에 대하여 신이 될 수 있다고 생각했다.

스피노자의 도덕 철학, 즉 윤리학은 인간의 윤리적 의욕과 행동에 관한 이론으로서 그 출발점은 인간 본성이다. 인간은 자연법칙에 따라 사는데 자연법칙은 곧 자기 보존의 법칙이다. 따라서 스피노자의 도덕 철학의 목표는 자기

보존일 수밖에 없다. 자기 보존의 필연성에 일치하는 중요한 덕은 관용과 관대함이다. 관용은 이성의 명령에 따라 자신의 존재를 보존하려는 의지이고, 관대함은 이성의 규정에 따라 이웃과 사회를 촉진하려는 의지다. 예컨대 공정, 순결, 신중, 침착, 자기만족 등이 관용이라면, 솔직함과 정의, 감사하는 마음과 박애 등은 관대함에 속한다. 스피노자의 윤리학은 주로 현세의 삶에 비중을 두고 전개되기 때문에 영혼 불멸의 문제는 그의 윤리학을 모순되게 할 수도 있다. 그러나 인간은 실체의 유한한 양태일 뿐만 아니라 신의 영원한 부분이기 때문에 영혼 불멸은 자연스럽게 도출된다. 궁극 원인에 대한 최고의 인식은 신의 의식에 영원히 남기 때문에 영혼은 불멸한다.

전술했듯이 스피노자 철학은 들뢰즈, 라캉, 지라르 등에 의해 끊임없이 인용되고 변주된다. 스피노자는 『에티카』에서 정서를 논하면서 욕망 이론을 전개했다. 앞서 말했듯이 모든 개체는 자기를 보존하려는 욕구가 있고, 이 욕구가 육체와 정신과 관련될 때 충동이 된다. 인간이 이 충동을 의식하면 욕망이 된다. 욕망이 고도로 완성되면 쾌가 되며 낮은 수준으로 완성되면 불쾌 또는 고통이 된다. 들뢰즈와 라캉은 스피노자의 욕망에 천착했다. 바꿔 말하면 스피노자의 욕망이론은 들뢰즈와 라캉에 의해 새롭게 변주되었다. 특히 들뢰즈는 『스피노자의 철학』에서 『에티카』에 대해 다음과 같이 말했다.

> "개념들의 거대한 운동인 명제들, 증명들, 보충들의 연속적인 총체와 더불어 동시에 감정들과 충돌들의 분출, 일련의 돌풍들로서 주석들의 비연속적인 연쇄를 포함하고 있기 때문이다."

들뢰즈는 스피노자의 욕망이론 가운데 일부만 받아들이기 때문에 들뢰즈와 스피노자의 철학적 지평이 완전히 겹치는 것은 아니다. 그렇다고 하더라도 들뢰즈의 철학이 스피노자에 기반을 두고 있다는 사실만큼은 변함이 없다.

『에티카』를 번역한 철학자 강영계는 스피노자의 합리주의 철학과 그의 철학을 대변하는 『에티카』가 현대철학에서 재조명되지 않으면 안 되는 이유를 다음 세 가지로 요약한다. 첫째, 스피노자의 철학은 종합적이며 철저한 사색의 산물이다. 둘째, 그의 철학은 이론과 실천의 합일 양상을 보인다. 마지막으로 그는 치밀한 방법론을 전개하고 있다. 스피노자의 철학은 데카르트를 비판적으로 계승하며 사물에 대해 의식의 우위를 주장하는 관념론과 사물에 대해 의식의 우위를 주장하는 유물론의 통합을 지향한다. 더 나아가 그의 철학은 들뢰즈 그리고 라캉에 의해서 현대적으로 변주되고 증폭된다. 결론적으로 스피노자와 『에티카』에 대한 강영계의 설명은 서두에서 말한 스피노자의 철학의 '현재성'과 '현대성'을 예거하기에 충분하다.

비코, 진정한 르네상스인

『새로운 학문』

보통 인류 문명의 시작은 농사에서 비롯되었다고 일컬어진다. 농사를 짓기 시작하면서 사람들은 농사가 더 잘 될 땅을 찾았고, 농사에 가장 필요한 게 풍부한 물이라는 사실을 깨닫고 난 뒤에는 자연스럽게 강가에 모여 살았다. 더 나아가 물을 관리해야 한다고 생각에 이르렀고, 홍수를 막기 위해 둑을 쌓고 가뭄을 대비해 저수지를 만들었다. 나중에는 농사를 짓는 데 필요한 여러 가지 도구를 만들었고, 남는 농산물을 저장하기 위해 창고도 지었다. 문명의 시작은 농사에서 시작되었지만, 그렇게 시작된 문명을 발전시키고, 종합하고, 완성한 것은 지식이라 할 수 있다. 지식은 나중에 '학문'(science)으로 체계화된다. 사이언스의 원래 의미가 꼭 과학으로 국한되지는 않는다. 사이언스는 과학뿐만 아니라 인문학이나 사회학의 분과 학문을 가리킬 수도 있고, 더 넓게는 학문 전체를 가리킬 수도 있다.

이탈리아의 역사가 잠바티스타 비코는 『새로운 학문』(1725)에서 사이언스를 넓은 학문의 개념으로 사용한다. 그는 인류의 문명의 발달 과정을 효과적으로 설명하기 위해 한 그림을 설명하면서 이 책을 시작한다. 그에 따르면, "지구의 또는 자연의 세계 위에 올라서 있으며, 관자놀이에 날개가 달린 여자는 형이상학이다. (…) 바라보는 눈을 내부에 갖고 있는 빛나는 삼각형은 섭리의 시선을 갖춘 신이다. 그 시선을 통해 형이상학은 황홀경에 빠져 자연의 질서 위에 있는 신을 바라본다. 지금까지 철학자들은 자연의 질서 속에서 신을 보아왔을 뿐이다. 반면 이 저작에서는 가장 높은 곳에 위치하는 형이상학이 신 안에서 인간 정신의 세계를 바라본다. 그 세계는 형이상학적인 세계로서 인간 영혼의 세계에서 섭리를 증명하려 하며, 그 형이상학적인 세계는 문명의 세계이자 여러 민족의 세계이기 때문이다. 문명의 세계, 또는 민족의 세계의 요소는 그림의 아래쪽에 전시되어 있는 상형문자로 표현되는 모든 것으로 이루어진다." 비코는 자연철학의 관점이 아니라 형이상학적인 관점으로 인간의 문명을 설명한다.

비코에 따르면, 최초의 인간사는 혼례이고 두 번째의 인간사는 매장이다. 결혼을 통해 가족을 이루고, 그곳에 오랜 기간에 걸쳐 정착하고 조상들을 땅에 묻음으로써 그들은 최초의 토지 소유권을 확립하고 그 땅을 분할하였다. 가문은 여러 가족으로 분가되었고, 그렇게 생성된 가족에서 최초의 '씨족'이 형성되었다. 하지만 혼례와 매장을 앞서는 것은 신의 섭리다. 여러 이교도 민족들 사이에서 신에 관한 최초의 생각이 생겨났기 때문이다.

어떤 사회가 형성되면 당연히 그 사회를 작동시킬 원리가 필요하다. 오늘날 사회 작동 원리는 대체로 명문화된 법이나 규칙이지만 인류 문명의 초창기 사회 작동 원리는 경건함, 정의 등 신(神)의 신성한 명령에 바탕을 둔 덕성이었다. 나중에 이 덕성들은 경건함과 종교에 뿌리를 내리게 된다. "그 원리들에 의해서만 덕성은 효과적으로 작용할 수 있으며, 결과적으로 인간은 신이 바라는 모든 선을 의도해야 하는 것이다." 가정에서는 다른 원리들이 부여된다. 그 원리들에 따르면, "아이들은 아버지들의 권력 아래 있을 때 가족 국가 안에 있는 것으로 간주되어야 하며, 그 결과 그들의 교육은 경건함과 종교 속에서만 형성되고 확인되어야 한다." 요컨대 신의 섭리는 혼례와 매장과 같은 인간사를 명했고, 종교와 가부장제는 인간 사회 작동의 원리였다. 그러나 아직 인간 사회는 도시나 국가의 형태로까지 발전하지는 못했다.

도시의 형성은 물건 또는 인간의 공유화부터 사유화라는 진화의 결과다. 야수적인 공유의 상태가 초래했던 다툼으로 고통을 받던 그들은 자신들의 여러 악을 피하고자 이미 가족 사회로 단결되어 있던 경건하고 소박하고 강하고 권력이 있는 자들이 경작하던 땅을 찾아 나섰고 그 결과 곳곳에 도시가 건설되기에 이른다. 이때의 도시는 '아들들뿐 아니라 예속민까지 포함하는 가족을 바탕으로 건설된 도시'를 가리킨다. 도시는 두 개의 공동체 위에 건설되었다. 하나는 '명령하는 귀족들의 공동체'고 나머지 하나는 '복종하는 평민들의 공동체'다. 다른 말로 하면 지배계층과 피지배계층이라고 말할 수 있다. 평민들은 귀족에 복종하고 귀족은 그들 귀족 계급이 갖는 권한에 복종한다. '국세', '공물'과 같은 개념이 이때 발생했고, 그 개념은 오늘날에까지 이르고 있다. 교역·국고·식민·국가의 기원 역시 모두 도시의 형성에서 비롯한다.

고대 로마는 가장 엄격한 귀족제의 형태였기 때문에 평민들은 시민의 어떤 권리도 차지하지 못했다. 독재로 원로원이 한때 붕괴하기도 했지만 귀족과 평민의 봉기로 독재를 무너뜨리고 원로원이 재건되면서 로마는 원래의 귀족제 원리 위에 국가를 재정비했다. 따라서 귀족은 무한한 자유를 누렸다. 요컨대 나중에 법에 따라 귀족들의 권리가 제한되고 평민들이 귀족으로부터 벗어나지만 로마는 원래 귀족제로 출발했고 오랜 기간 동안 귀족 중심 국가였다.

“칼은 귀족의 법이 힘의 법이었음을 뜻하지만, 힘보다 종교가 선행했으며, 아직 법이 없던 시대에, 혹은 있더라도 제대로 인정받지 못하던 시대에, 종교만이 힘과 무기를 관리할 수 있었다.” 단적인 예로 그 당시에는 결투가 성행했다. 결투는 ‘신의 정의에 호소하는 일종의 신성한 정죄’로 받아들여졌다. 오늘날 문명의 시대에는 결투가 금지되었지만 비코에 의해 ‘야만의 시대’로 간주된 중세에는 결투가 필요했고 이를 허용했다. 비코는 중세를 다음과 같이 규정했다.

> “공공의 전쟁을 수행하는 국가의 권력도 신 이외에는 그 누구에게도 종속하지 않으며, 신은 승리를 부여하여 전쟁을 종료시킴으로써 인류가 문명국가에 대한 확신을 갖고 편히 살 수 있도록 만들려는 것이다.”

마침내 귀족주의 정부는 민중의 정부로 바뀐다. “이[민중의] 정부에서 사람들은 마침내 인간의 참된 본성인 이성적 본성이 모든 인간에게 평등하게 존재한다는 것을 이해하게 되었다.” 귀족들은 이제 더 이상 특권층이 아니라 시민으로 평등하게 취급받기에 이르렀다. 하지만 귀족들은 이에 반발해 자신들의 이익을 대변하는 파당을 만들었고 자유민들은 법으로 시민적 평등을 유지하지 못하고 오히려 내란으로 붕괴에 이른다. 결국 그들은 자구책으로 왕에게서 보호를 받는 길을 택함으로써 군주제가 태동한다. 오늘날 문명 상태에서는 민주제와 군주제가 번갈아 지배해오고 있다. 둘 중 어느 체제도 소수의 귀족들로부터 지배를 받는 귀족정을 선호하지 않는다.

힘이라는 자연법이 지배하던 ‘영웅의 시대’ 초기 사람들은 서로를 적으로 간주했고 약탈과 해적질이 빈번했다. 적에게 예의를 갖출 필요가 전혀 없다고 생각했기 때문에 그 당시 언제나 전쟁이 있었지만 그 누구도 선전포고를 하지 않았다. 하지만 군주제건 민주제건 '인간의 시대'에 이르자 인간의 법에 따라 선전을 포고하는 사자(使者)가 도입되었고 적대 관계는 평화조약을 통해 끝내기 시작했다. 비코는 여기에서 야만의 시대에 베풀어진 신의 섭리의 고귀한 배려를 본다. 즉 야만의 시대에는 여러 민족이 자신의 영역에만 머물고 상대방의 영역은 침범하지 않았기 때문이다. 『새로운 학문』에서 비코의 목적은 "신의 일과 인간의 일의 기원을 발견하여 여러 민족들이 자연법의 체계를 확립"하는 데 있다.

비코에 따르면, 세계의 모든 역사는 세 시대를 거쳐 발전해왔다. 첫 번째는 신의 시대이고, 두 번째는 영웅의 시대이고, 마지막은 인간의 시대이다. 신의 시대에 인간은 신의 다스림 속에 살고 있다고 믿었다. 모든 행동은 전조와 신탁으로 그들에게 명해진 것이다. 반면 영웅의 시대에는 영웅들, 즉 귀족들이 모든 면에서 평민들보다 우월하다고 믿었기 때문에 모든 것에서 귀족들이 다스렸다. 그리고 인간의 시대에 이르면 사람들은 모두가 본성이 평등하다는 사실을 인정했다. 처음에는 민주제와 군주제가 각축을 벌였지만 결국 민주제가 주요 지배 체제로 자리를 잡는다.

시대에 따라 언어도 다르다. 신의 시대는 여러 민족의 사람들이 문명에 새롭게 들어선 시기로서 이때 언어는 주로 가족의 언어다. 가족의 언어는 몸짓이나 물건으로 이루어진 침묵의 언어이다. 가족의 언어는 서로 다르기 때문에 다른 가족 또는 민족과 의사소통이 이루어지지 않는다. 반면 영웅의 시대 언어는 귀족들의 상징 언어로서 주로 직유, 은유, 환유, 대유 등으로 이루어져 있다. 마지막으로 인간의 시대 언어는 민중의 합의에 따른 어휘로 구성되어 있다. 민중은 이 언어의 절대적인 지배자가 된다.

비코는 네 번째 종류의 국가를 상정하는데, 그 국가는 다름 아닌 '정직하고 선량한 사람들이 최고의 주인이' 되는 국가다. 그는 네 번째 종류의 국가가 '자연적으로 참된 귀족제'가 될 것이라고 말한다. 앞에서 살펴본 것처럼, 신의 섭리는 오만함과 잔인함으로 가득 찬 야수를 인간 문명의 질서 속으로 안내했다. 인간은 신의 섭리로 육욕에 대한 충동을 제어하고 그것을 다른 방향으로 나아가게 했다. 특히 성인 남자는 가족의 기반을 닦았고, 거대한 권력을 갖고 자식과 아내를 지배했다. 신의 섭리는 성과 연령과 덕성이 가장 뛰어난 가부장들이 지배하는 군주제 형태의 가족 국가를 명했다. 이 가부장들은 경건하고 정숙하고 강한 사람들이었기 때문에 최초의 야만적 무질서에 질서를 가져왔고, 가족의 생계를 위해 수렵과 채집을 하는 대신 땅을 개간하여 곡식의 씨를 뿌렸다. 그들은 정주를 통해 도시를 세우고 발전시켰다.

가부장들은 신을 경배했다. 경건심 덕분에 그들에게는 신중함의 덕성도 부여되었다. 신중함은 곧 성적인 절제로 이어졌다. 그들에게는 강함과 관대함이라는 덕성도 부여되었다. 그들은 힘으로 그들을 위협하는 짐승을 물리치고 땅을 경작했다. 약한 자와 위험에 처한 자를 도왔다. 하지만 그들은 질서와 정의를 지키기 위해 친족과 성별과 연령과 덕성에 바탕을 두어 지배계급과 피지배계급을 엄격하게 구분했다. 가부장들은 곧 영웅이 되었다. 즉 신의 섭리에 의한 신의 시대가 끝나자 가부장들은 영웅이 되었고 그들은 귀족 정부의 형태를 통해 피지배계급을 다스리게 되었다.

하지만 세월이 지나고 인간의 정신이 발전하면서 각 민족들은 영웅주의의 허황함을 깨닫는다. 자신들이 귀족과 동등한 인간 본성을 갖고 있다고 인식한 그들은 스스로 도시의 사회 질서에 편입되기를 원했다. 그들은 경건심과 종교를 두고 귀족들과 경쟁했고 몇몇 도시에서는 주권을 획득한다. 점차 자연적 질서가 사회적 질서와 결합하면서 '민중 공화국'이 태어났다. 민중 공화국에서는 우연이나 운명에 지배되지 않고 모든 것이 추첨이나 균형 잡기로 환원되기 때문에 조세가 공직자의 기준이 되었다. 민중 공화국에서는 국민 전체가 공동으로 정의를 원하며 공평한 법이 모두의 선이기 때문에 공평한 법을 입안했다. 좋은 법을 입안하는 민중 공화국의 형태 자체로부터 정의에 대한 열정이 생겨났고 웅변은 민중에게 좋은 법을 입안해야 한다고 불을 붙였다.

그러나 시간이 흐르면서 민중의 국가 역시 타락했다. 철학은 회의주의에 빠졌고 어리석은 학자들은 진리를 헐뜯기에 몰두했고 그릇된 웅변이 횡행했다. 웅변이 남용되었고 시민들은 재산을 질서와 정의를 만드는 데 사용하지 않고 권력을 쌓는 데 사용하려 했다. 결국 국가는 무질서의 상태로 빠져들었다. 자유민의 무제한의 자유에 도달해 결국 완벽한 자유에서 무정부 사태의 완벽한 폭정에 이르렀다. 비코는 이 상태를 '폭정 중에서도 가장 나쁜 폭정'으로 간주했다.

비코는 폭정에 대한 순차적인 3단계 구제책을 제시한다. 첫 번째는 아우구스투스와 같은 절대적인 민중을 군주로 세우는 것이고, 두 번째는 국내에서 찾지 못한다면 국외에서 찾는 것이고, 마지막은 극단적인 구제책으로서 야만의 상태에 빠지는 것이다. 이때의 야만은 '이성의 야만'으로서 최초의 감각의 야만보다도 훨씬 더 그들을 비인간적인 짐승으로 만든다. 이성의 야만은 인간을 극단적인 상태로 빠져들게 하고 결국은 초기 민족 시대의 시원적인 상태로 회귀시킨다. 비코가 실제로 세 번째 극단적인 방법을 상정하고 있는 것 같지는 않다. 그는 모든 도시가 결국 그런 과정을 밟아 갈 것이라고 비관적으로 바라보지 않는다. 왜냐하면 그는 누구보다도 아름답고 위대한 사회적 덕성을 갖춘 철학자들이 세운 도시 아테네, 스파르타, 로마를 이상화하기 때문이다. 그렇다고 해서 그가 아테네, 스파르타, 로마와 같은 도시가 자연적으로 형성되고 유지되어 그 평판을 유지한다고 파악하지도 않는다. 그는 법의 힘을 빌리지 않고 인간의 관습을 이용하여 그 인간 세계가 신성하게 조정하고 안내된다고 생각할 뿐이다. 그는 강제적인 법보다는 자발적인 관습을 믿는 것처럼 보인다.

민족의 세계는 신이 아니라 인간 스스로 만든 것이다. 이 세계는 인간이 자신에게 제시하는 특수한 목적과 다르고 때로는 반대되지만 언제나 우월한 섭리의 정신으로부터 발생했다. 그 정신은 인간의 협소한 목적을 더 큰 목적에 봉사하는 수단으로 만들어 언제나 이 땅 위에 인류가 보존되도록 배려했다. 민족들은 스스로 분열되지만 그 잔류자들은 생존을 위해 황야로 도피하고 불사조처럼 다시 일어나게 된다. "이 모든 것을 행하는 것은 '정신'이다. 왜냐하면 인간은 지성을 갖고 행동하기 때문이다. 왜냐하면 그 행동은 선택에 의한 행동이기 때문이다. 그것은 우연이 아니었다. 왜냐하면 그들 행동의 결과는 언제나 같은 것으로 나타났기 때문이다."

끝으로 『새로운 학문』의 종교에 관해 이야기하자. 다시 말하지만 세계 최초의 정부는 신의 섭리를 통해 완전한 형태의 종교를 소유했고 그것을 토대로 가족국가가 발생했다. 가족국가가 영웅들의 정부 또는 귀족제 정부로 바뀐 뒤에도 종교는 중요한 안정적인 기반이 되었다. 그 뒤 민중의 정부로 이행이 되는 과정에서도 종교는 그것을 획득하는 수단이 되었다. 군주제의 정부로 안착할 때에도 종교는 군주들의 방패가 되었다. 만일 민중이 종교를 잃는다면 그들에게는 사회 속에서 살 수 있는 방도가 없어진다. 비코는 "종교만이 사람들을 효과적으로 행동하게 만드는 감정에 호소함으로써 그들이 유덕한 일을 할 수 있도록 만들 수 있다." (…) "우리의 종교[기독교]에서의 은총은 영원하고 무한한 선을 위해 유덕한 행동을 해야 한다고 가르친다"라고 말한다. 그리고 이 책의 마지막을 "『새로운 학문』은 경건심의 연구와 분리될 수 없으며, 경건하지 않은 사람은 참되게 현명하지 못하다"라고 끝맺는다.

문득 궁금해진다. '비코에게 과연 새로운 학문은 무엇이었을까?' 『새로운 학문』의 옮긴이는 비코를 17세기 말 18세기 초 데카르트와 뉴턴의 영향 아래 모두가 수학적으로 말하고 자연과학적으로 생각하며 역사학은 물론 인문학 전체를 낮춰 평가하던 시대에 역사학을 옹호한 "역사학의 구세주"라고 말한다. 옮긴이의 설명에 따르면, 역사학을 의심스럽게 바라본 데카르트와 달리, 비코는 "자연은 신이 만들었기 때문에 그에 대한 궁극적 지식은 신에게만 가능하지만, 인간 사회는 인간이 만든 것이기 때문에 인간이 알 수 있고, 따라서 인간의 이야기야말로 인간의 합당한 연구 대상"으로 보았다. 종합해 보면 비코에게 새로운 학문은 자연과학과 상대적으로 비교되는 인문학, 그중에서도 '역사학'이다. 그런데 『새로운 학문』의 결론은 데카르트나 스피노자와 마찬가지로 기독교에 근간해 신의 섭리와 신의 은총에 대한 감사와 경배로 끝난다.

데카르트, 스피노자, 비코는 각각 40년에서 50년 정도 차이를 두고 태어났다. 비코는 앞서 말했듯이 역사학을 회의적으로 바라본 데카르트에 대해서 비판적이었다. 일찍이 데카르트는 『방법서설』(1637)에서 무한하고 영원하며 불변하고 전지전능한 존재"라는 전통적인 신의 개념을 그대로 수용하고 있다. 데카르트는 신을 '완전한 존재'로 이해한다. 그가 말하는 '완전한 존재는 한편으로는 모든 종류의 완전성을 다 가진 존재이고, 다른 한편으로는 각각의 종류의 완전성을 최고의 정도로 소유하고 있다는 점에서 완전한 존재다. 그는 신의 존재를 과학적으로 설명하려 했다. 그에 따르면, "완전한 존재가 존재하지 않는다면 그것은 불완전한 것이다. 반면 신은 완전하기에 존재한다." 다시 말하면 데카르트에게 있어 존재하지 않는 것은 허상에 지나지 않는 불완전한 존재다. 신이 존재하지 않는다는 것은 신의 정의에 어긋나기 때문에 신은 곧 존재한다.

데카르트에 대한 비코의 비판적 태도는 스피노자에게도 이어진다. 데카르트가 정신과 물질이 분리되었다는 이원론을 주장한 반면, 주지하듯 스피노자는 정신과 물질은 한 가지라는 일원론을 주장했다. 스피노자는 "우주는 필연적 질서에 따라 움직이는 하나의 거대한 기계이며, 이 세상의 모든 일은 원인과 결과로써 필연적으로 서로 맺어져 있다"라는 '결정론적 세계관'을 주장했다. 또한 그는 일원론에 근거한 범신론적 세계관을 견지했다. 그에 따르면, 모든 세계의 모든 실체들의 근원은 바로 신이다. 그렇기 때문에 자연을 대상적인 물질로 치부하지 않고, 모두가 신이 깃든 존재로 파악했다.

데카르드와 스피노자는 근대 학문의 선구사라 할 수 있을 성노로 수학, 자연과학, 철학 등에서 큰 업적을 남겼다. 특히 그들은 논리에 기반을 두어 전지전능한 신의 존재를 설명하려 했다. 그들이 생각하기에 자연은 신이 만들었기 때문에 그에 대한 궁극적인 지식은 오직 신에게만 가능하다.

반면 비코는 인간 중심적 세계관을 지향한다. 자연은 신이 창조했는지 몰라도 인간 세계의 제도와 문물은 인간이 만들었기에 인간만이 그것을 알 수 있고 고칠 수 있다. 비코는 인간이 만든 것을 인간이 알 수 있다는 원리에 바탕을 두고, 인간의 합당한 연구 대상은 인간의 사회와 인간의 역사라고 주장하면서 역사학을 포함한 인문학을 위한 기틀을 제공했다. 비코가 생각하기에 "진리는 만들어진 것이다." 그리고 그 진리는 인간이 만든 것이기 때문에 마땅히 인간을 연구 대상으로 삼아야 한다. 이렇게도 설명될 수 있다. "어떤 물건을 발명한 사람이야말로 그 물건의 작동 방식을 알고 있기에 그것을 만들 수 있다."

서양에서 르네상스는 14세기부터 16세기까지 일어난 문화 운동으로서 학문이나 예술의 '부활' 또는 '재생'을 의미한다. 다시 말하면 신 중심의 사상과 봉건제도로 개인의 창조성을 억압하던 중세로부터 벗어나 문화의 절정기였던 고대로 돌아가자는 운동이다. 르네상스의 근본정신은 인문주의, 즉 '휴머니즘'(humanism)이다. 그런데 여기에서의 휴머니즘은 엄밀히 말해 '후마니타스'(humanitas), 즉 인문학을 가리킨다. 르네상스에서의 휴머니즘은 인간의 개성을 존중하고 자유와 평등을 보장하는 정치 이념보다는 신 중심의 세계관에서 인간 중심의 세계관으로의 '전회'를 의미했다. 그렇다면 인간 중심적 세계관을 지향한 비코는 진정한 르네상스인이라고 부를 수 있다. 하지만 그런 그조차도 『새로운 학문』의 결론이 신의 섭리와 신의 은총에 대해 경배로 끝나는 것에서 알 수 있듯이 신으로부터 완전히 벗어나지는 못하고 있다. 그럼에도 비코는 인간 중심의 세계관을 견지한다. 결론적으로 말해 비코의 『새로운 학문』은 아마도 그의 학문과 사상의 종합과 완성이라기보다는 르네상스인으로서 그가 지향하는 새로운 학문의 출발점이자 목표라 할 수 있다.

생각과 말과 **행동**의 중요성

『삶은 왜 짐이 되었는가』

한 철학자의 사상에 대한 평가는 그 사람의 구체적 삶과 떼어놓고 보는 것이 보통이지만, 때로는 사상과 삶을 엄격하게 떼어놓고 보기 힘든 경우도 있다. 마르틴 하이데거가 대표적인 경우다. 철학자로서 그는 평생 강의와 연구를 게을리하지 않은 모범적인 학자의 전형이다. 그에게는 세속적 취미 생활이 거의 없었다. 신문도 거의 읽지 않았으며 집에는 텔레비전 수상기도 없었다. 그는 오직 글을 읽고 쓰며 자신의 철학적 사유를 다듬는 데 거의 대부분의 시간을 보냈다. 그는 정말 '철학자처럼' 삶을 살았다. 그래서 그의 길지 않은 프라이부르크대학 총장 재임 시절의 오점이 더 크게 보였는지도 모른다. 여기서 말하는 오점은 그가 나치에 부역한 혐의를 가리킨다. 그는 자신과 관련된 몇 가지 오해에 대해서는 적극적으로 해명했지만, 나치 부역 혐의에 대해서는 어떤 공식적 입장도 표명한 적이 없다. 누군가는 그가 나치 부역 혐의를 전면적으로 부인했다고 전하고, 또 누군가는 그가 자기 덕분에 더 큰 피해를 막을 수 있었다며 자신을 정당화했다고 전한다. 누구의 말이 맞는지 단언하기 어렵지만 그의 자연인으로서의 사적인 삶과 철학자로서의 공적인 삶 사이에 괴리가 있다는 사실만큼은 틀림없다.

참고로 하이데거의 사상과 삶에는 여러 철학자들이 등장한다. 그 가운데 '현상학의 아버지'라 일컬어지는 에드문트 후설은 하이데거의 스승이자 그에게 프라이부르크대학의 정교수 자리까지 물려준 은인이다. 후설은 하이데거를 자신의 제자 중 가장 탁월한 제자로 생각했다. 하지만 하이데거는 철학과 개인의 삶에서 후설과 결별한다. 그는 나치 치하에서 탄압을 받았던 유대인 스승 후설을 외면했다. 그의 그런 행동은 동료이자 친구였던 카를 야스퍼스의 행동과 사뭇 비교된다. 야스퍼스는 스승 후설에 대해 끝까지 의리를 지켰고 유대인 아내도 지켰다. 심지어 하이데거와 결별한 한나 아렌트까지 제자로 받아들였다.

일반적으로는 하이데거가 후설의 철학을 심화하고 발전시켰다고 알려졌다. 즉 하이데거가 후설의 현상학을 종합하고 비판하고 완성했다는 주장은 하이데거 학파에 의해 거의 정설처럼 받아들여지고 있다. 하지만 몇몇 학자들은 후설의 미발간 원고를 통해 그가 이미 하이데거의 업적으로 알려진 철학적 작업을 완성했다고 주장한다. 후설과 하이데거 모두 어마어마한 양의 저서를 남긴 데다가, 후설의 유고는 아직도 완전히 정리되지 않아 출판되지도 않은 상태이기에 조금 더 지켜볼 필요가 있다. 하이데거와 후설은 개인적인 인연에서뿐만 아니라 철학적 영향에서도 그 관계를 아직 속단하기 어렵다.

하이데거의 삶과 철학에서 후설만큼이나 빼놓을 수 없는 인물을 꼽으라면 역시 한나 아렌트다. 젊은 시절 마르부르크대학에서 천재 철학 강사로 명성이 높았던 하이데거는 당시 학생이었던 아렌트와 불륜 관계였다. 하이데거는 아렌트 외에도 여러 명의 학생들과 불륜 관계에 있었고 나중에 일방적으로 그들과의 관계를 정리했다. 아렌트도 그중 하나다. 하이데거가 아렌트와의 관계를 왜 정리했는지 정확하게 알 수는 없지만, 사람들은 유대인이었던 그녀와의 불륜 관계가 밝혀질 경우 자신의 정치적 입장이 곤란해질 것을 고려해 그녀와의 관계를 일방적으로 정리했을 것으로 추측한다.

아렌트는 하이데거와 헤어진 뒤 야스퍼스의 지도하에 학문을 계속 이어간다. 그리고 하이데거가 제2차 세계대전 나치 전범 재판으로 구속 위기에 처하자 아렌트는 하이데거를 용서하고 그에게 유리한 증언을 해준다. 그녀의 증언 덕분인지 하이데거는 풀려나고 프라이부르크대학에 복직한다. 그 후 하이데거와 아렌트는 죽을 때까지 서신을 왕래하며 지적인 동료 관계를 유지한다.

하이데거와 아렌트의 개인적인 삶의 흔적은 엘즈비에타 에팅거의 『마르틴 하이데거와 한나 아렌트』(1995)에 잘 나와 있다. 저자는 단순히 하이데거와 아렌트의 불륜 사실을 폭로한 것에 그치지 않고, 둘 사이에 주고받은 편지를 바탕으로 두 위대한 철학자들의 내밀한 삶을 그려냈다. 하지만 출간 후 다양한 논쟁이 촉발되었다. 특히 하이데거의 모습이 부정적으로 그려졌다고 보는 하이데거 학자들의 비판이 쇄도했다. 그들은 철학자들의 개인적 삶과 철학은 분리해야 한다는 목소리를 줄기차게 개진했다.

박찬국의 『삶은 왜 짐이 되었는가』(2017) 역시 철학자의 개인적 삶과 철학은 분리해야 한다는 목소리의 일환처럼 보인다. 하이데거를 비롯한 독일 실존주의 철학의 전문가인 저자의 말처럼, 하이데거는 "20세기 이후의 지성계에 가장 큰 족적을 남긴 사상가 중 한 명"이다. "20세기의 거의 모든 철학적 조류, 실존철학과 현상학, 가다머의 철학적 해석학, 리오타르의 포스트모더니즘과 데리다, 푸코, 들뢰즈의 후기구조주의뿐 아니라 마르쿠제와 하버마스의 비판이론, 한나 아렌트의 정치철학, 철학적 인간학, 언어철학, 과학철학 등에서 우리는 하이데거의 철학적 흔적을 쉽게 발견할 수 있"다. "철학뿐 아니라 문학과 문예비평, 심리학, 신학, 생태학 등에도 하이데거가 미친 영향은 무시할 수 없"다.

저자는 하이데거를 '궁핍한 시대의 사상가'로 출발해 '시인으로서의 삶을 향해' 나아간 인물이라고 평가한다. 현대는 고향 상실의 시대이자 과학과 기술에 대한 우상 숭배로 가득 차 있다. 그렇기 때문에 우리의 삶은 공허하고 늘 불안을 느낀다. 다시 말하면 물질적으로는 그 어느 때보다도 풍요를 누리고 있지만 가장 중요한 것이 결여되어 있기 때문에 공허하고 불안하다. 어쩌면 불안하기 때문에 공허한지도 모른다. 인과의 순서를 떠나 어찌 되었든 간에 불안과 공허는 우리 삶을 관통하는 핵심 주제임에 틀림없다.

『삶은 왜 짐이 되었는가』에서 불안이란 기분은 허무감 내지 무상감과 같은 느낌으로 설명된다. 죽음을 진지하게 생각할 때 우리는 그동안 집착해온 돈, 명예, 승진 등의 모든 세속적 가치를 무의미하고 덧없는 것으로 느끼게 된다. 죽음의 순간에 우리는 자신이 집착했던 모든 것의 허망함을 뼛속 깊이 느끼며 불안감에 사로잡힌다. 그동안 소중하게 생각해온 모든 것이 무가치해지고, 그것들에 집착해온 삶 전체를 무의미하고 공허하게 느낀다. 이러한 삶의 무상감은 우리가 원한다고 해서 생기는 것이 아니라, 어느 날 갑자기 우리를 찾아와 우리의 삶과 세계를 전적으로 다르게 드러내는 기분이다. 하이데거는 이를 '불안'이라고 명명한다.

우리가 그동안 안주해 왔던 일상적 세계는 불안이란 기분을 통해 그 의미를 상실한다. 그동안 친숙했던 세계가 의미를 잃고 무너질 때 우리는 고독한 단독자로서의 '자기 앞'에 서게 된다. 그리고 그 어디에서도 존재의 의미를 구할 수 없는 나, 다시 말해 이전에 친숙했던 세계가 제시하는 삶의 의미와 방향에 더는 의지할 수 없는 나를 발견한다. 불안이라는 기분에 사로잡히면 일상적 의미나 가치로 환원되거나 이해할 수 없는 낯설고 불가해한 우리 자신의 존재 앞에 직면한다. 아울러 우리 자신뿐 아니라 모든 존재자에게 씌워졌던 일상적인 의미들도 허망해지기 때문에 다른 존재자들의 존재도 불가해하고 낯설게 느껴진다. 모든 존재자는 그것들이 거기에 아무런 이유도 근거도 없이 존재하는 것으로서 자신을 드러낼 뿐이다.

불안은 말하자면 우리 자신을 포함한 모든 존재자의 낯설고 불가해한 존재에 대한 불안이다. 따라서 불안이라는 기분을 느낄 때 우리가 불안해하는 대상은 어떤 특정한 무엇이 아니다. 불안이라는 기분 안에서 우리가 불안해하는 것은 특정 대상이 아니라 탄생에서 죽음에 이르는 우리의 삶 전체, 즉 우리가 사는 세계 전체이다. 자신의 삶과 세계의 실상을 가리고 있던 그 모든 일상적인 의미가 미끄러져 사라지면서 낯설고 황량하게 자신의 모습을 드러내고 있는 우리 자신의 존재와 세계 전체 앞에서 불안해하는 것이다. 불안은 우리가 일상적 삶의 허망함을 경험하면서 그것으로부터 거리를 두고는 있지만, 아직은 자기중심적인 자아에서 완전히 벗어나지 못했기 때문에 자신이 황량하고 낯선 세계에 홀로 내던져져 있다고 느끼는 기분이다.

불안은 우리가 그동안 안주해 온 일상적인 삶과 세계의 허망함을 드러내기에 그 어떤 고통보다도 더 큰 고통을 유발한다. 그러나 이 고통을 용기 있게 받아들이면서 '세간적' 가치들에 대한 집착과 자기중심적인 자아를 온전히 버릴 때 우리는 '새로운 인간'으로 태어날 수 있다. 죽음에 대한 불안이 엄습하기 이전의 우리는 사람들이 숭상하는 가치들에 연연하고 그것들을 기준으로 모든 것을 평가하면서 자신의 우월성을 확보하려는 왜소한 인간에 불과하다. 그러나 죽음에 대한 불안이라는 연옥을 통과함으로써 우리는 모든 존재자가 드러내는 유일무이의 충만한 존재에 감응하는 열린 인간이 될 수 있다. 하이데거는 이러한 인간을 '현-존재'라고 표현한다. '현-존재'로서의 인간은 모든 존재자의 고유한 존재가 드러나는 장소이다. 그러나 이렇게 '현-존재'로 사는 삶을 하이데거는 '본래적 실존'이라고 부른다.

『삶은 왜 짐이 되었는가』의 저자는 "하이데거 철학은 오늘날 우리가 귀를 기울여야 할 메시지를 담고 있"다고 주장한다. 그에 따르면, 공허하고 불안한 삶에서 벗어나기 위해서는 먼저 '인간이란 어떤 존재인가'라는 질문을 던져야 한다. 인간은 다른 동물보다 월등한 지적 존재가 아니라 동물과 다름없는 존재라는 사실을 인정해야 한다. 그렇다고 인간이 동물과 같지는 않다. 즉 인간은 동물과 마찬가지로 식욕이나 성욕과 같은 자연적인 욕망을 갖고 있지만 동시에 성공과 출세와 같은 사회적인 욕망도 갖고 있다. 무력감, 고독감, 허무감은 그런 사회적인 욕망이 충족되지 않을 때 발생한다. 부정적인 욕망을 버릴 수 있을 때, 부정적인 욕망에서 벗어날 수 있을 때, 비로소 무력감, 고독감, 허무감에서 벗어날 수 있다. 그런 부정적인 감정은 하이데거의 시적 감성을 통해 극복될 수 있다. 저자는 공허하고 불안한 삶을 벗어나기 위한 해결책의 하나로 하이데거의 철학, 시적 감성을 제시한다. 하이데거의 시적 감성의 핵심은 경이로움의 발견이다. "경이라는 기분에 사로잡혀 세계를 보면 세계는 더 이상 우리를 위협하는 낯선 것으로 나타나지 않"고 "오히려 세계의 신비를 경험하면 그 속에서 평온한 기쁨을 느끼게" 된다. "시적 감성을 통해 세계와 하나가 될 때 우리는 고독감과 무력감을 극복할 수 있"고, "경이라는 기분 속에서 보는 세계는 의미로 충만한 곳이기에 허무감 역시 극복할 수 있"다.

거듭 말하면 세계에 대한 과학적 파악과 기술적 지배를 통해 행복을 실현하려 할 때 우리는 오히려 불안과 초조함을 느낀다. 이러한 느낌에서 벗어나기 위해 끊임없이 물질적인 대용재를 생산하는 악순환에 빠진다. 하이데거는 우리가 소박한 자연의 소리를 들을 수 있는 능력을 회복할 때 우리 삶이 진정으로 충만해질 수 있다고 말한다. 그는 단순 소박한 자연에서의 삶을 예찬한다.

『삶은 왜 짐이 되었는가』의 저자는 하이데거의 삶을 『월든』(1854)의 저자 헨리 데이비드 소로의 삶과 비교한다. 소로는 미국에서 기술 문명이 갈수록 득세하던 시대인 19세기에 하이데거처럼 자연 속에 오두막집을 짓고 소박한 자연의 소리에 귀를 기울이면서 그것을 자신의 철학에 깃들게 하려고 했던 철학자이자 사상가이다. 하이데거는 소로와 마찬가지로 "자연의 사물은 인간을 위한 도구적 가치뿐 아니라 도구적 가치로 환원될 수 없는 자체적인 가치도 갖는다"고 보았다.

전통적인 서양철학과 현대과학은 세계와 사물의 실상이 이론적인 지성을 통해서만 드러난다는 인식론에 바탕을 두고 있다. 반면 하이데거의 사상은 인식론보다는 노장사상이나 선불교와 같은 동양사상에 근접해 있다. 실제로 그는 『도덕경』의 일부를 독일어로 번역하기도 하고 강연에서 장자(莊子)의 글을 인용하기도 했다. 그는 세계와 사물의 실상을 경험하려면 지성을 예리하게 갈고닦는 것보다는 오히려 지성의 날카로움을 꺾어야 한다고 생각했다. 이 점에서 하이데거의 철학은 선불교와 노장사상의 가르침과 공명한다. 하이데거는 현대과학과 기술 문명을 거부한 것이 아니라 우리가 현대과학과 기술 문명에 종속되어 있다는 점을 지적한다. 그는 오늘날 우리의 삶에서 무엇이 주(主)고 무엇이 종(從)이 되어야 하는지를 분명히 하려 했다. 당연한 말이지만 그의 말처럼 현대과학과 기술 문명이 판치는 "광기의 시대는 우리가 시인으로 변화될 경우에만 극복될 수 있다."

『삶은 왜 짐이 되었는가』에서 저자는 하이데거 또는 그의 사상에 대해 다음과 같이 말한다. "하이데거는 경이나 불안 그리고 경악과 같은 근본 기분을 통해 세계와 사물의 실상이 드러난다고 여겼"고, "자신이 그러한 근본 기분들 속에서 경험한 세계와 사물의 실상을 그려내고 있"다. 여러 가지 문제점을 안고 있는 현대에 하이데거의 철학은 여러모로 도움이 될 수 있다. 간혹 동의하기 어려운 부분도 있지만 대체로 저자의 입장에 공감한다. 난해하기로 악명이 높은 하이데거의 철학을 쉽게 설명하려는 저자의 선의도 십분 이해한다. 그럼에도 하이데거의 철학과 그의 개인적인 삶이 쉽게 분리되지 않는다. 책을 읽는 내내 그의 철학에 개인적인 이야기들이 끼어든다. 누군가는 그 둘을 분리해야 한다고 말하지만, 개인적인 생각에는 쉽지 않아 보인다. 어쩌면 그렇게 하고 싶지 않은지 모른다. 대신 이런 의문이 든다. '자연인으로서의 삶과 공인으로서의 삶의 경계는 무엇일까? 그리고 그 둘의 경계는 과연 누가 정할까?' 하이데거의 철학을 읽을 때도 혼란스럽지만, 그의 삶의 궤적을 읽을 때는 또 다른 이유로 혼란스럽다.

성은 왜 관리의 대상인가

『성의 역사』

쇼데를로 드 라클로의 『위험한 관계』(1782)는 프랑스 대혁명이 일어나기 전 유럽 사교계를 배경으로 사랑의 환상을 조롱하고 성적 욕망을 적나라하게 묘파한 소설로 평가된다. 여러 명의 등장인물들이 주고받는 편지로 구성되어 있는 이 작품은 당시 프랑스 사교계의 허영과 성적 욕망, 부패한 사랑 게임 등을 생생하게 잘 보여준다. 소설 속 인물들인 메르테이유 후작부인, 발몽 자작, 투르벨 부인, 세실, 당스니 등은 끊임없이 자신들의 성적 욕망을 추구한다. 하지만 그들의 성적 욕망은 충족될 것 같다가도 결정적인 순간에 모두 실패로 끝난다. 그런데도 그들은 결핍된 욕망을 채우기 위해 또 다른 대상을 찾고 또다시 욕망한다. 사실 그 결말은 이미 예정되어 있다. 작품의 두 축이 되는 인물 메르테이유 후작부인과 발몽 자작 사이에서 이루어진 밀약은 사랑과 증오, 간계와 질투에서 비롯된다. 그리고 그 관계를 지속시키는 것은 성적 욕구와 허영, 명예욕, 소유욕 등을 망라한 인간 본래의 욕망이다.

『위험한 관계』의 시대적 배경이 되는 18세기 초 결혼과 연애는 별개였다.

귀족을 비롯한 상류층에게 결혼은 사랑의 완성이 아니라 비즈니스의 산물이었다. 당시 결혼은 서로의 조건, 즉 남성의 작위라는 상징 자본과 여성의 지참금이라는 실제 자본을 매개로 이루어지는 계약에 불과했다. 그렇기 때문에 상류층은 정해진 선을 넘지 않는 이상 서로의 사생활에 신경 쓰지 않았다. 메르테이유 후작부인과 발몽 자작의 경우에서 보듯이 귀족은 끊임없이 구애하고 귀부인은 그 구애를 즐긴다. 우리 속담 가운데 '많으면 많을수록 좋다'는 속담이 이 상황에 딱 어울린다. 귀부인은 자기 남편이 다른 귀부인에게 구애하더라도, 귀족은 자기 아내가 다른 귀족의 구애를 받는다고 하더라도, 직접 화를 내서는 안 된다. 화가 나도 겉으로는 웃어야 한다. 웃어넘기면서 에둘러 자신의 감정을 재치 있게 전해야 한다. 그게 바로 귀족의 예법이었다. 그래서 당시에는 일상에서뿐만 아니라 문학에서도 '풍자'(satire)가 유행했다. 그 당시 상류층의 성생활은 좋게 말하면 솔직했고 나쁘게 말하면 문란했다.

미셸 푸코의 말처럼 18세기 초까지만 해도 사람들은 자신의 성생활을 어느 정도 솔직하게 표현하는 게 보통이었다. 그런 흐름은 18세기 말까지 이어졌다. 18세기가 아무리 '이성과 도덕의 시대' 혹은 '계몽주의 시대'라고 하더라도 개인의 성생활에 대해서는 사회적으로 크게 간섭하거나 제약하지 않았다. 만일 개인의 성생활로 문제가 생기는 경우에도 『위험한 관계』에서 발몽 자작과 당스니의 예에서 보듯이 두 사람 간의 결투로 처리했다. 개인의 성생활 문제에 사회나 국가가 개입하지 않았다. 성생활은 전적으로 개인의 문제였다. 예컨대 영국의 낭만주의 시인 바이런도 수많은 여인들과 염문을 뿌렸고 결투에서 목숨을 잃을 뻔했지만 여성들과의 추문 때문에 법적으로 제재를 받았다는 기록은 없다. 정작 그는 그리스 독립 전쟁에 참전했다가 풍토병에 걸려 죽었다.

그런데 19세기에 들어서면서 성에 대한 사회적 분위기가 바뀐다. 푸코의 『성의 역사』(1976)에 따르면, 빅토리아 여왕 시대에 들어 이전 시대의 개인의 자유로운 성생활은 '부부 중심 가족의 성생활'로 제한되고, 성생활은 향락이 아니라 '철저하게 생식기능의 관점'으로 간주되기 시작한다. 이전 시대 결혼이 쌍방간 계약이었다면 이 시기 들어서 결혼은 표면상으로 사랑의 완성이었다. 그리고 결혼은 생식과 직접적으로 관련되어 있었기 때문에 당연히 생식과 관련 없는 성은 금기되거나 침묵을 강요당했다. 특히 어린아이의 성은 철저하게 배제되었다. 어린아이는 성에 대해 알아서도 안 되고, 말을 해서도 안 되었다. 왜냐하면 어린아이는 아직 생식 능력이 없기 때문이다. 성인들이 성에 대해 말을 한다고 하더라도 그 태도는 예전처럼 자유롭고 활기찬 게 아니라 은밀하고 엄숙해야 한다. 오늘날 성에 대한 엄숙주의는 바로 여기에서 연원한다.

그러나 빅토리아 시대 상류층은 한편으로는 성을 억압했지만 다른 한편으로는 허위와 위선적인 태도로 문란한 성생활을 즐겼다. 이전 시대에는 성을 공공연하지만 건전하게 즐겼다면 빅토리아 시대에 들어와서는 은밀하지만 더욱 문란하게 즐겼다. 오스카 와일드는 당시 귀족을 비롯한 상류층의 위선과 가식, 그리고 허위를 마음껏 '조롱'(derision)했다. 상류층은 풍자의 대상까지는 참을 수 있었지만, 조롱의 대상이 되는 것만큼은 절대 용납할 수 없었고 용납하지 않았다. 결국 와일드는 상류층의 미움을 받아 동성연애 혐의로 투옥되어 노역형에 처해졌고, 그것으로 그의 문학도 결국 끝나고 만다.

다시 말하지만 빅토리아 시대 상류층은 성을 공론화하는 것을 탐탁하게 여기지 않는 분위기가 강했다. 성은 어디까지나 사적이고 은밀해야 하고 또한 엄격하게 관리되어야 하는 대상이다. 하지만 무언가를 감추려고 하면 할수록 드러나듯이, 성 역시 비밀로 하려고 하면 할수록 결국 드러나기 마련이다. 역사가 말해주듯이 인간은 원래 사회가 무언가를 금기하면 할수록 그 금기를 금기하는 존재다. 이에 대해 푸코는 "근대사회는 성을 '그' 비밀로 내세움으로써 언제나 성에 관해 말할 운명이었다"라고 말한다. 즉 시대적으로 성을 억압하면 억눌렸던 성담론이 공론화되고 감추어졌던 주변적 성생활이 출현한다. 이 시대에 이르러 성은 쾌락을 추구하기 위한 도구가 아니라 과학을 통해 관리되는 대상이 되는데, 이는 푸코에 의해 각각 '아르스 에로티카'(성애의 기술)와 '스키엔티아 섹수알리스'(성의 과학)로 정식화된다.

19세기는 한마디로 과학의 시대라 할 수 있다. 과학은 의료의 실천과 밀접하게 연관되어 있고, 과학과 연관된 의료의 실천은 법과 여론에 호소한다. 그 호소는 다른 말로 하면 '고백'이다. 은밀하고 사적인 성도 과학과 연관된 의료의 실천에서는 고백이 허용된다. 푸코에 따르면, 성에 대한 태도의 변화는 문학의 장르에도 변화를 가져왔다. 성에 대해 자유롭게 이야기할 수 있었던 시대에 문학의 소재는 주로 영웅적이고 초자연적인 이야기였다. 하지만 과학을 통해 성을 관리해야 한다는 주상이 객관적 진실로 자리를 잡자 고백에 기반을 둔 문학 장르가 태동했다. 고백은 처음에는 편지와 일기로 시작되고 나중에는 근대소설로 발전하기에 이른다. 예컨대 『위험한 관계』나 영국 근대소설의 효시로 평가되는 『로빈슨 크루소』(1719)와 『파멜라』(1740)는 편지 또는 일기 형식을 취하고 있다. 그뿐만 아니라 프로이트의 정신분석학도 피상담자의 고백에 상당 부분 빚을 지고 있다.

『성의 역사』에서 푸코가 말하는 성은 우리가 일반적으로 생각하고 말하는 성과 다르다. 우리말로 성(性)은 영어로 보통 섹스(sex), 젠더(gender), 섹슈얼리티(sexuality)로 옮겨진다. 주지하듯 섹스는 남자와 여자처럼 생물학적인 성을 가리키고, 젠더는 사회적으로 받아들여지는 남성과 여성을 가리킨다. 반면 섹슈얼리티는 성행위를 의미한다. 그런데 『성의 역사』에서 푸코가 말하는 성의 의미는 옮긴이의 설명에 따르면 단어적으로는 '성생활'에 가깝다. 하지만 전체적인 맥락에서는 성 전체를 포괄하기에 성생활이 아니라 성으로 번역했다고 말한다. 그에 따르면, "'성의 역사'에서 푸코의 일관된 태도는 성에 대한 근대적 이해방식으로부터 새로운 지식-권력 개념을 발견하는 것이고, (지고한) 주권적 주체의 환영을 떨쳐 버리기 위한 주체화의 개념과 이에 결부된 '생활의 미덕'을 고대의 사랑에 입각하여 확립하는 것"이다. 요약하면 성생활이 성의 여러 가지 양상 중 어느 한 면을 나타내기 때문에, 그의 철학이 성에 계보학적 고찰이라는 점을 고려했을 때, 성생활보다는 성이라는 단어가 적절하다.

푸코의 『성의 역사』는 성에 관한 풍속의 역사를 재구성하려는 것이 아니다. 각 문명에서 나타나는 성적 행위나 성적 습속에 대한 연대기적 연구서도 아니다. 『성의 역사』는 전작 『감시와 처벌』(1975)과 마찬가지로 '지식의 계보학'과 관련되어 있다. 『성의 역사』에서 푸코는 권력의 계보학을 '타자' 주체(광인, 병자, 비행자)에서 주체의 내부로 되돌리기 위한 하나의 방법으로 간주한다. 이를 위해 그가 택한 주제는 권력과 기술 아래 진행되는 '성'(sexuality) 또는 실제 행위로서의 성이 아니라 다양한 '언설'(discourse)적 행위의 주제로서의 성이다. 요컨대 푸코가 『감시와 처벌』에서 규율 권력을 훈련과 규준화를 통해 개인을 형성시키고 통제하는 개별화 과정으로 분석했다면, 『성의 역사』에서는 인간의 성적 욕망에 관한 언설을 뒷받침하는 권력-지식-쾌락 체제의 기능과 존재 이유를 밝히려 한다.

앞서 여러 사례에서 보았듯이 푸코는 주로 18세기 이후를 주목했다. 그는 18세기 이후 국가 권력이 성에 관한 지식을 왜 필요로 했는지, 성에 관한 지식을 어떻게 생산하고 유통했는지, 이를 통해 사회를 어떻게 지배했는지 등에 관심을 두지 않았다. 그보다는 성에 관한 담론들, 즉 어린이의 성 문제, 여성의 성적 히스테리 문제, 산아 제한과 관련된 인구문제 속에 작용하는 가장 직접적이면서도 국지적인 '권력 관계'에 초점을 맞추었다.

푸코는 『성의 역사』에서 권력을 성의 관계에 중점을 두어 파악한다. 『감시와 처벌』 이후 그의 주된 관심사는 '권력은 어떻게 기능하는가?', '권력이 인간의 사고의 행동을 과연 금지하는가?', '권력은 위에서 아래로 강제되는 것인가?' 등이다. 푸코는 기존의 권력에 관한 어떤 표상을 불식시키고 있다. 즉 그는 권력이 집중되어 있고, 사법적·언설적이고, 순전히 부정적이라는 견해를 유보하고 있다. 권력이 권력과 국가, 또는 최소한 권력과 정치권력을 통합해 바라보는 관점도 폐기한다. 대신 그는 권력을 "국가, 군주, 중앙집권화된 구조를 갖는 유일한 지점에 고정되어 있지 않고 사회 유기체 안에서 다양하게 '편재'되어 있고, 파편화되어 있고, 분산되어 있는 힘들의 그물망"이라고 보았다. 따라서 이러한 미시 권력들은 사회 안에 분산되어 있고 항상 운동하는 세력관계 속에서 이해되어야 한다. 푸코의 권력은 다양한 힘의 관계로 개념화된다. 푸코의 권력 정의는 권력을 지배계층이나 국가 또는 통치자의 속성과 소유물로 간주하는 기존 권력 개념을 거부하고 권력을 일종의 전략으로 간주한다.

거듭 말하지만 푸코 철학의 핵심 개념은 권력이다. 하지만 그의 권력 이론의 본령은 권력의 당위성을 설파하는 데 있지 않고 권력을 비판하는 데 있다. 그에 따르면, "권력은 억제하고, 억압하고, 검열하고, 추상하고, 은폐하고, 숨기는 것이 아니라 실재를 생산하고 진리의 의식을 생산한다." 그에게 있어서 권력은 억압이 아니라 생산이다. 또한 권력과 지식은 별도로 고찰될 수 없으며, 지식 속에는 반드시 권력이 작동하고 있고, 권력은 그 작동을 위해 지식이라는 형태를 요구하는 것이다. '지식의 의지'라는 부제가 붙은 『성의 역사』는 바로 그 산물이다. 이 책에서 그는 권력이 어떻게 지식을 조종하여 자신의 목적에 부합하도록 이용했고, 또 지식은 어떻게 권력에 봉사했는지를 설파한다. 결론적으로 말해 푸코의 권력론은 다음 한 문장으로 정식화된다. "권력이 지식을 생산하고 지식은 새로운 권력을 형태를 만드는 데 기여한다."

투명한 사회는 정말 좋은 사회일까?

『투명 사회』

우리가 쓰는 단어에는 항상 뉘앙스라는 게 따라붙는다. 뉘앙스는 단어가 갖고 있는 느낌, 즉 '어감'을 가리킨다. 많은 단어들은 단어의 정의와 뉘앙스가 대체로 일치한다. 그런데 단어의 뜻과 단어가 갖고 있는 어감 또는 단어가 사용되는 맥락이 다른 경우가 종종 있다. 개인적인 생각에는 '투명'이라는 단어가 그렇다. 언제인가부터 우리 사회는 투명성을 지향한다. 압축 성장을 하면서 사회 곳곳에서 투명성이 확보 또는 보장되지 않았기 때문에 투명성을 요구하는 게 어쩌면 당연할지 모른다. 사람들은 경쟁이나 경연에서 노력을 다했는데도 자신이 원하는 바를 이루지 못했을 때 절차적 문제점을 제기하고 투명성을 요구한다. 그리고 그것을 '정의'라고 부른다. 언젠가부터 투명성은 객관성과 합리성, 그리고 정확성을 아우르는 긍정적인 단어로 자리매김하고 있다. '투명하고 공정한 사회', '소통과 투명성', '채용과정에서의 투명성 확보' 등의 예에서 알 수 있듯이 투명성에는 대체로 긍정적인 의미가 부여된다.

국어사전에서 투명성의 뜻은 크게 '물체 따위가 속까지 환히 비치는 성질'

또는 '어떤 사실이나 생각 따위가 의심받을 만한 점이 없이 모두 알려져 있는 성질'로 되어 있다. 정의상 투명 또는 투명성이라는 단어에는 큰 문제가 없어 보인다. 그런데 현재 우리 사회를 보고 있노라면 과연 그럴까, 하고 고개를 갸웃하게 된다. 어쩌면 투명이라는 단어 앞에서 노출되어서는 안 되는 게 노출되고 있는 게 아닌가, 하는 생각을 하게 된다. 한번 노출된 것은 원래의 상태로 되돌리는 것이 대단히 어렵다. 조금 더 거창하게 열역학 제2법칙을 빌려서 말하면, 한번 노출된 것은 처음 상태로 되돌아가는 게 아예 불가능할 수도 있다.

철학자 한병철은 『투명 사회』(2012)에서 투명 또는 투명사회의 위험성을 예고했다. 이 책은 우리나라에는 2014년에 소개되었는데 저자는 이 책에서 투명사회의 속성 또는 특질로 긍정사회, 전시사회, 명백사회, 포르노사회, 가속사회, 친밀사회, 정보사회, 폭로사회, 통제사회 등을 꼽았다. 이 책에서 사용되는 투명사회라는 단어의 맥락이 일반적인 맥락과 다르듯이, 이 단어들도 일반적인 맥락과는 조금 다르다. 이 책에서는 대체로 부정적으로 쓰인다. 이 책은 「투명사회」와 「무리 속에서—디지털의 풍경들」로 구성되어 있는데, 이 글은 주로 「투명사회」를 중심으로 논의를 전개한다.

저자 한병철의 말에 따르면, 오늘날 '투명성'이란 단어는 마치 유령처럼 모든 삶의 영역을 떠돌고 있다. 사람들은 보통 투명성이 신뢰를 낳는다고 말한다. 하지만 투명사회는 신뢰사회가 아니라 통제사회다. 투명성은 속이 다 들여다보이는 유리 인간을 만들어낸다. 투명사회는 표면상 개인에게 무제한의 자유를 보장하지만, 그 무제한의 자유와 무제한의 커뮤니케이션은 전면적 통제와 감시로 돌변하기도 한다. 소셜미디어는 점점 더 사회적인 삶을 감시하고 착취하는 '디지털 파놉티콘'에 가까워진다. 주지하듯 파놉티콘(panoptocon)은 영국의 철학자이자 법학자인 제러미 벤덤이 제안한 감옥 건축양식이다. 파놉티콘은 사전적으로 '모두'(pan)를 '본다'(opticon)는 의미를 갖고 있다. 벤덤은 소수의 감시자가 자신을 드러내지 않고 모든 수용자를 감시할 수 있는 형태의 감옥을 제안하면서 이 단어를 창안했다. 하지만 디지털 파놉티콘에서는 모든 사람이 서로 감시한다.

사람들은 자신이 감시되는 위험을 감수하더라도 다른 사람들을 감시하는 시스템을 선택한다. 그리고 자신들의 그런 선택에 정당성과 긍정성을 부여한다. 따라서 오늘날 부정성의 사회는 소멸하고 그 자리를 대신하는 새로운 사회는 긍정성을 위해 부정성을 해체해 가는 중이다. 그리하여 투명사회의 일차적 모습은 긍정사회로 나타난다. 긍정사회는 변증법과 해석학에 작별을 고한다. 변증법의 바탕은 기본적으로 부정성에 있다. 그리하여 헤겔의 정신은 부정적인 정신을 돌리지 않고, 부정적인 것을 감당하고 그 속에서 자기를 보존한다. 부정성은 정신의 생명에 양분을 준다. 투명성의 시스템은 자신을 가속화하기 위해 모든 부정성을 폐기 처분한다. 즉 부정적인 것에 머무르기보다 긍정성 속에서 질주한다. 정치의 영역에서 보자면 투명성은 색깔이 없다. 색깔이 없다는 말은 언제 어디에서든지 색깔을 고를 수 있다는 말이기도 하다. 예컨대 '액체 민주주의'는 상황에 따라 색깔을 바꾸는 유연성을 발휘한다. 정치는 기존의 사회적·경제적 관계를 건드리지 않은 채 그 속에 틀어박혀서 그저 다양한 사회적 욕구를 관리하는 역할로 위축된다.

오늘날의 사회는 '전시사회'다. 모든 사물들이 전시되고 상품화된다. 전시되어 있지 않으면 아예 존재하지 않는 것처럼 취급되는 긍정사회에서 벤야민이 중요한 개념으로 제시한 사물들의 '제의가치'는 전시가치에 밀려 사라지고 만다. 전시가치의 관점에서 볼 때 존재한다는 것 자체는 아무런 의미도 없다.

전시되는 사회에서는 모든 주체가 자신을 광고의 대상으로 삼는다. 모든 것은 전시가치로 측정된다.

전시사회는 곧 '포르노적 사회'이다. 모든 것이 겉으로 나오고, 벗겨지고, 노출된다. 과도한 전시의 결과로 모든 것이 '어떤 비밀도 없이 즉각적인 소비에 내맡겨진' 상품으로 전락한다. 상품만 그런 게 아니라 사람도 마찬가지다. 전시되지 않으면, 즉 사람들에게 알려지지 않으면 존재 자체는 의미가 없다. 그렇기 때문에 사람들은 여러 매체와 관계를 통해 끊임없이 자신을 드러내려 노력한다. 때로는 자발적으로 때로는 비자발적으로 자신을 내맡긴다. 이처럼 자본주의 경제는 모든 것을 전시의 강제 아래 복속시킨다.

투명사회에서는 물리적 거리뿐만 아니라 심리적 거리에 이르기까지 모든 거리는 마땅히 제거되어야 할 부정성으로 간주된다. 거리는 커뮤니케이션과 자본의 순환을 가속화하는 데 방해요소일 뿐이다. 투명사회는 내적 논리에 따라 모든 형태의 거리를 제거한다. 투명성은 모든 것을 탈거리화해 똑같이 거리가 없는 존재, 다시 말하면 멀고 가까운 게 아무런 의미도 없는 존재로 만들어 버린다.

투명사회는 '쾌락에 대해 적대적인 사회'이다. 투명성은 사물에서 모든 매력을 앗아가고 환상의 가능성을 사물 속에 짜 넣는 것을 금지한다. 신성한 것은 투명하지 않다. 오히려 비밀스러운 흐릿함을 특징으로 한다. 도래할 평화의 왕국은 투명사회가 아닐 것이다. 투명성은 평화의 상태가 아니라 대칭적인 상태다. 따라서 투명사회는 모든 비대칭적 관계를 폐기하려고 노력한다. 권력은 그런 비대칭적 관계의 하나다. 사실 권력 자체는 악하지 않다. 많은 경우 생산적이고 생성적으로 작용한다. 권력은 정치적으로 사회를 개조해가는 데 필요한 자유로운 여유 공간을 창출하고 쾌락의 생산에도 상당한 정도로 기여한다. 반면 폭력은 큰 명백성을 낳는다. 니체는 여기서 완벽한 조명과 통제의 사회에서는 가능하지 않을, 보다 자유로운 삶의 형식을 옹호한다. 그것은 대칭성과 동일성을 금과옥조로 여기는 계약 사상이나 교환 경제에 전혀 구애받지 않는다는 의미에서도 자유롭다.

한병철은 오늘날의 사회를 '친밀사회'로 보았다. 당연히 친밀이라는 단어에는 부정적 뉘앙스가 담겨 있다. 근대 사회는 연극으로 상징화된다. 연극에서는 연극적 거리가 육체와 영혼, 영혼과 영혼의 직접적인 접촉을 막아 준다. 극장은 표현의 장소로서 객관적 감정이 표현될 뿐 주관적 감정인 내면의 심리가 발현되지 않는다. 따라서 극장에서의 표현은 전시가 아니라 '재현'이다. 하지만 오늘날 세계는 행위와 감정이 재현되고 읽히는 극장이 아니라 내밀함이 전시되고 판매되는 시장이다. 즉 극장이 재현의 장소라면 시장은 전시의 장소다. 근대의 연극적 재현은 오늘날의 포르노적 전시에 밀려난다.

다시 말하지만 현대 사회는 고백의 사회, 노출의 사회, 거리를 모르는 포르노적 사회로 규정된다. 최근 몇 년 동안 TV에서는 '관찰 예능'이 하나의 트렌드로 자리 잡았다. 연애, 결혼, 육아, 교육, 졸혼, 이혼 등 개인의 일상에서 벌어지거나 벌어질 수 있는 다양한 일들이 TV 프로그램의 콘텐츠가 되었다. 심지어 어떤 프로그램은 출연자의 과거의 불미스러운 일을 소재로 삼기도 한다. 출연자들에게 사생활을 노출하고 고백하도록 강요한다. 궁극적으로 출연자와 시청자 사이의 거리가 무화된다. 시청자는 타인의 사생활을 보고 있는 것에 대한 반대급부로 자신의 사생활을 스스로 노출하고 고백한다. 이런 노출과 고백은 스스로 자유라고 생각하지만 본질적으로 자신을 통제의 시스템 안으로 밀어 넣는 다른 층위의 자기통제다.

투명사회는 또한 '정보사회'다. 정보는 어떤 부정성도 알지 못한다는 점에서 투명성의 현상이다. 정보는 긍정화되고 조작 가능하게 만들어진 언어다. 전시의 목적은 권력을 잡는 게 아니라 주의를 끄는 데 있다. 포르노는 전시의 바탕에 깔려 있는 동기다. 권력과 주의는 동일 선상에 있지 않다. 권력자는 권력을 손에 쥐고 있으니 주의를 끌려고 노력할 필요가 없다. 그렇다고 주의가 자동으로 권력을 창출하는 것도 아니다. 투명사회에는 진리뿐만 아니라 가상도 없다. 다시 말하면 투명사회에서는 진리도 가상도 투명하지 않다. 완전히 투명한 것은 오직 공허뿐이다. 이 공허를 제거하기 위해 대량의 정보가 유통된다. 그러나 더 많은 정보가 생산되어 유통될수록 세계를 전 세계적으로 파악하는 것은 더욱 어려워진다. 과다 정보와 과다 커뮤니케이션은 어둠 속에 빛을 가져다주지 못한다. 예컨대 SNS를 통해 무수히 많은 사람들과 교류하며 정보를 공유해도 친밀감이 쌓이기보다는 혼란과 공허만 증폭될 뿐이다.

투명사회는 정확히 '성과사회'의 논리를 따른다. 성과 주체는 노동을 강제하고 착취하는 외적인 지배 구조에서 해방되었지만 궁극적으로는 자신을 착취한다. 즉 성과 주체는 스스로 만들어낸 자유로운 강제에 예속된다. 이러한 자유의 변증법은 통제사회의 바탕이기도 하다. 자기 조명은 자유의 감정과 연결되어 있어서 타자 조명보다 더 효율적이다. 부정성의 소멸은 긍정성의 과잉으로 환원된다. 과잉된 긍정성이 터질 것 같은 사회가 바로 성과사회다. 저자가 전작에서 언급한 '피로사회'는 성과사회의 또 다른 이름이다. 성과사회에서 개인은 최대의 성과를 올려야 하기 때문에 자신을 채찍질한다. 모든 것을 손쉽게 정보와 커뮤니케이션의 대상으로 전환해주는 디지털 기술은 시각적-인식적 부정성의 축소 내지 제거에 기여한다. 디지털 기술 덕택에 볼 수 있고 보여줄 수 있는 것의 범위가 엄청나게 확대된다. 기술적인 면에서 부정성이 급격히 축소되면서 보고 싶은 욕망 혹은 보여주고 싶은 욕망을 가로막고 있던 사회적 차원의 부정성, 즉 도덕적 장벽도 허물어진다. 따라서 사람들은 과거에는 감히 보려 하지 않았던 것을 함부로 들여다보고 수치심에서 감히 남에게 보이려 하지 않았던 것을 마구 드러낸다. 시각적-인식적 부정성의 영역, 즉 비밀의 영역은 점점 사라지고 있다. 가려진 것이라고는 없는 포르노사회, 보이는 것에만 가치가 부여되는 전시사회가 성립하는데 그게 바로 투명사회다.

오늘날의 통제사회는 특수한 파놉티콘적 구조를 보여준다. 서로 고립되고 격리되어 있는 벤담식 파놉티콘의 수감자들과는 반대로 현대 통제사회의 주민들은 네트워크화되어 서로 맹렬하게 커뮤니케이션하고 있다. 투명성을 보장하는 것은 고립을 통한 고독이 아니라 과도한 커뮤니케이션이다. 디지털 파놉티콘의 특수성은 무엇보다도 그 속의 주민들 스스로 자신을 전시하고 노출함으로써 파놉티콘의 건설과 유지에 능동적으로 기여한다는 사실에서 찾을 수 있다. 자신을 파놉티콘적 시장에 전시한다. 포르노적 과시와 파놉티콘적 통제는 서로 넘나든다.

이제 세계 전체가 하나의 파놉티콘으로 발전하고 있다. 파놉티콘의 외부는 존재하지 않고 파놉티콘이 곧 전체다. 내부와 외부를 가르는 벽도 없다. 오늘날의 감시는 사람들이 흔히 생각하는 것처럼 '자유에 대한 공격'이라는 형식으로 이루어지는 것이 아니라 사람들 스스로 자발적으로 파놉티콘적 시선에 자신을 내맡긴다. 사람들은 자기를 노출하고 전시함으로써 열렬히 디지털 파놉티콘의 건설에 동참한다. 디지털 파놉티콘의 수감자는 피해자이자 가해자이다. 감시와 통제는 디지털 커뮤니케이션의 본질적 요소에 속한다. 디지털 파놉티콘의 독특한 점은 빅브라더와 수감자 사이의 구별이 점점 더 불분명해진다는 데 있다. 앞에서 말했듯이 이곳에서는 모두가 모두를 관찰하고 감시한다. 바로 여기에 자유의 변증법이 있다. 요컨대 자유는 통제의 다른 말이다. 개인은 무한 자유를 누리고 있다고 생각하지만 실제로는 무한 감시 또는 무한 통제를 당하고 있다. 이 또한 개인이 스스로 선택한 자유다.

제4부

권력이란 무엇인가

『권력이란 무엇인가

개인적인 생각에 영국 역사를 소재로 한 영화나 TV 드라마에서 가장 많이 다루어지는 시기는 헨리 8세와 그의 딸 엘리자베스 1세가 통치한 시기일 것 같다. 헨리 8세와 엘리자베스 1세가 주인공으로 나오는 영화만 해도 〈천일의 앤〉(1970)을 비롯해 〈천일의 스캔들〉(2008), 〈엘리자베스〉(1998) 등이 있고, TV 드라마 〈튜더스〉(2007~2010)도 있다. 헨리 8세와 엘리자베스 1세가 직접적인 주인공은 아니더라도 그들의 통치 시기를 다룬 영화도 많다. 대표적인 예로 〈셰익스피어 인 러브〉(1998)와 〈위험한 비밀〉(2011)을 들 수 있다. 〈셰익스피어 인 러브〉와 〈위험한 비밀〉에는 실제로 윌리엄 셰익스피어가 등장하기도 한다. 〈셰익스피어 인 러브〉는 우리말로 '사랑에 빠진 셰익스피어' 정도로 번역된다. 영화 속에서 주인공 셰익스피어는 한 여인과 사랑에 빠지게 되고, 그 사랑의 경험을 바탕으로 희곡 『십이야』(1600)를 쓴다. 〈위험한 비밀〉은 셰익스피어의 작품의 실제 작가가 따로 있을 것이라는 전제 아래 실제 작가가 누구인지를 추적한다. 이 영화에서 셰익스피어는 주인공이 아니라 무명의 대필 작가로 잠깐 등장한다.

셰익스피어는 엘리자베스 여왕과 뒤를 이은 제임스 1세 때 주로 작품 활동을 했다. 그는 총 37편 혹은 38편의 작품을 썼다고 알려졌는데 대부분 엘리자베스 1세가 통치한 시기에 쓰였다. 그 가운데 열 편이 영국 사극이다. 그 가운데 『존 왕』(1623)과 『헨리 8세』(1613)를 제외한 여덟 편은 역사적으로 리처드 2세부터 헨리 4세, 헨리 5세, 헨리 6세, 에드워드 4세, 에드워드 5세, 리처드 3세까지의 연속되는 시기를 다룬다. 이 가운데 『리처드 2세』(1595), 『헨리 4세 1부』(1597), 『헨리 4세 2부』(1598), 『헨리 5세』(1599)를 '헨리아드 4부작' 또는 '랭카스터 4부작'이라고 부른다. 혹은 '제1 4부작'이라고 부른다. 『헨리 6세 3부작』(1591)과 『리처드 3세』(1593)를 '제2 4부작'이라고 부른다.

셰익스피어의 제1 4부작과 제2 4부작의 연결점은 헨리 5세다. 사극에서뿐만 아니라 실제 역사에서도 연결점은 바로 헨리 5세다. 헨리 5세의 아버지 헨리 4세는 플랜태저넷 왕조의 리처드 2세로부터 왕위를 빼앗았고, 헨리 5세의 아들 헨리 6세는 나중에 요크 왕조의 에드워드 4세에게 왕위를 빼앗기기 때문이다. 이처럼 셰익스피어의 여덟 편의 영국 사극은 대체로 튜더 왕조 이전의 플랜태저넷, 랭카스터, 요크 왕조를 다루고 있다. 다시 말하지만 '헨리아드 4부작'에서 중심은 『헨리 5세』다.

'헨리아드 4부작' 각각의 작품을 간단히 살펴보면 이렇다. 먼저 『리처드 2세』는 플랜태저넷 가문이 랭커스터 가문에 의해 어떻게 추락하는지를 그려내고 있다. 아버지를 잃은 뒤 모든 재산을 박탈당하고 부당하게 유배된 볼링브로크는 사촌인 리처드 2세가 저지른 불의에 맞선다. 그는 정의의 수호라는 명분으로 반란을 일으켜 리처드 2세를 폐위시키고 왕위에 오르며 랭카스터 왕조를 개창한다. 『헨리 4세 1부』는 1399년 리처드 2세를 폐위시키고 왕위에 오른 헨리 4세가 왕위 계승의 정통성 문제로 시달리다가 노섬벌랜드 백작의 아들 핫스퍼가 일으킨 반란을 진압하는 과정을 다루고 있다. 『헨리 4세 2부』는 헨리 4세가 핫스퍼 반란을 진압하는 과정, 그의 죽음, 그리고 아들 헨리 5세의 즉위가 줄거리를 이룬다. 왕위에 오르기 전의 헨리 5세, 즉 해리 왕자는 즉위와 함께 자신을 감옥에 처넣었던 수석 재판관을 다시 임명하며 과거 방탕한 젊은 시절과 절연을 선언한다. 『헨리 5세』에서 선왕 헨리 4세 시절 왕위의 정통성과 합법성 문제로 내란에 시달린 것을 모두 지켜본 헨리 5세는 즉위 후 국내의 위기를 타개하기 위해 프랑스에 선전포고를 한다. 전쟁의 명분은 프랑스의 왕위 계승권이다. 그는 군대를 모아 프랑스로 진공해 아쟁쿠르 전투에서 수적인 면에서 압도적으로 우세한 프랑스군을 격파하여 굴복시키고 트루아 조약의 한 조항으로 프랑스의 카트린 공주를 아내로 맞이한다. 『헨리 5세』는 이런 일련의 과정을 그리고 있다.

영화 〈더 킹: 헨리 5세〉(2019)는 셰익스피어의 『헨리 4세』와 『헨리 5세』를 기본 텍스트로 한다. 즉 헨리 5세가 왕위에 오르기 전과 왕위에 오른 후의 과정이 영화의 메인 플롯이다. 훗날 헨리 5세가 되는 왕자 할(티모시 샬라메)은 왕위 계승자의 의무를 거부하고 멘토이자 절친이기도 한 한물간 술주정뱅이 기사 존 폴스타프(조엘 에저턴)와 함께 가난한 동네인 이스트 칩에서 방탕하게 살아간다. 그러나 아버지인 헨리 4세(벤 멘델슨)가 사망하자 할 왕자는 이스트 칩을 뒤로한 채 왕궁으로 돌아와 영국 왕의 자리를 물려받는다.*

유년 시절 대부분을 아버지가 겪은 반목과 계속된 전쟁의 무용함을 목격하

* 키아누 리브스와 리버 피닉스가 주연한 구스 반 산트 감독의 영화 〈아이다호〉(1991)는 『헨리 4세』와 『헨리 5세』를 베이스로 하고 있다.

며 자란 헨리 5세는 모든 면에서 선왕 헨리 4세와 다른 선택을 한다. 선왕인 헨리 4세는 걸핏하면 전쟁을 일으켜 무고한 생명을 잃게 했다. 그는 전쟁으로 인한 희생자를 줄이고 평화를 유지하겠다고 맹세하고 실제로 그렇게 국정을 운영한다. 하지만 얼마 지나지 않아 그는 왕실의 정치에 휘말리며 누구를 믿어야 할지 확신할 수 없게 된다. 심지어 즉위식 때 자신을 모욕했던 프랑스의 왕세제가 자객을 보내 그를 도발한다. 분노한 할은 프랑스에 선전 포고를 하고 프랑스 땅을 향해 진군한다. 그는 선왕과 다른 왕위 되기 위해 분투했지만, 결국 권력 투쟁에 휘말리고 그토록 증오했던 전장의 한 가운데 서게 된다. 그는 프랑스와의 전쟁을 통해 강인하고 냉철한 인물로 변모하지만 동시에 처음 그가 꿈꾸었던 이상과는 점점 멀어진다.

『리처드 2세』에서부터 『헨리 5세』에 이르는 랭카스터 4부작에는 공통적으로 '권력'이라는 키워드가 관통한다. 리처드 2세는 에드워드의 3세의 손자이자 흑태자 에드워드의 아들로서 정통성이 있었지만 권력을 제대로 행사하지 못했다. 즉 그는 정당한 권위로부터 권력이 나온다는 사실을 깨닫지 못했다. 권위와 권력은 비슷하면서도 다르다. 권위가 사회가 그것을 따름이 정당하다고 합의한 강제력이라고 한다면, 권력은 사회가 싫어하더라도 자기 뜻대로 하게 할 수 있는 강제력이다. 권력이 사회 관습, 법 등 사람의 욕망을 통제하는 정당성을 획득했을 때, 권위가 되어 사람들을 통솔할 힘을 갖는다. 권위에는 이미 정당하다는 의미가 포함되어 있다. 권위는 자발적인 복종을 끌어내지만 권력은 수동적인 복종을 끌어낸다. 리처드 2세는 권위를 세우지 못했고 권력도 정당하게 행사하지 못했다. 그의 통치는 오직 폭력을 통해서만 이루어졌다. 그는 정적의 재산을 빼앗고, 투옥하고, 처형하고, 추방했다. 결국 그는 볼링브로크에게 반란의 명분을 주었다.

리처드 2세의 사촌인 볼링브로크, 즉 헨리 4세는 무능하고 폭력적인 리처드 2세를 폐위시키고 왕위에 올랐다. 그는 반란도 진압하고 정국을 안정시켰다. 그럼에도 그는 늘 왕위의 정통성에 불안해했다. 반란으로 왕위에 올랐기 때문에 그는 누구보다도 반란에 더 예민했다. 그의 왕위 찬탈을 도운 노섬벌랜드 백작과 그의 동생 우스터 백작, 그리고 노섬벌랜드 백작의 아들 헨리 퍼시, 즉 핫스퍼가 반란을 도모하자 그는 한편으로는 그들을 비난하면서도 다른 한편으로는 핫스퍼를 자신의 아들 할과 비교한다. 그는 같은 헨리였으면 핫스퍼가 자신의 아들이면 좋겠다고 하며 할을 비난한다. 그가 할을 못마땅하게 여기는 까닭은 왕위의 정통성 부재에서 비롯한다. 하지만 반란이 일어나자 할은 왕자다운 모습을 보이며 핫스퍼를 죽이고 반란을 진압한다. 나중에 헨리 5세가 되는 할은 시종일관 권력의 정당한 행사에 대해 고심한다. 그렇기 때문에 그는 프랑스와의 전쟁에서도 승리라는 목표 또는 결과보다도 전쟁의 명분과 과정에 더욱 천착한다. 결과보다는 명분과 과정을 중시하는 그의 태도는 전쟁이 끝난 뒤에도 이어진다.

요즘 도처에서 권력이라는 단어가 넘쳐난다. 언론과 정치권에서는 자주 쓰는 '권력 남용'이라는 단어에서 보듯이 권력은 주로 부정적인 맥락으로 사용된다. 일상적인 맥락에서도 권력은 부정적 함의가 더 크다. 자신이 행사한 권력은 정당한 권력 행사이지만 상대방이 자신의 이익과 반대로 행사한 권력은 권력 남용으로 규정된다. 한마디로 권력의 과잉의 시대라고 말할 수 있다. 그렇다면 도대체 권력이란 무엇인가?

출간된 지 조금 시간이 지났지만 한병철의 『권력이란 무엇인가』(2011)는 지금도 여전히 시사하는 바가 크다. 이 책은 학문 분야와 사상가에 따라 서로 다르게 읽히고 있는 권력 이론을 그러모아 정식화하고 있다. 요즘처럼 권력이 남용되는 것보다 권력이라는 단어가 남용되는 이 시점에서 이 책은 권력에 관해 여러 논쟁점을 던지며 권력에 대해 숙고하도록 한다. 먼저 저자는 권력에 대해 억압과 금지와 같이 부정적인 것으로만 바라보는 고정관념을 비판하며, 권력은 긍정적이고 생산적일 수 있다는 주장을 전면에 내세운다. 권력과 폭력, 권력과 영향력 등의 미묘한 차이를 구체적으로 짚어내며, 자아의 연속성, 자유, 장소(공간), 생명, 친절함 등의 키워드를 통해 치밀한 논의를 전개한다. 추상적인 권력 이론에서 구체적인 현실 권력에까지 권력에 관한 여러 가지 담론을 펼쳐 놓는다.

저자는 유희 또는 공간과 접목한 푸코의 포괄적인 권력 개념을 헤겔을 매개 삼아 정식화하고, 니체를 통해 권력이 의미론적 작용이라는 사실을 강조한다. 하버마스의 의사소통적 권력 모델, 아렌트의 등장 공간, 슈미트의 예외상황, 부르디외의 아비투스 등 수없이 많은 이론과 사례, 분석을 불러와 권력의 복잡다단한 현상과 이론을 면밀히 검토한다. 단순히 소개하고 비판하는 데 그치지 않고 다양한 사상가들의 이론과 주장을 비교하고 대조한다.

권력이 반드시 강제성을 띠는 것은 아니다. 권력은 아래로 내려오는 위계적 권력 모델로서 비변증법적이다. 따라서 권력자의 권력이 클수록 그 권력은 수하에 있는 자들의 조언과 협조에 더 많이 의존한다. 권력은 억압에서 기인하지 않는다. 베버에 따르면 "권력은 특정한 사회적 관계 속에서 저항에 맞서 자신의 의지를 관철시키는 모든 기회"다. 그는 권력과 폭력을 구별한다. 즉 폭력은 복종의 가능성까지 파괴하기 때문에 수동적으로 감내될 뿐이다. 반면 권력의 본령인 복종은 수동적인 감내보다 더 많은 능동성과 자유를 갖는다.

권력은 타자를 완전히 억누르거나 무화시키는 폭력과 다르다. 폭력은 모든 의미를 결핍하고 있기에 벌거벗은 채로 작동하지만 권력은 벌거벗은 폭력과 달리 의미와 결부될 수 있다. 권력은 일상성에 기입할 때 높은 안정성을 얻는다. 강제가 아니라 습관의 자동주의가 권력의 효과를 상승시킨다. 절대적 권력이란 모습을 드러내거나 자신을 지시하지 않고, 오히려 자명성과 완전하게 합치되며, 부재를 통해 빛을 발한다.

권력이란 타자에게 종속되지 않고 타자에게서 자기 자신으로 자유롭게 존재하는 능력이다. 권력은 내면성과 주관성의 현상이다. 다른 사람을 의식할 필요가 없기 때문에 자신을 내면화/상기하기만 하면 되는 존재, 즉 아무런 외부도 갖지 않는 존재로서 절대적 권력을 갖게 된다. 권력 공간은 자기중심적이고 모든 권력 구조는 중앙을 중심으로 조직화되어 있다. 따라서 조직화 정도가 높을수록 그 존재의 중심성은 더욱 증가한다. 타자와 자아의 경계를 지양하지 못하게 하는 권력의 자기중심성을 해결하는 방안으로서 '친절함' 또는 '화해'라는 철학적 가능성을 제기한다.

권력은 기본적으로 자기중심적이고 주권성을 갖고 있다. 여기에서 말하는 주권성이란 법을 넘어서 자기 자신을 향해 결단하려는 주관성이다. 따라서 권력은 자기에서 벗어난 다수적인 것, 다종적인 것, 다양한 것에 대한 호의가 나오지 않는다. 폭력이 권력을 생겨나게 할 수는 있지만, 그렇다고 해서 권력이 폭력에 근거하는 것은 아니다. 권력은 스스로 공간화 할 수 있지만 폭력은 그렇지 못하다. 즉 폭력은 공간을 장악할 수는 있지만 공간을 창출할 수는 없다. 오직 권력만이 정치적인 공간을 창출해 낼 수 있다.

하버마스는 권력의 의사소통성을 강조한다. 그에 따르면, 권력은 독재자의 명령이 아니라 서로 관계를 맺고 그들과의 합의 속에서 행동할 수 있는 인간 능력에서 나온다. 반면 아렌트는 권력이 소통과 상호이해에만 근거하지 않는다고 주장한다. 아렌트에게 있어 권력은 상호이해를 목적으로 하는 의사소통적 권력이 아니라 성공을 지향하는 집합적 권력의 다름이 아니다.

마지막 장인 「권력의 윤리학」에서 저자는 앞에서 살펴본 권력의 긍정성을 활성화하면서도 권력의 자기중심성을 극복할 방법을 모색한다. 권력은 물리적 공간과 밀접하게 연결되어 있다. 권력은 한 공간을 점유할 수 있는 존재 능력이기 때문에 모든 사회 집단이 물리적, 실제적 공간을 둘러싸고 투쟁한다. 권력의 논리에서 보면, 육지적 장소화와 디지털적 장소화 사이에는 본질적인 차이가 없다. 시장 역시 경제적 영토 점유를 통해 점거할 수 있는 공간이다. 권력을 확장시킨다는 점에서는 영토 점유와 마찬가지다. 저자는 이 지점에서 '정의'를 말한다. 권력은 자기중심적이고 넓게 보지 못한다. 반면에 정의는 높고 명확하고 깊고 온화하게 바라보는 객관성을 지닌다. 따라서 정의는 모든 것을 수렴시키는 권력 구조에 대립적인 운동을 산출해낸다. 그리고 '아무 구별도 없이 모든 것을 환영하는' 자신을 염두에 두지 않는 '친절함'을 하나의 대안으로 제시한다.

다시 헨리 5세로 돌아가자. 헨리 5세는 영국 역사에서 '이상적인 영웅 군주'로 높이 평가되지만 종종 '마키아벨리스트의 화신'으로 폄훼되기도 한다. 좋게 평가하든 나쁘게 평가하든 왕으로서의 그의 통치 행위는 권력의 본질적 측면에서 해석될 수 있다. 실제로 그는 치세 초기에 롤라드파의 봉기(1414), 요크의 리처드 음모(1415) 등 내부적으로 위협을 받았지만 이를 적절하고 적합하게 진압했다. 대신 그는 선왕 헨리 4세 때 내치의 혼란을 피하고자 외국 원정으로 민심을 돌렸다. 그는 오랜 기간 동안 휴전 상태였던 백년전쟁을 재개해 직접 군사를 거느리고 프랑스에 상륙해 아쟁쿠르 전투에서 대승했다(1415). 루앙을 점령하고 파리까지 다가갔다(1419). 마침내 트루아 조약으로 프랑스의 왕 샤를 6세의 딸 카트린을 왕비로 맞아들이는 조건으로 프랑스 왕위 계승권도 인정

받았다(1420).

셰익스피어의 『헨리 5세』도 실제 역사를 거의 그대로 따른다. 극 중 헨리 5세는 경제적인 이유를 내세운 신하들의 권유에 의해 프랑스에 전쟁을 선포하고 직접 전쟁을 지휘한다. 아쟁쿠르 전투에서 승리하여 프랑스 왕 샤를 6세의 딸 카트린과 결혼을 하고 평화를 맺는다. 『헨리 5세』의 특징으로 에피소드 구조와 코러스를 이용해 통일성을 부여한 점을 들 수 있다. 즉 각 장면에서 헨리 5세는 정의감, 엄격함, 의무감, 개인적인 관심과 인간관계를 판단하는 정치가로서의 능력, 탁월한 전쟁 수행능력 등 다양한 성격적 특징을 보여 준다. 그렇기 때문에 많은 비평가들은 셰익스피어가 헨리 5세를 이상적인 군주로 보았다고 평가했다. 더 나아가 그가 엘리자베스 여왕을 헨리 5세와 동일화했다고 평가했다.

하지만 헨리 5세에 대한 셰익스피어의 태도는 다소 모호하다. 『헨리 5세』에서 코러스는 헨리 5세를 이상적인 군주로 찬미하고 그의 영웅적인 행위를 칭송한다. 하지만 극 중에서 헨리 5세는 등장인물에 의해 오히려 부정적이고 폭군적인 인물로 그려진다. 즉 이상적인 군주로서의 모습과 권력 지향적인 마키아벨리스트로서의 인간적인 모습이 아이러니하게 상대화된다. 헨리 5세는 아쟁쿠르 전투를 앞두고 밤에 병사로 위장하고 막사를 순찰한다. 그는 병사들과 곧 있을 전투를 화제로 대화를 나누지만 그들로부터 왕으로서의 권위에 의심을 받는다. 전쟁이 끝난 뒤 맺어진 카트린과 결혼을 통한 이루어진 영국과 프랑스와의 평화적 합일은 헨리 6세의 섭정기에 대한 언급, 즉 영국이 백년전쟁에서 패배한다는 결과로 평가절하된다. 셰익스피어가 극 중에서 그리는 헨리 5세의 모습은 일반적인 역사적 평가와 코러스가 찬미한 이상적인 영웅 군주와는 다르게 다층적이고 다소 모호하다. 셰익스피어는 『헨리 5세』에서 헨리 5

세에 대한 여러 상이한 해석의 가능성을 제공한다. 특히 권력의 본질과 권력의 행사라는 측면에서 보면 더욱더 그렇다.

폭력이란 무엇인가

『폭력이란 무엇인가』

사람과 사람 사이에는 늘 권력이 작동하고 그 권력을 작동시키는 힘은 다름 아닌 폭력이다. 여기서 말하는 폭력은 물리적 폭력일 수도 있고 상징적인 폭력일 수도 있다. 역사가 잘 말해주듯이 인간은 폭력적이다. 프로이트는 인간이 근본적으로 공격적이며 잔인하다고 보았다. 문명은 인간의 야만성을 소멸시키지 못하며 단지 억누를 뿐이다. 반대로 지라르가 생각하기에 인간에게 폭력은 본능적인 것이 아니라 상호 주관적이고 사회적이다. 모든 사회는 '정초하는 폭력'에 기반을 두고 있다. 정초하는 폭력을 통해서 모든 폭력들이 존립한다. 그래서 약자에 대한 박해는 모든 사회적 질서의 시원적이고 구조적인 원리이다. 지라르의 그 유명한 '희생양' 개념은 바로 여기에서 비롯된다.

폭력은 피할 수 없다는 프로이트의 주장과 문명은 폭력을 유지하고 정당화한다는 지라르의 주장은 상충되지만, 사실 프로이트와 지라르의 주장 모두 폭력을 정당화하지는 않는다. 오히려 헤라클레이토스, 헤겔, 마르크스, 소렐, 니체 등이 주장하는 '폭력의 다산성'이야말로 폭력을 옹호한다. 헤라클레이토스는 "갈등은 보편적이며, 불화는 권리이고, 모든 사물은 불화와 필연에 따라 죽는다"라고 말했다. 헤겔 역시 "정신은 스스로 그가 넘어서야 할 장애물을 구성한다. 역사는 폭력을 통해, 특히 인정 투쟁을 통해 나아간다"라고 말하며 폭력을 옹호했다. 마르크스와 엥겔스, 그리고 소렐과 레닌은 거기에서 한발 더 나아간다. 그들은 부르주아 계급에 의한 본래의 폭력을 소멸시키기 위해서는 '대응 폭력'이 필요하다고 주장했다.

니체의 경우는 조금 다르다. 니체가 강력하게 방어하려고 한 것은 폭력 자체보다는 자아와 자아 사이에 일어나는 투쟁, 갈등, 싸움이었다. 그가 생각하기에 필요한 투쟁과 모순은 때로 다산적이고 필수불가결하다. 적대성을 억제하고, 모든 갈등을 금지하며, 사회적 관계를 조화를 통해서만 이해하려고 하는 모든 사회적 계획은 총체적인 평화, 즉 가장 극단적인 폭력으로 귀착할 수 있다. 그래서 리쾨르는 인간 공동체의 복수성에서 생기는 갈등의 차원을 강조한다.

원칙적으로 폭력은 철학으로 정당화될 수 없다. 왜냐하면 철학적 사유는 본성상 폭력을 거부하고 반성과 대화를 선택하기 때문이다. 그러나 정당방위나 억압에 대한 저항의 예에서 보듯이 때때로 폭력은 종종 정당화된다. 그래도 원칙적으로 폭력은 정당화될 수 없다. 아렌트가 지적하듯이 폭력은 본성상 도구적이며 모든 권력, 모든 인간 공동체의 가능성과 조건을 파괴하기 때문이다. 설령 폭력이 일시적으로 긍정적인 결과를 가져온다고 하더라도 궁극적으로는 자기 파괴로 귀결된다.

오늘날 폭력은 단순히 물리적 폭력으로 그치지 않는다. 현대인이 저지른 과학 기술적 폭력은 많은 것을 말해준다. 무절제에서 기인한 폭력은 우리 자신뿐만 아니라 후손까지도 파괴하며 생존을 위협한다. 그런 점에서 데리다와 지젝의 폭력 논의에 관심을 가질 필요가 있다. 데리다는 폭력을 구성하는 핵심은 형이상학이며 물리적 행위와 무관하다고 주장한다. 그는 게발트로서의 폭력에 주목했다. 게발트로서의 폭력은 법적인 판단과 정의에 대한 판단을 요구한다. 폭력 개념은 법·정치·도덕의 상징적 질서, 권위의 형식에 속하기 때문에 폭력은 형이상학이다. 반면 지젝은 폭력을 제대로 이해하는 열쇠는 현실에 있지 않고 실재와 동일 공간을 차지하는 가상이라고 주장한다. 그는 폭력을 주관적 폭력과 객관적 폭력으로 나눈다. 주관적 폭력은 주체가 판단하는 경우에 발생하는 가시적 폭력으로 일반적인 폭력 행위다. 객관적인 폭력은 주관적인 폭력보다 더 근본적이다. 객관적인 폭력은 비가시적이지만 더 영향력이 크고 은밀하게 행해진다. 그 예로 언어폭력과 상징폭력을 들 수 있다.

우리는 보통 정상적 상태와 폭력적 상태를 구분한다. 사전적으로 정상(normal)은 기준(norm)에서 비롯되었다. 폭력은 그 기준을 따르지 않기에 정상 상태가 아니다. 하지만 기준은 대체로 언어로 되어 있고 그렇기 때문에 정상이라고 규정하는 바로 그것이 최고의 폭력일 수 있다. 겉으로 보기에 언어는 대화와 소통을 전제로 하며 사회화의 기초이기 때문에 폭력의 포기를 수반한다. 즉 언어 속으로 들어가거나 들어온다는 것은 직접적인 폭력을 포기하는 것으로서 곧 인간의 인간성을 구성한다. 즉 언어를 통해 인간은 동물과 구별된다. 하지만 바로 그 언어 때문에 인간은 동물보다도 더 폭력적일 수 있다.

지젝은 『폭력이란 무엇인가』(2008)에서 책의 부제처럼 '폭력에 대한 6가지 삐딱한 성찰'을 시도한다. 그는 이 책에서 폭력을 주관적인 폭력과 객관적인 폭력으로 구분하고, 대부분을 객관적인 폭력의 분석에 할애한다. 그는 눈에 보이는 주관적 폭력보다는 주로 눈에 보이지 않는 객관적 폭력, 즉 상징적 폭력과 구조적 폭력에 관심을 기울여져야 한다고 주장한다. 왜냐하면 주관적 폭력은 가시적인 데다가 폭력의 주체와 객체, 그리고 폭력의 본질을 쉽게 파악할 수 있지만 객관적 폭력은 정상적인 상태에 내재하는 폭력으로서 눈에 잘 띄지 않기 때문이다. 또한 객관적 폭력은 혐오 표현이나 증오 범죄에서 보듯이 우리가 무엇을 주관적으로 폭력이라고 지각할 때 바로 그 기준점이 되기 때문이다.

사실 인간은 구조적 폭력의 결과에 대해 둔감하다. 이는 공산주의 범죄에 대한 논쟁들을 통해 명확하게 알 수 있다. 주관적 폭력의 단죄 과정은 잘못을 범한 행위자들의 주관적인 악행에 대한 처벌이기 때문에 범죄 사실만 입증하면 처벌이 쉽고 정당성을 확보할 수 있다. 스탈린의 숙청, 크메르 루주의 학살에서 알 수 있듯이 공산주의 범죄의 책임 소재는 가려내기 쉽다. 반대로 자유주의적 공산주의자들의 경우에는 판별하기 쉽지 않다. 지젝은 자유주의적 공산주의자의 예로 빌 게이츠, 조지 소로스, 토머스 프리드먼, 앤드루 카네기 등을 든다. 그들은 한편으로는 일반 대중을 억압하지만 다른 한편으로는 선행을 베푼다. 그들은 대중에게 위협을 가하면서 동시에 위협에 대한 치료책을 제시하기 때문에 그들의 악행을 감지하고 비판하기가 쉽지 않다. 지젝이 생각하기에 그들은 모든 진보적 투쟁의 적이다.

지젝은 '탈정치적 생명정치'에도 폭력의 기제가 작동된다고 주장한다. 탈정치적 생명정치는 낡은 이데올로기적 투쟁을 벗어나 인간 생활의 안전과 복지를 제도화하는 것을 최우선적인 과제로 삼는다. 탈정치화되고 사회적으로 객관적인 관리와 이해 조정을 정치의 기본값으로 설정하고 있는 현대 생명정치에서 사람들의 열정을 불러일으키고 적극적으로 동원할 수 있는 유일한 방법은 공포뿐이다. 피통치자들은 자신이 부당하게 희생자가 되거나 괴롭힘을 당할지도 모른다고 공포를 느끼고 추방당하지 않기 위해서 노력한다. 통치자는 겁에 질린 사람을 무섭게 몰아내고 대중을 '선택된 자'와 '배제된 자'로 구분한다. 대중들에게 선택받지 못했을 때의 공포를 의식화하는 것이다.

오늘날 타인에 대한 자유주의적 관용의 태도와 타자성에 대한 존중과 개방적 태도는 괴롭힘에 대한 강박적 공포와 묘한 대조를 이룬다. 타자를 인정하지만 그 타자가 우리를 침해하지 않을 때, 다시 말하면 그 타자가 진정한 타자가 아닐 경우에만 관용의 태도가 발현된다. 예컨대 '모든 인간은 형제이다'라는 기독교의 금언은 '형제애를 받아들이지 않는 자는 인간이 아니고 따라서 어떠한 폭력을 행사해도 문제가 되지 않는다'는 주장으로 환원된다. 레비나스에게 이웃이란 우리의 무조건적 존중을 받을 자격이 있는 전혀 헤아릴 수 없는 타자이다. 그러나 마찬가지의 논리로 우리의 존중을 받을 자격이 없는 사람은 이웃이 아니라는 명제가 도출된다. 이처럼 기독교의 보편주의의 편향적 태도는 비기독교도를 인류의 보편성 그 자체로부터 배제해버리고 스스로 정당성을 부여한다. 후기 자본주의 사회에서는 점차 괴롭힘을 당하지 않을 권리가 중요한 인권으로 부상하고 있는데, 이는 타인과 안전거리를 유지할 권리이다.

지젝은 존 롤스의 『정의론』(1971)도 비판한다. 롤스는 사회적 불평등은 사회에서 가장 낮은 지위에 속하는 이들에게도 도움이 될 때, 그리고 그 불평등적 지위가 세습에 의해서가 아니라 '자연적으로' 부여될 때 용인될 수 있다고 보았다. 하지만 지젝은 그런 주장을 펼친 롤스가 계급제를 자연적인 속성으로 정당화한다고 비판한다. 또한 인간에게는 근본적으로 '개인적인 원한'이 있는데 롤스가 이 부분을 간과했다고 비판한다. 지젝에 따르면, 사람들이 자본주의를 받아들일 만하다고 느끼는 가장 큰 이유는 역설적으로 자본주의가 공정하지 않기 때문이다. 즉 사람들은 자신의 실패가 열등한 자질 때문이 아니라 우연 때문이라고 자기정당화를 하기 때문에 불평등을 견딜 수 있다.

니체와 프로이트는 사람들이 평등을 정의로 간주하는 발상의 바탕에는 '부러움'의 감정이 있다고 보았다. 여기서 말하는 부러움이란 자신이 갖고 있지 못한 것을 가지고 있고 그것을 향유하는 타자에게 갖는 부러움이다. 따라서 정의의 추구는 결국 모두가 동등하게 '주이상스'를 누릴 수 있도록 타자의 과도한 향유가 박탈되어야 한다는 요구이다. 반면 이기주의자는 오로지 자기 자신의 이익만 생각하기 때문에 다른 사람의 불행에는 관심도 없고 관심을 가질 여력도 없다. 나쁜 사람의 가장 중요한 덕목은 자기 자신보다 남들에게 더 몰두한다는 점이다. 악은 희생을 통해 자기 자신의 행복을 포기하고, 타자가 누릴 자유를 박탈할 수만 있다면 희생을 감수할 각오에서 비롯된다.

주체적 폭력과 구조적 폭력 사이의 복잡한 관계가 말해주는 교훈은 폭력이 어떤 행위의 직접적인 속성이 아니라는 점이다. 폭력은 행위와 그 행위가 이루어진 맥락 사이에, 그리고 어떤 행동이 활동적인 것과 비활동적인 것 사이에도 퍼져 있다. 동일한 행위일지라도 그 맥락에 따라 폭력으로 간주될 수도 있고 비폭력으로 간주될 수도 있다. 실질적인 개선을 원한다면 우리에게 필요한 것은 정치개혁이 아니라 '무정치적' 사회적 생산 관계에서의 변화다. 이는 민주적 선거나 좁은 의미에서의 다른 정치적 수단이 아니라 혁명적 계급투쟁을 의미한다. 지젝은 민주주의에 대한 집착에서 벗어나야 한다고 주장한다. 대신 현실적인 대안으로 국가권력과는 거리를 두고 국가권력에서 통치권이라는 요소를 빼버린 자유로운 영역을 만드는 데 초점을 맞추자고 제안한다.

사람들이 말하는 진리는 객관적 진리가 아니라 자신의 주관적 입장을 반영하는 자기-관계적 진리이다. 따라서 주관적 진리는 참여적 진리로서 그것이 가지고 있는 사실의 정확성에 의해 평가되는 것이 아니라 그 진리를 말하는 자가 가진 주관적 입장에 미친 영향에 따라 평가된다. 라캉의 말처럼 그것은 '예' 또는 '아니오'로 쉽게 결정되거나 명징하게 해석될 수 있는 게 아니다. 또한 그 해석이 진리를 도출하는 것도 아니다. 진리가 자연스럽게 따라올 때만 실제로 참이다. 마르크스 이론의 핵심은 이론 자체보다도 그 이론이 시종일관 견지하는 프롤레타리아에게 나타나는 진리 효과다. 다시 말하면 마르크스 이론은 '프롤레타리아를 혁명적 주체로 전환시키는 진리-효과를 갖고 있느냐'가 바로 핵심이다.

지젝의 폭력론의 출발점은 라캉이다. 사실 라캉은 지젝의 철학적 목표이자 출발점이기도 하다. 다시 말하면 지젝은 주체와 타자라는 양자 관계 그 자체를 문제 삼으면서 삼항 관계를 중시하는 라캉을 자신의 철학적 사유의 출발점으로 삼는다. 그의 폭력론의 핵심은 데리다가 그랬던 것처럼 물리적인 것에 있는 것이 아니라 정신에 있다. 그러나 지젝의 폭력론은 데리다의 폭력론과 큰 차이가 있다. 주지하듯 데리다의 철학의 키워드는 '차연'(differance)이다. 차이와 지연의 합성어라고 할 수 있는 차연은 '의미의 미결정상태' 또는 '끊임없는 유예상태'를 가리킨다. 차연은 의미화를 거부하고 상징화에 저항하는 영역으로서 언제나 '미끄러진다.' 반면 지젝의 폭력론은 데리다와 마찬가지로 의미화에 대한 저항으로 출발하지만 그 의미가 분명하다. 누군가는 데리다와 지젝의 철학적 차이를 편지의 수신에 비유했다. 즉 데리다가 부친 편지는 언제나 다른 곳으로 향하지만 지젝이 부친 편지는 설사 오발신된 편지라 할지라도 언제나 정확하게 그 자리에 도착한다.

지젝은 현실적으로 해결하기 어려운 문제의 해결책은 '불가능한' 정책에서 비롯된다고 주장한다. 예컨대 그는 이스라엘-팔레스타인 문제의 해결책은 이스라엘이 서안지구와 가자지구에서 철수하고 팔레스타인 국가를 수립하도록 허용하는 것이 아니라 이스라엘이 팔레스타인들을 이스라엘의 국민으로 받아들이는 것이라고 말한다. 마치 '고르디우스의 매듭'에서 매듭을 푸는 것이 아니라 매듭을 자르는 것이 해결책인 것처럼 말이다. 또 다른 대안으로 그는 브레히트의 『코카서스의 백묵원』(1948)의 예처럼 이스라엘과 팔레스타인 모두 예루살렘에 대한 정치적 지배를 포기할 것을 제안하기도 한다. 결론적으로 말해 지젝의 문제 진단과 그가 제시하는 해법이 반드시 옳다고 할 수는 없지만, 최소한 그는 문제를 에둘러 피하지 않고 분명하게 자신의 목소리를 낸다. 자신의 또 다른 책 제목처럼 지젝도 늘 '불가능의 가능성'을 꿈꾼다. 그 점에 있어서만큼은 지젝은 진정한 철학자다.

공정한 세상을 만드는 원칙

『정의론』

최근 몇 년 동안 우리 사회를 가장 뜨겁게 달군 키워드를 꼽자면 '정의'와 '공정'일 것이다. '헬조선'이나 '흙수저'와 관련해서 벌어진 뜨겁고 치열한 담론들 역시 정의와 공정을 두고 벌어졌다고 해도 틀리지 않을 것이다. 지금으로부터 대략 십 년 전쯤 마이클 샌델의 『정의란 무엇인가』(2008)가 대한민국 지식계를 크게 뒤흔들었다. 존 롤스의 『정의론』(1971)의 번역자이자 『존 롤스 정의론』(2018)의 저자인 황경식은 당시의 소위 샌델 열풍에 대해 "우리의 현실이 정의에 대한 열망이 절실했기에 그만큼 '정의'라는 말이 주는 울림이 컸을 것이다. 그러나 그 역시 속절없는 바람처럼 잠시 스치고 지나간 일시적 현상이었을 뿐이다"라고 말한다. 한국어 번역본의 제목만 보면 『정의란 무엇인가』는 '정의'(justice)에 대한 '정의'(definition)일 것이라 예상되지만, 원제로 보면 이 책은 '무엇을 하는 게 올바른 것인가?'(What is the right thing to do?)로서 정의로운 행동의 본질에 대해 묻는다. 실제로 저자 샌델은 이 책에서 정의 자체를 논하기보다는 정의의 구현을 위해 어떻게 토론을 해야 하는지에 방점을 두고 있다. 그래서 누군가는 이 책을 가리켜 "정의(正義)보다는 쟁의(爭議)가 무엇인가, 쟁의는 무엇을 위해 어떻게 해야 하는 것인가를 묻고 배우는 책에 가깝다"라고 말한다. 황경식은 『정의론』의 입문서 격에 해당되는 『존 롤스 정의론』에서 "한국 사회가 이다지 부정의한 것은 제대로 된 정의의 이론이 없어서가 아니라 정의를 실현하고 실행할 의지나 역량이 부족해서"라고 말한다.

2019년 대한민국 사회를 정의와 공정이 집어삼켰다고 해도 과언이 아니다. 소위 '조국 사태'를 계기로 대한민국은 정의와 공정을 두고 첨예하게 대립했다. 정의와 공정을 주제로 온라인과 오프라인에서 헤아릴 수 없을 정도로 많은 토론과 논쟁 벌어졌다. 한쪽에서는 정의와 공정을 침해했다고 공격하고, 다른 한쪽에서는 결코 그렇지 않다고 적극적으로 방어에 나섰다. 조국 사태를 둘러싸고 벌어진 정의와 공정의 논쟁은 이념의 갈등으로까지 치달았다.

국어사전에 따르면 정의는 '개인 간의 올바른 도리 또는 사회를 구성하고 유지하는 공정한 도리'를, 공정은 '공평하고 올바름'을 가리킨다. 정의에 대한 사전적인 의미로 본다면 정의와 공정이 논쟁이나 갈등의 대상이 결코 되지 않을 것처럼 보인다. 정의와 공정 대신 부정의와 불공정을 선택하거나 선호하지는 않을 테니 말이다. 그럼에도 정의와 공정을 둘러싸고 벌어지는 논쟁은 그칠 기미를 보이지 않는다. 그런데 곰곰이 생각해보니 논쟁과 갈등의 가장 큰 원인은 '올바르다'와 '공평하다'는 개념의 기준에서 비롯되는 것 같다. 올바름과 공평함의 기준이 개인마다 다르고 때에 따라 다르다. 그렇기 때문에 어쩌면 지금이야말로 '정의란 무엇인가?'라는 질문을 할 때인지 모른다. 아니 지금이야말로 정의에 대한 객관적 정의와 기준, 그리고 그것을 실행하고 실천할 방법을 모색할 때인지 모른다.

개인적인 생각에 지금은 샌델의 『정의란 무엇인가』보다는 롤스의 『정의론』

이 더 필요한 때다. 그런데 『정의론』이 그렇게 만만한 책이 아니다. 두께도 어마어마한 데다가 내용 또한 쉽지 않다. 따라서 이 글에서는 황경식의 『존 롤스 정의론』을 경유해서 롤스의 『정의론』을 읽어보려 한다. 먼저 저자는 '정의란 무엇인가?'라는 질문 대신 '왜 정의를 논해야 하는가?'라는 질문을 던진다. 즉 정의의 정의보다도 정의의 필요성에 대해 살펴볼 것을 요구한다.

'인간은 사회적 동물이다'라는 말에서 알 수 있듯이, 인간은 혼자서 살 수 없고 서로 도움을 주고받으며 살아간다. 사실 도움의 양으로 보면 주는 것보다는 받는 게 더 크다. 받은 도움을 사회적 빚이라고 한다면 우리는 사회에 빚을 지고 있고 당연히 그 빚을 갚을 의무가 있다. 그런데 그 사회적 빚의 수준과 정도는 모든 사람에게 동일하게 적용될 수 없다. 더 많은 부채를 지고 있는 사람은 당연히 더 많은 것을 지불하고 상환해야 한다. 부채 상환의 공정한 기준이 필요한데, 그 기준이 바로 정의다. 정의의 실현은 곧 부채 상환이다.

정의의 실현을 위한 바람직한 실제적 방법은 물리적 힘을 바탕으로 하는 외적 강제보다는 공평한 사회계약에 따라야 한다. 계약에서 공평이란 상호 이익과 책임의 균등을 의미한다. 장 자크 루소는 『사회계약론』(1762)에서 "우리 각자는 그 인격과 권력을 일반 의지의 최고 지배 아래 두어야 한다"라고 천명했는데, 그가 말하는 일반 의지는 법률이고 법률은 사회계약에 있다. 롤스의 정의론은 루소의 사회계약론에서 출발한다. 사회가 유지될 수 있는 것은 사회유지에 관한 암묵적인 합의, 즉 사회계약이 있기 때문이다. 계약은 일정한 목적을 추구할 때 생겨나는 것으로서 이에 따라 개인에게 책임을 부과하고 때로는 자유를 제한한다.

그런데 문제는 인간이 똑같은 환경과 조건에서 태어나지 않는다는 데 있다. 즉 누군가는 좋은 환경과 조건에서 태어나고 또 다른 누군가는 그렇지 않은 환경과 조건에서 태어난다. 그래서 인생이라는 경기가 원칙적으로 불평등한 경기가 된다. 롤스는 원천적인 불평등을 설명하면서 '운'이라는 개념을 도입했다. 그는 운을 태어날 때부터 본인이 타고나는 천부적 능력과 같은 자연적 운과 좋은 부모나 가정을 만나 얻은 사회적 지위 등과 같은 사회적 운으로 구분했다. 그는 자연적 운이건 사회적 운이건 간에 그것들은 도덕적 정당성이 없기 때문에 정의를 논의하기 위해서는 운의 중립화가 선행되어야 한다고 보았다. 이처럼 운의 중립화는 『정의론』의 핵심이자 출발점이다.

롤스는 모든 사람에게 공정한 기회균등을 보장하는, 이른바 '공정으로서의 정의'를 구상하고 이를 보증해줄 사회 구조 내지 사회 체제를 모색한다. 그는 '최소 수혜자 최우선 배려'를 통해 정의로운 사회를 구상한다. 그가 생각한 이상적인 사회는 실질적 기회균등이 보장된 자유주의 사회다. 자유주의 사회는 형식적 기회균등이 보장되는 자유방임사회와 차별된다. 자유방임사회는 자연적인 자유 체제로서 효율성을 중시하고 자연적 운과 사회적 운을 방치한다. 반면 자유주의 사회는 자유주의적 평등 체제로서 자연적 운은 방치하지만 사회적 운은 완화하려 한다. 요컨대 롤스가 생각한 정의로운 사회는 운의 중립화와 최소 수혜자의 최우선 배려를 전제로 공정한 기회균등의 사회다. 이 사회는 민주적 평등 체제이고, 절차적 정의와 결과적 정의의 보완을 통해 자연적 운과 사회적 운이 완화된다.

롤스의 정의론은 '자유주의적 평등'으로 정리될 수 있다. 그는 엄밀한 논증을 통해 정의의 두 원칙을 도출한다. 제1원칙은 '평등한 자유의 원칙'이고, 제2원칙은 '차등의 원칙'이다. 평등한 자유의 원칙은 말 그대로다. 그 원칙에 따르면, 각 개인은 다른 사람들의 유사한 자유 체계와 양립할 수 있는 평등한 기본적 자유의 가장 광범위한 체계에 대해 평등한 권리를 가져야 한다. 차등의 원칙은 불평등의 조건을 정식화한 것이다. 그런데 사회적·경제적 불평등은 다음 두 조건을 만족시켜야 한다. 즉 정의로운 저축 원칙과 양립하면서 최소 수혜자에게 최대의 이익이 되어야 하고, 공정한 기회균등의 조건 아래 모든 사람들에게 개방된 직책과 직위가 결부되어야 한다. 다시 말해서 제1원칙은 평등한 시민의 기본적 자유가 희생되는 것을 거부하는 롤스 이론의 자유주의적 핵심을 찌른다. 제2원칙은 자유주의적 자유들이 사회적으로 불리한 처지에 있는 이들에게 유명무실한 공수표가 되지 않게 하기 위한 선행 조건이다. 그렇기 때문에, 황경식에 따르면, 자유주의적 평등 혹은 평등주의적 자유를 주창한 롤스는 "고전적 자유주의와 사회주의 간의 간격을 좁히는 방식을 제시한 첫 번째 철학자라고 할 수는 없"겠지만 "자유주의 철학의 오랜 전통의 연장선에서 로크보다 더 평등주의적이고 마르크스보다 더 자유주의적인, 그야말로 자유주의적 평등의 이념을 옹호"한 철학자다. 그런데 롤스는 자유주의자들로부터는 평등주의자라고 비판을 받았고, 마르크스와 같은 공산주의자들로부터는 자유주의자라고 비판을 받았다.

『정의론』은 근대 정치 철학의 눈부신 성과 이후 한동안 단절되었던 정치철학을 부활시킨 고전적 저작으로서 제목 그대로 '사회 정의의 원칙이 무엇인가?'라는 정치철학의 근본 문제를 다루고 있다. 앞에서 살펴본 것처럼 롤스는 '공정으로서의 정의'라는 자신의 정의관을 명시적으로 제시한다. 하지만 그는 여기에 머물지 않는다. 황경식에 따르면, 롤스는 "『정의론』에 대한 해명인 동시에 자유주의 이념에 대한 자신의 입장을 옹호하는" 『정치적 자유주의』(1993)에서는 중첩적 합의와 공적 이성과 같은 개념을 도입하여 계약의 안정성 및 민주적 정당성과 같은 정치철학적 주제를 본격적으로 다루고 있다. 『만민법』(1999)에서는 한 국가를 모형으로 자신의 정의관을 국제관계에까지 적용한다.

정치적 자유주의를 국제사회에 적용함으로써 세계화된 정의론을 전개한다. 특히 정치적 자유주의의 기본 이념을 관용의 관점에서 논하고, 민주적 평화론을 강력하게 개진한다. 롤스가 말하는 민주적 평화론이란 칸트의 영구평화론에서 시작된 것으로서 민주주의 국가들 사이에서는 전쟁이 거의 발생하지 않는다는 입장이다. 요컨대 『정의론』, 『정치적 자유주의』, 『만민법』에 나타나는 롤스의 일관된 관심은 "민주 사회를 위한 가장 적합한 도덕적 기초"를 제공하는 것이라고 말할 수 있다.

롤스의 『정의론』은 영미 정치철학계의 패러다임에도 큰 변화를 가져왔다. 사실 1970년대까지 영미 정치철학에서는 분석철학이 주류를 형성했다. 그런데 『정의론』의 출간과 더불어 '규범적 전환'이라고 일컬어질 정도로 규범적인 논쟁들이 봇물을 이루게 된다. 이 논쟁들은 크게 '규범윤리학 방법론 논쟁', '자유주의 내부의 복지국가 논쟁', '국가의 중립적 논쟁' 그리고 '민주적 정당성 논쟁'으로 구분된다. 이 논쟁들은 모두 롤스의 정의론과 직간접적으로 연결되어 있다.

논쟁의 양상을 자세히 살펴보면 이렇다. 먼저 규범윤리학 방법론 논쟁이란 윤리학의 가장 기본적인 개념인 '옳음'(the right)과 '좋음'(the good)에 대한 규정 및 그 상관관계에 대한 논쟁으로서 주로 공리주의자들과의 논쟁이다. 공리주의자들은 결과론자들로서 '좋음'이 우선이지만 칸트는 '옳음'이 우선이다. 반면 롤스는 '좋음에 대한 옳음의 우선성'을 강조한다.

권리 중심 자유주의 내부의 복지국가 논쟁은 자유지상주의자들과의 논쟁인데, 대표적인 자유지상주의자로 로버트 노직을 들 수 있다. 그들이 생각하기에 정의에서 본질적인 것은 '경제적 평등'이 아니라 '소유할 수 있는 자유'다. 그들은 자유로운 경제활동에서 불평등은 불가피한 것이고, 불평등을 평등으로 되돌릴 때 개인의 자유는 부정될 수밖에 없다고 보았다. 즉 그들이 생각하기에 자유와 평등은 결코 양립할 수 없다.

국가의 중립성 논쟁은 대체로 공동체주의와의 논쟁이다. 이 논쟁은 자유주의 정치철학에서 피할 수 없는 문제다. 그런데 롤스는 이 문제를 시종일관 '좋음에 대한 옳음의 우선성'이라는 관점에서 접근하고 있다. 그는 두 가지 주장을 전제한다. 첫째, 개인의 권리가 공동체의 이익에 우선한다. 둘째, 정의의 원칙이 특정 가치관에 의존하지 않는다. 하지만 공동체주의자들은 개인의 이익보다는 공동체의 가치에 방점을 둔다. 그들은 자유주의가 인간의 규범 또는 윤리적 가치를 적절하게 평가하지 않고 공동체적 관계를 계약적 관계로 파악해 결국 인간을 도덕적 빈곤 상태로 몰고 간다고 주장한다.

마지막으로 민주적 정당성 논쟁은 곧 정치적 자유주의와의 논쟁이다. 롤스는 자신의 정의관에 대한 공동체주의자들의 비판에 답하는 대신 자신의 과제가 "민주사회를 위한 가장 적합한 도덕적 기초"를 마련하기 위한 것이었다는 점을 재확인한다. 그는 『정의론』에서 도덕철학과 정치철학의 구분이 이루어지지 않았다는 점을 가장 먼저 지적한다. 그는 현대 민주주의 사회의 불가피한 현실, 즉 다원주의 문제 때문이라고 파악하고 이를 두고 '합당한 다원주의'라고 말한다. 합당한 다원주의란 한 사회 내에 다양한 포괄적 교설들이 공존하면서 서로 경쟁하며 갈등하는 상황이다. 그는 이런 상황을 부정적으로 바라보지 않고 인간의 이성이 자유롭게 발휘된 불가피한 결과라고 파악한다.

현재 우리나라를 움직이는 두 가지 동력은 정치적으로는 '자유민주주의', 경제적으로는 '시장경제'다. 개인적으로 하나 더 꼽으라면 '다원주의'다. 자유민주주의와 시장경제, 그리고 다원주의를 따르는 사회에서는 개인의 자유를 과도하게 규제하는 도덕 체계를 내세우기보다는 개개인의 가치관을 자유롭게 추구하면서도 타인의 기본적인 자유와 권리를 존중하는 공정하고 정의로운 공동체를 세우는 게 무엇보다도 중요하다. 그렇게 하기 위해서는 먼저 나와 남이 다르다는 것을 인정해야 한다. 내가 맞고 남이 틀린 게 아니라 단지 서로 다를 뿐이다. 서로 다르다는 것을 인정하는 태도가 바로 다원주의의 요체다. 서로 다르다는 것을 인정하기 위해서는 상대방에 대한 '관용'의 태도가 필요하다. 관용은 궁극적으로는 공정과 정의에도 영향을 끼친다.

요즘 '선택적 공정'과 '선택적 정의'라는 말이 많은 사람들 입에 오르내린다. 사람들은 어떤 문제에 대해서는 공정과 정의를 외치면서 다른 문제에 대해서는 침묵하느냐고 서로 비판한다. 그런데 종종 그 비판은 부메랑처럼 비판한 당사자에게 돌아오기도 한다. 그 이유는 앞에서 말했듯이 공정과 정의의 기준이 사람마다 다르고 때에 따라 다르기 때문이다. 공정과 정의는 법처럼 구체적이고 명시적이지 않고, 도덕이나 윤리처럼 포괄적이고 때로는 함축적이다. 공정과 정의는 상식에 바탕을 두고 있지만 상식 또한 공정과 정의처럼 사람마다 다르고 때에 따라 다르다. 그렇다고 해서 공정과 정의의 기준을 법처럼 만들 수도 없다. 그렇게 되면 법이 사람을 위해 존재하는 게 아니라 사람이 법의 지배를 받게 된다.

지금 우리 사회는 공정과 정의의 토대가 흔들리면서 개인, 더 나아가 공동체 전체에 대한 믿음도 흔들리고 있다. 다양한 사회적 갈등으로 많은 사람들이 고통을 받고 있고 치르지 않아도 될 사회적 비용을 치르고 있다. 계층 간 갈등은 물론이고 세대 간 갈등 또한 심각하다. 지금의 이런 여러 가지 어려운 문제와 갈등은 할리우드 영화에 나오는 슈퍼히어로나 불세출의 뛰어난 지도자에 의해 해결될 수 없다. 갈등은 단어 그대로 '서로 얽혀 있는 것'이기 때문에 해결책은 없애는 것이 아니라 푸는 것이다. 그리고 풀었다고 하더라도 시간이

지나면 다시 얽힌다. 다시 말하지만 갈등은 해결하는 것이 아니라 풀고 조정하는 것이다. 갈등을 풀고 조정하는 것은 법의 힘보다는 상식에 바탕을 둔 공정과 정의다. 바로 지금이야말로 공정과 정의에 대해 고민하고 그 원칙을 세울 때다. 롤스의 『정의론』이 공정과 정의에 대한 완벽한 모범 답안이 될 수는 없지만, 공정과 정의에 대해 고민하고 실천적 방법을 고민하는 출발점은 충분히 될 수 있다.

유토피아는 미래가 아니라 현재다

『도래하는 공동체』

토머스 모어는 『유토피아』(1516)에서 현실에는 존재하지 않는 이상적인 사회를 상상했다. 그는 유토피아의 조건으로 사유재산의 부정, 계획적인 생산과 소비, 인구 배분의 합리화, 사회적 노동의 계획화, 노동 조건의 개선, 소비의 사회와 실현 등을 들었다. 그가 꿈꾸는 사회에서 개인은 무한한 자유와 평등을 보장받고 필요한 시간만큼만 일하고 나머지 시간에는 자신이 원하는 활동을 할 수 있기 때문에 원한다면 누구나 인간다운 삶을 영위할 수 있다. 사실 유토피아(utopia)는 영어로 '그 어디에도 없는 곳'(nowhere)이라는 뜻이지만 『유토피아』에 나타난 모어의 세계관은 보다 구체적이고 분명하다. 그가 생각하는 유토피아는 곧 '미래에 대한 낙관적인 전망'으로 수렴된다.

올더스 헉슬리의 『멋진 신세계』(1932)에서 그려지는 미래 사회는 과학이 최고도로 발달한 사회로서 개인에게 물질적인 풍요로움을 제공한다. 하지만 사회는 개인의 모든 면을 관리하고 지배한다. 가족이라는 유대 관계는 상실되고 심지어 출생과 죽음, 그리고 개인의 자유까지 통제한다. 죽음까지도 익숙해지도록 길들이기 훈련을 받는 '멋진 신세계'에서 인간은 최소한의 존엄성과 인간적 가치, 스스로 생각할 자유마저 박탈당한다. 그곳 사람들은 태어날 때부터 다섯 계급으로 나뉘어, 인류를 '맞춤형'으로 대량 생산한다. 하나의 난자에서 수십 명의 일란성 쌍둥이들이 태어나고, 그렇게 태어난 그들은 끝없이 반복되는 수면 학습과 세뇌를 통해 어떠한 의문도 갖지 않고 정해진 운명에 순응한다. 심지어 그들은 노화도 겪지 않고, 책임도 도덕도 없이 문란하게 성관계를 맺고, 정신적인 외로움도 느끼지 않는다. 그들에게는 오로지 쾌락과 만족감만 있을 뿐이다. 정해진 노동 시간 이외에는 단순한 자극으로만 이루어진 오락들로 꽉 짜여 있으며, 혹 나쁜 기분이 들거나 고통스러운 일을 겪으면 그들은 항상 소마(SOMA)라는 가상의 약을 통해 즉각적인 쾌감을 경험한다. 『멋진 신세계』의 미래 사회는 단어가 가리키는 것과는 정반대로 실제로는 전혀 멋지지 않기 때문에 유토피아와는 정반대의 의미로 '디스토피아'(dystopia)라고 불릴 수 있다. 디스토피아는 암울하고 어두운 미래 세계다.

그런데 문득 그런 생각이 들었다. 우리가 앞으로 살 미래 사회는 예정된 대로 오는 것일까? 아니면 우리의 의지와 노력으로 바뀔 수 있는 것일까? 그리고 좋은 사회는 좋은 개인이 만드는 것일까? 아니면 좋은 개인이 좋은 사회를 만드는 것일까? 개인적으로 꽤 오랫동안 고민했지만 아직도 이 질문들에 대한 답을 쉽게 내릴 수 없다. 어떤 때는 인간의 의지와 노력으로 세상이 더 좋게 바뀔 수 있다는 생각이 들지만 또 어떤 때는 세상은 이미 정해져 있기 때문에 인간의 의지와 노력은 아무 소용없다는 비관적인 생각이 들기도 한다. 개인과 사회의 관계도 마찬가지다. 좋은 개인이 좋은 사회를 만든다는 생각이 들다가도, 결국 개인은 사회의 구성원으로 사회의 영향을 많이 받기 때문에 좋은 사회가 좋은 개인을 만든다는 결론에 이르게 된다.

예전에 읽었던 책을 다시 꺼내 들었다. 조르조 아감벤의 『도래하는 공동체』(1990)라는 책이다. 그때 이 책을 읽고 쓴 글이 있어 찾아보니 2014년이었다. 이 책이 국내에서 출판된 날짜가 2014년 1월 12일이고, 늘 다니는 도서관에 입고된 날짜가 2014년 1월 17일이니까, 아마도 최초 대출자였을 것 같다. 당시 이 책을 선택한 이유는 『호모 사케르』(1995)를 기점으로 국내에 소개되기 시작한 철학자 아감벤에 대한 관심과 얇은 책 두께 때문이었다. 대부분의 철학책은 내용도 내용이지만 두께가 어마어마한데, 이 책은 옮긴이의 말을 제외하면 150쪽 정도밖에 되지 않는다. 하지만 아감벤의 여느 책이 다 그런 것처럼 이 책이 담고 있는 내용과 주제는 절대 가볍지 않다. 이 책은 하나의 큰 주제가 관통하는 것이 아니라 20개 정도에 달하는 소제목에 대한 단상으로 구성되었기 때문에 흐름을 파악하기도 쉽지 않다. 각각의 주제는 논리적인 일관성이 없다. 책을 읽고 난 뒤에도 무슨 말인지 도통 알 수가 없다.

1990년에 이탈리아어로 처음 출간된 『도래하는 공동체』는 아감벤의 초기작은 아니지만 본격적인 정치철학자로서 자신의 면모를 처음으로 드러낸 작품이다. 이 책은 아감벤에게 세계적인 명성을 안겨 준 '호모 사케르' 연작들이 탄생하는 정치철학 시기의 출발 선상에 있는 책이기도 하다. 총 19개의 함축적인 사유의 단상들로 이루어진 이 책은 이후 왕성하게 전개되는 아감벤의 정치철학서들을 이해하는 원천으로서의 의미를 지닌다. 옮긴이의 말처럼 『도래하는 공동체』는 많은 것을 약속하지만 그 약속을 실현하는 책은 아니다. 다시 말하면 이 책은 책 제목이 암시하듯, 어떤 도래하는 공동체를 모색하고 선언하고 예고하지만, 그 도래하는 공동체의 모색과 선언과 예고는 필연적으로 아감벤의 앞으로의, 즉 도래하는 저작들에게로 계속해서 전가된다. 그런 점에서 『도래하는 공동체』는 이후 전개될 아감벤의 정치적 프로그램의 모색이자 선언이자 예고로 읽힌다.

적어도 두 가지 의미에서 그렇다. 첫째, 『도래하는 공동체』에는 아감벤이 그후 집필한 큼직큼직한 저작에서 상술되고 심화될 테마들, 예컨대 잠재성, 바틀비, 사케르, 예, 삶의 형태/형식, 세속화, 자유로운 사용, 스펙터클 등이 압축적이면서도 암시적으로 제시되어 있다. 그의 다수의 저서에서 기다랗고 폭넓게 방사되는 사유의 물줄기들이 어떤 파편적인 결정 상태로 응축되어 있다. 둘째, 『도래하는 공동체』는 이론적 비판서라기보다는 정언적 선언에 가깝다. 『호모 사케르』와 『예외 상태』(2003)와 같은 저작들이 문헌학적이면서도 정치철학적인 비판 정신에서 현대의 인간 삶/생명이 처한 주권의 아포리아적 상황을 논한다면, 『도래하는 공동체』는 이러한 상황을 극복하는 삶의 형태/형식을 존재론의 관점에서 정식화한다. 다시 말해 『도래하는 공동체』는 '호모 사케르' 연작을 포함한 그의 저서들에서 부정성/수동성의 형태로 암시되는 새로운 정치의 가능성 내지는 새로운 삶의 형식의 출발점이 된다. 그런데 이 책에서는 그 출발점이 대체로 긍정성/적극성의 형태로 명시되고 있다는 점에서 '호모 사케르' 연작들과 대별된다. 바로 그 점 때문에 『도래하는 공동체』는 아감벤의 정치철학적 관심이 두드러지는 저서들 중에서도 독특한 위치를 차지한다.

『도래하는 공동체』는 20세기 공산주의 실험의 공공연한 실패를 목도하면서 1980년대 초 프랑스 지식인들을 중심으로 새로운 공동체, 코뮌주의의 가능성을 모색하던 사유의 흐름에 합류한다. 예컨대 알랭 바디우는 『철학과 사건』(2010)에서 마오와 스탈린의 실패에 대해 다음과 같이 말한다. "마오와 스탈린은 다르다. 마오는 당-국가가 진정한 평등을 조직하는 데 무능하다는 것을 깨달은 반면, 스탈린은 당과 국가를 동일시했다. 마오는 공산주의적 운동

없이 공산주의는 없다며 마르크스의 발상으로 돌아갔다. 스탈린의 공산주의 국가는 마오가 보았을 때는 모순어법이며 터무니없는 말이다." 그것은 각각의 특이성들이 동일성과 전체성으로 환원되지 않으면서도 공동성을 이룰 수 있는지의 문제로 요약된다. 낭시와 블랑쇼가 '함께 있음'의 문제를 사유하기 위해 조르주 바타유가 제시한 타인의 죽음에 대한 경험에서 출발하고 있다면, 아감벤에게 그 문제는 '임의적 특이성'의 형상을 발굴해 냄으로써 가닥이 잡힐 수 있는 것으로 보인다.

『도래하는 공동체』에서는 '임의성', '임의적'이라는 단어가 계속 등장한다. 개념적으로 쉽게 잡히지 않는, 아니 개념이나 실체에 포섭되기를 거부하는 그 '임의적 특이성'의 형상들은 놀랍게도 무척이나 다양하다. 그것은 바로 열아홉 편의 단상에서 매번 새롭게 등장한다. '그것이 무엇이든 간에 상관없는'이라는 뜻으로 보통 이해되어 왔던 임의성이라는 개념에서 아감벤은 범주가 아니면서도 다른 범주들을 조건 짓는, 특정한 집합에 귀속되지 않으면서도 그렇다고 아무런 귀속이 없는 것도 아닌 상황, 즉 귀속성 그 자체, 공통성 그 자체만을 갖는 형상을 발견한다. 임의성은 보편적인 것도 특수한 것도 아니며 그 존재가 존재하는 대로 자신을 노정하는 '특이적인 것'과 조우한다. 다시 말해 이러한 '임의적 특이성'은 자기 자신의 가능성과 잠재성으로서 존재하는 존재를 말한다. 아감벤은 이러한 '임의적 특이성'을 도래하는 공동체에 자리를 잡게 될 존재 양태로서 제시한다.

임의적 특이성이 불러내는 도래하는 공동체는 "어떤 실체나 본질이 상정되지 않고 존재의 가능성 그 자체가 긍정되는 인간의 삶이 처음으로 가능하게 되는 곳"일 것이다. 아감벤은 『도래하는 공동체』에서 어떤 정체성에도 귀속되지 않으면서 공동체를 이룰 수 있는 삶의 형태 또는 형식을 발견하고자 한다. 이는 행복한 삶을 사는 것이 곧 존재의 윤리라는 그의 정치철학적인 관심에서 비롯된다. 아감벤은 이런 행복한 삶의 실현을 마르크스주의에서 혁명 주체로서 결코 고려된 적이 없었던 소시민 계급에서 생명 정치적 구분에 근거하는 정체성 정치를 종식시킬 수 있는 잠재성을 발견한다. 아감벤은 기존의 정체성 정치로는 호모 사케르를 양산하는 국가·사법 체제에 어떤 균열도 가할 수 없다고 본다. 오히려 그는 아무것도 내세우지 않는 소시민 계급에 기대를 걸고 있는 듯하다.

하지만 아감벤은 소시민 계급을 "세계의 상속자이고 인류가 허무주의를 이기고 살아남은 형태"라고 말한다. 파시즘이나 나치즘에서처럼 잘못된 민중적 정체성에 사로잡힌 소시민 계급의 경우도 있었지만, 그들과 다른 '행성적인 소시민 계층'은 그런 망상과는 일찍이 결별하고 식별 가능한 어떤 사회적 정체성도 거부하는 프롤레타리아적 태도를 전유하고 있다. 소시민 계급은 오직 비고유한 것과 비진정한 것만을 알고 있으며 심지어는 자신에 고유할 수도 있었을 담화의 개념도 거부한다. 이 지구에 차례로 거주했던 민중들과 세대들에게 참과 거짓을 구성했던 것이 소시민 계급에서는 어떤 의미도, 어떤 표현과 소통상의 가치도 갖지 않는다. 세계사의 희비극을 특징지었던 그 다양성은 소시민 계급 안에서 한데 모여 판타스마고리아적인 공허함 속에서 노정된다.

『도래하는 공동체』에서는 "선(善)이 악(惡)의 포착에 다름 아니고, 진정성과 고유성이 비진정성과 비고유성 외에 어떤 다른 내용도 갖지 않는다"는 말이 암시하듯, 자본주의 디스토피아와 다른 공동성의 유토피아는 대칭의 자리에서 평행을 이루며 존재하는 것이 아니다. 아감벤은 도래하는 공동체를 미래의 유토피아로 오해되어서도 안 된다고 말한다. 혁명은 자본주의를 부수고 새로운 세계를 만드는 것이 아니라 도래하는 것이다. 아감벤의 유토피아는 세속화된 세계 밖에서부터 다가오는 어떤 공동체가 아니라 전적으로 세속적인 삶의 형식이며 자본주의적 물신성의 극한인 전적으로 '거꾸로 뒤집힌 사회', 즉 스펙터클 시대에서 해방의 계기가 산출되는 비전이다.

우리는 언제나 지금의 세계 질서와 다른 무엇이 도래하기를 간절히 기다리고 있다. 그 다른 무엇은 보통 '새로운 공동체와 삶의 형식으로 표상된다. 그렇다면 지금의 세계 질서는 과연 무엇일까? 자본주의, 그중에서도 '약탈적인' 신자유주의다. 신자유주의는 불안정성을 일상화한다. 불안정성의 일상화는 미래에 대한 손상된 감각, 그리고 질병이나 인간의 유한성과 같은 것들에 대한 극도의 불안감을 포함한다. 역설적으로 안정 우선적인 합리성의 이름으로 불안정성이 강화된다. 불안정한 인구를 증가시키는 것은 안정과 안보 중심 체제의 확장을 정당화한다. 불안정성은 '약탈'에 대한 두려움이기도 하다.

주디스 버틀러와 아테나 아타나시오우는 『박탈』(2013)에서 박탈이 단순히 자신의 소유물을 빼앗기는 상태만을 의미하지 않는다고 말한다. 그들은 박탈을 탈취적 박탈과 관계적 박탈로 구분한다. 관계적 박탈은 일반적인 의미의 탈취적 박탈과 다르게 타자가 처한 상황, 주로 타자의 고통에서 비롯되는 좌절과 절망감을 의미한다. 그들은 전 지구적인 박탈의 원인으로 신자유주의적 세계화, 민족주의, 인종차별, 이성애 중심적 규범성, 여전히 이어지고 있는 원주민에 대한 식민주의적 수탈 등을 꼽는다. 그리고 그 해결책으로 타자와의 관계성 복원을 제시한다.

버틀러와 아타나시오우의 주장에 따르면, 박탈당한 민중은 서로 연대해 특정 장소를 점거하는 거리 정치나 육체 정치에 의미를 부여해야 한다. 박탈당한 이들, 혹은 박탈의 위험에 처해 있거나 규범에 의해 이해 불가능한 존재로서 배제된 이들이 정치적 주체로 거리에 나설 때 비로소 불안정성을 야기하는 구조와 조건들을 끝낼 수 있다. 물론 이와 같은 육체 정치를 통한 수행성의 정치는 상대방의 취약성과 상처에 대해 반응하고, 서로에 대한 책임감을 가질 때 가능하다. 결과적으로 자본주의가 세상 끝까지 밀어붙인 이 디스토피아적 어둠 속에서 유토피아적 공동체의 도래를 상상할 수 있다. 앞에서 한 질문을 반복하자. '좋은 개인이 좋은 사회를 만드는 것일까?', '좋은 사회가 좋은 개인을 만드는 것일까?' 이 질문들에 대해서는 여전히 대답하기 쉽지 않다. 그렇다면 의문문의 문장을 당위적 서술문으로 바꿔보면 어떨까. 이렇게 말이다. "좋은 개인을 만드는 좋은 사회를 만들어야 한다."

새로운 **세계**를 향해

『세기』

프랑스의 대표적인 철학자 알랭 바디우의 철학에서 핵심적인 개념은 그의 주저 『존재와 사건』(1988)이 말해주듯이 '사건'과 '진리'다. 그런데 철학자 이진경의 말을 빌리면, 바디우가 말하는 사건은 일상적인 사건이 아니라 "있어도 평소엔 보이지 않던 것들이 어느 날 갑자기 솟구쳐 오르는 것, 혹은 예상하거나 기대하지 않았던 것이 갑자기 도래하는 것"이다. 그 사건이 기존의 지식이나 관념을 벗어나고, 그것들과 간극을 만들고 대결하며 자리를 만들어 가는 활동과 그런 활동의 충실성을 '진리'라고 정의한다. 그리고 이처럼 충실성을 갖고 사건의 진리를 만들어가는 존재를 '주체'라고 부른다.

앞서 말한 사건과 유사하게 기존의 체계 안에 자리가 없지만, 그렇기에 기존의 체제에 균열과 간극을 만들어 낼 수 있는 어떤 것을 정신분석학에서는 '실재'라고 부른다. 실재는 우리가 통상 '현실'이라고 부르는 것과 다르다. 현실이란 "알 수 없는 게 아니라 알 수 있는데 미처 생각하지 못한 것, 그래서 조금만 신경 쓰면 알 수 있는 것"을 가리킨다. 현실은 지배적인 가치 체계나 질서를 뜻한다. 반면 실재는 가치나 의미를 지니지 않고 "현실의 바깥에 있는 것, 그래서 저기 있어도 보지 못하거나 억지로도 피해가려는 그런 것"이다.

현대 프랑스 철학계와 지성계를 대표하는 바디우는 데리다 이후 국제적으로 가장 저명한 프랑스 철학자 중 한 명이다. 그는 젊은 시절에는 사르트르주의자였고, 이후에는 알튀세르의 철학적 작업에 참여했다. 하지만 그는 '68혁명'을 계기로 알튀세르와 결별하고 마오주의에 투신하며 확고한 마오주의자로 거듭난다. 하지만 마오주의가 프랑스에서 쇠퇴하자 여러 다른 철학적 가능성을 타진한다. 바디우는 『세기』(2005)에서 20세기 정치, 사회, 문화, 예술 등 여러 분야에서 발생한 수많은 사건들을 하나로 묶어주는 것이 무엇인가를 탐색한다.

『세기』는 1998년부터 2001년에 걸쳐 바디우가 국제철학학교에서 진행한 세미나 모음집이다. 이 책은 총 13개의 챕터로 구성되어 있다. 「방법에 관한 물음」으로 시작해, 「금수(禽獸)」, 「화해하지 못한 것」, 「새로운 세계, 좋다, 하지만 언제?」, 「실재에 대한 열정과 가장의 몽타주」, 「하나가 둘로 나뉜다」, 「성의 위기」, 「아나바시스」, 「일곱 가지 변화」, 「잔혹함」, 「아방가르드」, 「무한」을 경유해 「인간과 신이 함께 사라짐」으로 끝난다. 그는 이 책에서 독자들에게 '세기란 무엇인가?', '정말로 세기는 시작되었으며 또 정말로 세기는 지나갔는가?', '이 질문들을 철학적으로 어떻게 사유해야 하는가?' 등과 같은 철학적인 질문을 던진다. 하지만 이 질문들은 독자들에게 답을 요구하는 질문들이 아니라 자신의 철학적 화두, 즉 자신에게 향하는 질문들이다. 그의 철학적 방점은 '지난 세기 동안 사람들은 무엇을 사유했는가?'라는 질문에 찍힌다. 자신이 한 그 질문에 대해 답하기 위해 그는 시, 철학적 단편, 정치사상, 연극 등 지난 20세기에 생산된 여러 자료를 추려내고 검토한다.

바디우는 『세기』에서 20세기 사유의 흔적인 시, 철학적 단편, 연극 등에 대한 분석을 통해 지난 세기를 관통한 것은 '실재를 향한 열정'이라고 결론을 내린다. 실재를 향한 열정이라는 이름으로 파시스트는 전쟁을 통해 세계를 정화하려 했고, 나치는 유대인을 비롯해 동성애자, 집시, 장애인 등을 절멸하려 했고, 스탈린은 반대파를 숙청했고, 마오쩌둥 역시 덩샤오핑을 비롯한 실용주의자들을 실각시켰다. 프로이트의 정신분석학은 문화와 규범 등에 의해 억압되었던 현실 저편의 성적인 충동과 에너지를 향한 열정이었다. 기존의 예술이나 미, 작품의 관념을 깨뜨리며 매번 새로운 예술 창조를 선언한 아방가르드의 예술적 시도 또한 모두 현실 속에 없는 것, 또는 보이지 않는 것들을 향해 치달리던 '실재를 향한 열정'에 의해 추동되었다.

바디우에 따르면 19세기는 과학의 세기였다. 20세기는 19세기의 과학을 바탕으로 인간과 사회를 바꾸려는 직접적인 행동이 이루어졌다. 즉 20세기의 인류는 궁극적이고 완전한 세상을 위한 열망을 품었고, 더 나아가 그 꿈을 실현해야 한다는 욕망으로 가득 찼다. 그가 말한 '실재를 향한 열정'은 바로 그것이었다. 목표를 달성하는 데 있어 수단은 중요하지 않았다. 달성된 목표, 즉 결과에 만족하면서 수단을 정당화했다. 다시 말하면 두 차례의 세계대전과 나치즘, 파시즘, 전체주의, 공산주의, 사회주의, 매카시즘 등 여러 이데올로기가 가져온 끔찍한 결과보다는 물질적인 풍요, 냉전의 종식, 민주주의의 승리, 자본주의의 도래 등을 환호했다. 바디우는 『세기』에서 20세기의 여러 행동이 가져온 긍정적인 결과보다는 부당하고 정의롭지 못한 수단과 과정에 천착하며 20세기를 검토하고 재판한다. 그가 생각하기에 20세기는 "자신만의 유토피아를 건설하기 위한 뺏고 빼앗기는 혹은 죽이고 죽는 참혹한 역사"에 다름이 아니다.

바디우는 『세기』에서 언급되는 시, 연극, 정치사상, 철학 개념 가운데 특히 브레히트를 주목한다. 그에 따르면, 브레히트는 "사람들이 그를 작가, 극작가, 맑스주의 변증법론자, 당의 동반자 또는 여자관계가 복잡한 남자 등 무엇으로 보든, 20세기의 상징적 인물"이다. 보다 구체적인 이유로 독일인이고, 연극 연출가이고, 공산주의 동조자이고, 나치즘과 동시대인이라는 사실을 꼽는다.

첫째, 브레히트는 제1차 세계대전 이후 바이마르 독일에서 글을 쓰기 시작한 독일인이다. 바이마르 독일은 "전쟁의 패배보다 훨씬 더 깊은 독일의 정신적 상처를 견뎌야 했던 만큼 더 창조적이었"다. 그는 1914년의 제1차 세계대전을 빠져나온 독일과 자신의 갈등을 일종의 강렬한 도취 속에서 해결하게 된다. 그가 생각하기에 독일인의 불행은 "언제나 숭고의 큰북을 향해 있는 언어의 둔함과 맞서 싸우는 것"이었다. 그런 점에서 그는 "맑스보다는 니체의 직계 후손에 해당"한다.

둘째, 브레히트의 운명은 연극적이다. 다시 말하면 브레히트에게 연극은 운명이다. 그는 평생 연기, 연출과 관련해서뿐만 아니라 글쓰기와 관련해서도 극작법의 근본적 개혁을 제안하고 실험한다. 그는 텍스트, 연기, 공간, 관객 사이의 관계에 대하여 매우 복잡한 중재를 옹호한다. 텍스트와 연기 양쪽 모두에 매달린 그는 연극의 동시대성에 대해 숙고한다. 그는 연기가 무엇이며 인물이 무엇인지에 대해, 연극적 상황에 선재(先在)하지 않는 인물이 무엇보다도 힘의 놀이인 연기 속에서 어떻게 구성되는지에 대해 숙고한다.

희곡 『버스정류장』(1983)의 작가로 유명한 가오싱젠은 동양의 연극과 서양의 연극 사이에 큰 차이가 있다고 말한다. 중국의 연극과 같은 동양의 연극들은 배우들의 고도의 연기력에 기초하고 있어서 관객이 극장에 와서 보는 것은 사실 배우의 연기다. 반면 서양 연극에서는 배우가 물론 중요하기는 하지만,

배우의 연기는 단지 연극이라는 예술의 일부일 뿐이다. 관객들은 연기 외에 희곡, 연출, 그리고 무대 미술들을 본다. 브레히트는 연극이 부르주아의 자기 찬양과는 다른 것이 되어야 한다고 확신한다. 그에게 "연극은 진리를 건설하기 위한 장치"다.

셋째, 브레히트는 비록 그가 자신의 공산주의 동조를 언제나 우회적 또는 간접적으로 표현했다 할지라도 많은 연극인들이 그랬던 것처럼 공산주의 동조자였다. 그의 연극은 공산주의 토론과 논쟁의 훌륭한 장이었다. 그렇기 때문에 연극과 정치의 변증법에 관한 토론이 시들해졌을지라도 그의 작품은 여전히 공연되고 있다. 그는 정치에 연극, 더 나아가 예술을 결합한 예술가들 가운데 가장 보편적이고 가장 확실한 예술가이다.

넷째, 브레히트는 나치즘과 직면한다. 그는 나치즘에 대항하기 위해, 또는 권좌에 오른 히틀러에 대항하기 위해 '세련된 연극적 교육법'을 시도했고, 그것 때문에 그는 망명자의 신분으로 제2차 세계대전을 보낸다. 그의 망명의 주체성은 미국으로 망명했을 때 더 특별하다. 당시 나치즘을 피해 미국으로 망명한 많은 지식인과 예술인은 활발하면서도 분열되고 불확실한 작은 세계를 구성했지만, 그는 "요란한 현대성, 실증주의, 기술의 활력"으로 자신만의 기묘한 세계를 구성한다. 결국 그는 동독으로 돌아와 가장 의지주의적이고 가장 폐쇄된 형태로 실제 사회주의를 실험한다. 그는 공직자가 되어 "불화, 위선적 회개, 은밀한 행위" 등에 가담한다. 이런 이유들 때문에 바디우는 『세기』에서 브레히트를 대표적인 20세기의 증인으로 꼽는다.

바디우는 기본적으로 20세기를 우호적으로 바라보면서도 20세기에 비판을 아끼지 않는다. 그는 20세기를 단지 비판하는 것으로 끝나지 않고 검토하고 판단한다. 왜냐하면 20세기의 정확한 판단은 21세기에 유효한 사유의 조건을 이루기 때문이다. 만일 과거의 일들을 없었던 것으로 망각하거나 오직 비판만 하면 미래에 그와 똑같은 일이 발생할 수 있다. 그런 일이 왜 벌어졌는지 차분히 검토하고 다시 일어나지 않도록 준비하는 것이 더욱 중요하다. 미래가 과거 그리고 현재와 다르기 위해서는 과거를 살피고 현재를 바꿔야 한다. 지금은 바디우가 말한 20세기의 역사인 '실재를 향한 열정' 자체를 부정하는 것보다는 그 열정이 과연 어떤 열정이었는지 숙고하고, 그 열정이 앞으로 어떤 열정이어야 할지 고민해야 할 순간이다.

앞에서 말했듯이 19세기는 과학의 세기였고, 20세기는 그 과학을 바탕으로 무언가 실행한 시기였다. 그렇다면 21세기는 어떤 세기일까? 누군가는 '아무것도 하지 않으려는 세기', '집단적인 순응의 세기'로 규정한다. 21세기의 인간은 능동적으로 사고하지 않고, 창조적으로 행동하지 않고, 이성이 마비된 채 동물처럼 본능에 따라 행동하기 때문이다. 지금 존재하는 세상 외에는 새로운 세상을 꿈꾸지 않고 새로운 가치에 대해서 고민도 하지 않기 때문이다. 그런 점에서 바디우의 20세기 비판은 21세기에도 그대로 적용된다.

바디우는 현실적 사안에 개입하고 있다. 그는 경제적으로는 신자유주의를 비판하고, 정치적으로는 '당 없는 정치'를 주창하며 의회민주주의를 비판한다. 그는 여느 철학자들과 다르다. 왜냐하면 대부분의 철학자들은 보통 깊게 사색하고 고뇌하고 어려운 이야기를 하지만 현실에 개입하지 않기 때문이다. 그는 말과 글보다 행동이 앞선다. 더 정확히 말하면 말과 글과 행동이 마치 한 세트처럼 함께 움직인다. 그런 점에서 그는 19세기 프랑스의 발자크나 졸라, 앞서 예로 든 브레히트와 궤를 같이하는 '행동하는 지식인'이다.

제 5 부

Replay the **Hong Kong**

『홍콩의 열혈남아들』

2019년 한 해를 돌이켜보면 여느 해와 마찬가지로 많은 일들이 있었다. 좋은 일도 많았지만 나쁜 일도 그만큼 많았다. 좋고 나쁜 일을 떠나 개인적으로는 '송환법'을 계기로 6월부터 시작되어 결국 유혈사태로 치달은 소위 '홍콩사태'가 기억에 많이 남는다. 아마도 홍콩에 대한 개인적인 안타까움이 크기 때문일 것 같다. 아편전쟁으로 영국의 식민지가 되었던 홍콩이 중국에 반환된 게 1997년이니 벌써 20년도 더 지났다. 그런데도 홍콩과 중국은 여전히 화학적으로 하나가 되지 못했다. 홍콩 시민들은 중국을 믿지 못하고 중국은 홍콩의 예외성을 인정하지 않으려 한다. 더 엄밀히 말하면 홍콩은 중국을 싫어하고 중국은 홍콩을 못마땅하게 여긴다. 그때도 그랬고, 지금도 그렇고, 앞으로도 그럴 것이다.

홍콩 사태를 전후로 너무나 많은 이야기가 쏟아져 나와서 인터넷으로 관련 기사를 찾아 읽어 보았다. 중국의 주장은 익히 들어 어느 정도 알고 있었기에 홍콩 사람들이 무엇을 요구하는지 궁금했다. 그런데 홍콩 시민들이 원하는 게 생각보다 간단해서 조금 놀랐다. 홍콩은 중국으로부터의 독립을 요구하는 것이 아니다. 그들의 요구는 크게 다섯 가지다. 즉 그들은 송환법에 대한 완전한 철폐, 시위대 폭도 규정 철회, 체포된 시위대의 조건 없는 석방, 경찰의 강경 진압에 대한 독립적 조사, 행정관 직선제 실시를 원한다. 홍콩 시민들이 바라는 것은 중국이 약속한 대로 '살던 대로 살게 해 달라'는 것이다. 홍콩 시민들은 자신들의 당연한 권리를 위해 죽기를 각오하고 중국과 맞서 싸우고 있다. 그러나 중국은 언제나 그랬듯이 소수민족과 자치구의 독립 문제만큼은 강경한 대응으로 일관해 왔다. 이번 홍콩 사태에도 예외를 인정하지 않고 있고, 세계의 눈치를 보는 일도 없다.

홍콩 사태를 지켜보며 홍콩에 대해 여러 가지 생각이 든다. 불과 얼마 전까지만 해도 우리에게 홍콩은 동양이면서도 동양이 아니었다. 부러움과 선망의 대상이었다. 특히 1980년대 말부터 1990년대 초까지는 더욱 그랬다. 부러움의 중심에는 다름 아닌 '홍콩 영화'가 있었다. 그 당시에 홍콩 영화는 중국 영화가 아니라 홍콩 영화로 불렸다. 학문적으로 말해 "중국 영화로 통칭하는 것의 범위는 사실 꽤 넓고 지형 역시 복잡하다. 소위 중국 영화, 혹은 중화권 영화에는 본토 대륙, 대만, 홍콩에 더해 중국을 떠나 해외에서 작업하는 중국 영화감독들의 작품까지도 포함된다. 주지하듯 각각은 정치, 지리, 사회, 문화 등 여러 면에서 상이한 성격을 띠고 있고, 그렇기에 다양한 장르의 영화를 쏟아내고 있다. 중국 영화의 지형은 무척이나 거대하고 다양하다." 분명히 홍콩 영화는 넓게 학문적으로 볼 때는 중국 영화에 속하지만 좁게 정서적으로 볼 때는 중국 영화와 달랐다. 홍콩 반환 이후 대륙과의 합작의 형태로 제작되는 경우가 많고 또 홍콩이 본토로 반환된 후 홍콩 영화의 범주와 개념이 예전과 다르게 애매한 점도 있지만, 홍콩 영화는 여전히 홍콩 영화다. 그렇기 때문에 이

번 홍콩 사태로 인해 홍콩과 홍콩 영화가 더 안타깝고 그립다.

어렸을 때 우리에게 외국 영화는 미국 영화 아니면 홍콩 영화였다. 간혹 TV에서 주말의 명화나 명화극장에서 프랑스 영화나 이탈리아 영화 등 유럽 영화를 방영해 주었지만 그건 말대로 '간혹'이었다. 다시 말하지만 그 당시 외국 영화는 미국 영화 아니면 홍콩 영화였다. 그때는 영어도 모르고 중국어도 몰랐기 때문에 똑같이 외국 영화였음에도 불구하고 심정적으로는 미국영화보다도 홍콩 영화에 더 공감했다. 홍콩을 처음 만나고 홍콩을 알게 되고 '홍콩앓이'를 하게 된 것도 전적으로 영화를 통해서였다.

이종철의 『홍콩의 열혈남아들』(2012)을 비롯해 중국 영화, 혹은 홍콩 영화를 다룬 책들에서는 홍콩 영화의 기원을 대체로 1960년대로 잡는다. 그 당시 홍콩 영화의 주류는 단연 무협 영화였다. 대부분의 홍콩 무협 영화는 호금전과 장철 감독이 연출했고, 그들의 영화에 출연한 왕우, 강대위, 적룡 등은 지금의 아이돌 스타였다.*

궁금해서 1960년대에 개봉했던 몇 편의 무협 영화를 찾아서 보았지만 시간적 격차 때문인지 아니면 개인적인 취향 때문인지 큰 감흥이 없다. 개인적으로 홍콩 무협 영화는 이소룡과 성룡의 무술 영화다. 지금이야 그들이 브루스 리와 청룽으로 불리지만 그 당시에는 이소룡이었고 성룡이었다. 지금도 브루스 리나 청룽보다는 이소룡과 성룡이라는 이름이 정서적으로 더 와닿는다. 주지하듯 이소룡은 1970년대 초반 불과 4편의 영화만 남기고 요절했다. 하지만 그가 일으킨 영화적 파장은 엄청났다. 우리나라에 이소룡 신드롬을 일으키며

* 인명이나 지명 등 고유명사는 국립국어원의 외래어 표기법에 따라 원어에 가깝게 표기해야 하지만 이 글에서는 익숙함을 고려해 한자명으로 표기한다.

많은 이들을 열광케 했다. 영화 〈말죽거리 잔혹사〉(2004)가 잘 보여주듯이 특히 남학생들에게 이소룡은 곧 '신'(God)이었다. 이소룡의 무술 영화가 장엄하고 진지하다면 성룡의 무술 영화는 거기에 코믹함과 유쾌함을 더했다. 그래서 그런지 성룡 영화는 언제 어디서 누구와 봐도 늘 재미가 있다. 그 뒤 이연걸의 〈소림사〉 시리즈와 〈강시〉 시리즈 영화들이 이소룡과 성룡의 영화를 뒤이었다. 이들 중 몇 편은 기억에 남지만 결코 이소룡과 성룡을 넘을 수가 없었다. 그렇기 때문에 홍콩 영화 하면 언제나 이소룡과 성룡이었다.

그후 내 기억 속의 홍콩 영화에서 이소룡과 성룡의 자리를 밀어낸 것은 여형사 캐릭터로 화제를 모은 양자경 주연의 〈예스마담〉(1985)과 오우삼 감독의 〈영웅본색〉(1986)이었다. 양자경의 현란한 무술, 엄밀히 따지자면 발레와 체조에 바탕을 둔 곡예에 가까운 무술도 눈을 사로잡았지만, 더 인상적이었던 것은 강렬한 비장미와 낭만적 영웅주의로 무장한 누아르 영화였다. 그 당시 누구나 그랬겠지만 개인적으로도 〈영웅본색〉이나 〈첩혈쌍웅〉(1989) 같은 홍콩 누아르 영화를 도대체 몇 번을 봤는지 모를 정도로 보고 또 보았다. 지금도 케이블 TV에서 나오면 나도 모르게 또 보고 있다. 수많은 아류작이 쏟아져 나오고 누아르 인기가 시들해졌어도 나에게 홍콩 영화는 오직 누아르 영화뿐이었다. 〈첩혈가두〉(1990), 〈첩혈속집〉(1992), 〈천장지구〉(1990), 〈종횡사해〉(1991) 등 누아르와 꼭 누아르가 아니더라도 당시 많은 홍콩 영화의 제목은 대부분 네 글자였다. 그래서 네 글자인 제목의 홍콩 영화는 거짓말 안 하고 닥치는 대로 거의 다 보았던 것 같다. 홍콩 누아르 영화를 모두 섭렵할 것이라고 굳게 다짐했다.

하지만 사람은 원래 간사하다. 홍콩 누아르 마니아였던 나는 한순간에 왕가위 영화에 빠져들었다. 1990년대 중반 누아르, 무협, 도박 등을 소재로 한 홍콩 영화의 인기가 수그러들 때쯤 왕가위, 진가신, 관금붕 등 새로운 감독들은 홍콩 영화의 '뉴 웨이브'를 이끌었다. 이 가운데 왕가위는 1990년대 중반 하나의 '현상'(syndrome)이 될 만큼 많은 화제와 인기를 끌었다. 사람들은 〈아비정전〉(1990), 〈중경삼림〉(1994), 〈동사서독〉(1994), 〈타락천사〉(1995)에서 두드러지는 소위 왕가위의 스타일에 매혹되었고, 나 역시 예외가 아니었다. 진가신의 〈첨밀밀〉(1996)도 꽤 여러 번 보았다. 몇몇 영화 장면은 지금도 눈에 선하다.

하지만 1990년대 후반에 들어서면서 홍콩 영화의 인기는 점점 하향곡선을 그렸다. 특히 1997년 홍콩의 중국 반환을 전후로 홍콩 영화에도 많은 변화가 생겼다. 많은 영화인들이 활동무대를 옮겼고 홍콩 영화는 예전과 같은 활기를 누리지 못했다. 영화의 내용 면에서도 홍콩인들의 고뇌와 정체성의 혼란 등 예전의 홍콩 영화에서 볼 수 없었던 무거움과 어두움이 주된 정서가 되었다. 〈유리의 성〉(1998)이나 〈첨밀밀〉과 같은 진한 멜로 영화에도 상대방에 대한 그리움, 사랑의 안타까움과 함께 무거움과 어두움의 정서가 배어 있다.

1990년대 후반부터 홍콩 영화는 과거의 명성을 잃고 서서히 쇠퇴한다. 국내에서도 홍콩 영화는 예전만큼 인기를 누리지 못한다. 반대로 그 시점부터 국내에서 한국 영화에 대한 열기가 뜨거워지기 시작한다. 홍콩 영화의 쇠퇴가 한국 영화의 열기를 초래했는지, 아니면 반대로 한국 영화의 열기가 홍콩 영화의 쇠퇴를 초래했는지 인과 관계 혹은 선후 관계를 정확히 알 수는 없지만, 1990년대 후반을 기점으로 홍콩 영화와 한국 영화의 위상이 완전히 뒤바뀌었다. 그리고 예술 영화에 대한 붐이 일기 시작하면서 우리나라에서 홍콩 영화는 점점 설 자리를 잃게 된다.

하지만 2000년대 들어 홍콩 영화는 예전의 홍콩 영화와 전혀 다른 모습을 보인다. 왕가위 감독의 인기는 여전했다. 그의 〈화양연화〉(2000)는 예전 영화보다 더 세련되고 더 감각적인 모습을 보이며 예술적 성취의 극한을 보여 주었다. 하지만 2000년대 홍콩 영화를 이야기할 때 빼놓을 수 없는 키워드는 〈무간도〉(2002~2003) 시리즈와 두기봉 감독의 누아르 영화다. 〈무간도〉 시리즈와 두기봉의 일련의 영화들은 장르로 볼 때는 분명 예전에 인기를 끌던 누아르 영화다. 하지만 영화 속 이야기와 톤은 예전의 누아르 영화의 그것들과는 아주 다르다. 이 영화들에는 누아르 영화의 전매특허라 할 수 있는 남자들 사이의 우정과 의리, 그리고 비장미보다는 돈과 권력을 두고 벌이는 인간의 원초적인 욕망이 두드러진다. 예전의 누아르 영화의 톤이 축축하고 끈적끈적했다면 〈무간도〉 시리즈와 두기봉의 누아르 영화의 톤은 한마디로 '드라이'하다.

홍콩 영화에 대한 심화 학습 차원에서 인터넷 서점을 뒤지다 보니 책 한 권이 눈에 띄었다. 주성철 기자의 『홍콩에 두 번째 가게 된다면』(2010)이라는 책이다. 홍콩 영화에 대한 책이라기보다는 홍콩 여행 안내서에 가까웠기 때문에 처음에는 적잖이 실망했다. 그러나 책을 읽어 갈수록 홍콩 영화에 대한 이야기가 책의 대부분을 차지해서 뜻밖의 즐거움을 맛보았다. 80년대와 90년대 당시의 영화는 모두 홍콩 영화였다는 저자의 말이 결코 과장이 아니다. 이 책에는 정말 셀 수도 없을 만큼 많은 홍콩 영화가 언급되고 영화 속 장소가 설명되는데, 이 모든 정보를 대부분 영화를 보면서 얻었다니 정말 놀랍고 대단하다.

예컨대 〈성항기병〉(1984)의 마지막 장면에 나왔던 판자촌은 영화 세트가 아니라 구룡성채라는 실제 장소라고 한다. 구룡성채는 청일전쟁 후 영국이 홍콩을 99년 동안 조차할 때 예외적으로 중국의 관할로 남겨졌다. 하지만 중국도 이곳을 통치할 의사가 없어 군대가 철수해 결국 무법지대가 되었다. 나중에는 슬럼화되면서 범죄의 온상이 되었고 1992년도에 강제로 재개발되어 지금의 구룡성채 공원으로 바뀌었다. 영화의 음산한 분위기와 공간이 너무나 잘 어울린다고 생각했는데 다 이유가 있었다. 〈아비정전〉도 여기에서 촬영했고, 오시이 마모루의 애니메이션 〈공각기동대〉(1995)의 인상적인 이미지도 여기에서 유래했다고 한다. 〈쿵푸 허슬〉(2004)의 주요 영화 공간인 낡은 아파트는 구룡성채의 축소판이다. 또한 〈최가박당〉(1982)에 나왔던 왈가닥 여형사 장애가는 유명한 배우일 뿐만 아니라 허안화, 장완정과 더불어 홍콩을 대표하는 여성 영화감독이고, 대표작으로 〈심동〉(1999)이라는 영화가 있다는 사실도 알게 되었다.

정확히 언제부터라고 단언할 수 없지만 많은 사람들이 홍콩 영화는 현재가 아니라 과거라고 말했다. 나 역시 아무런 의심 없이 그렇게 생각했다. 홍콩 반환을 전후로 홍콩 영화는 자기 쇄신을 하지 못하고 매너리즘에 빠져 쇠퇴했다고 단정하고 홍콩 영화를 외면했다. 하지만 이번 홍콩 사태를 계기로 홍콩 영하에 관한 책들을 다시 읽으면서 생각이 조금 바뀌었다. 한국 영화, 할리우드 영화, 유럽 영화, 일본 영화 등에 지나치게 관심을 둔 나머지 홍콩 영화의 현재를 놓친 것이 아닌가, 하는 생각이 들었다. 홍콩 영화는 계속해서 만들어져 왔고, 오히려 예전보다 더 다양해지고 깊어졌다는 사실을 간과했는지 모른다. 아니 그랬던 것 같다. 우리 영화 〈감시자들〉(2013)과 〈독전〉(2018)은 홍콩 영화 〈천공의 눈〉(2007)과 〈마약전쟁〉(2013)을 원작으로 만들어진 영화다. 전적으로 개인적인 취향의 문제이겠지만 〈감시자들〉과 〈독전〉보다는 〈천공의 눈〉과 〈마약전쟁〉에 더 끌린다. 영화의 만듦새는 분명 더 거칠고 투박하지만 영화적 향수를 자극한다. 시간이 허락하는 대로 예전의 홍콩 영화와 지금의 홍콩 영화를 봐야겠다는 다짐으로 어지러운 이 글을 갈무리한다.

숭고의 영화 미학

예전에 어느 시네마테크에 잠깐 몸담고 있을 때 정기상영회 프로그램으로 '김기덕 영화 기획전'을 한 적이 있었다. 행사를 주관하는 입장이라 김기덕의 거의 모든 영화를 보았다. 그 목록에는 〈악어〉(1996), 〈섬〉 (2000), 〈수취인불명〉(2001), 〈나쁜 남자〉(2001) 등 여성성과 관련해 많은 논란이 일었던 영화뿐만 아니라, 〈봄 여름 가을 겨울 그리고 봄〉(2003), 〈빈집〉(2004), 〈시간〉(2006), 〈숨〉(2007), 〈피에타〉(2012) 등 국내뿐 아니라 해외 영화제에서 인정을 받은 영화들도 포함된다. 프로그램에 포함되지 않은 영화도 더 찾아보았고 관련 책도 읽었다. 김기덕의 영화, 특히 그의 초창기 영화들을 보면서 든 생각을 한마디로 표현하자면 '불편함'이었다. 얘기를 나눠 보니 기획전에서 그의 영화를 함께 본 다른 사람들의 생각도 비슷했다. 많은 관객들과 평론가들이 그의 영화에 두드러지는 '여성에 대한 폭력성'을 지적하는데, 그걸 언급하지 않더라도 그의 영화는 여러 모로 보는 사람을 불편하게 한다.

몇 년 뒤 우연히 한 책모임에서 그때와 비슷한 '불편한' 경험을 하게 되었다.

원래 그 모임은 책모임인데 번외로 영화 모임도 같이 했다. 그곳에서 '라스 폰 트리에 영화 특별전'을 주최했다. 그냥 친한 몇 사람이 모여 영화를 보고 이야기하는 자리이기 때문에 생각하는 것만큼 그렇게 거창하지는 않다. 그렇다 하더라도 공식적으로 하는 행사였기 때문에 부담이 전혀 없었다면 거짓말이다. 당시 영화 평론가라는 정체불명의 신분으로 신문에 영화평 비슷한 글을 연재하고 있었기 때문에 숙제라는 생각으로 사람들과 함께 볼 폰 트리에 영화 목록을 써내려 갔다. 〈킹덤〉(1994)과 〈어둠 속의 댄서〉(2000)는 예전에 보았기에 목록에서 제외했고 대신 새로운 영화들로 그 목록을 채웠다. 최종 영화 목록에는 〈브레이킹 더 웨이브〉(1996), 〈도그빌〉(2003), 그리고 〈안티크라이스트〉(2009) 등의 영화들이 포함되었다. 〈백치들〉(1998), 〈멜랑콜리아〉(2011), 〈님포매니악 볼륨1〉(2013), 〈님포매니악 볼륨2〉(2013)는 참고 영화들이었다.

하지만 폰 트리에의 영화들을 보면서 내가 얼마나 무모하고 위험한 짓을 저질렀는지 금세 깨달았다. 〈브레이킹 너 웨이브〉는 보는 내내 너무나 고통스러웠고, 〈도그빌〉은 내용도 내용이지만 너무나 긴 러닝 타임과 마치 연극 세트와 같은 꽉 막힌 영화적 공간 때문에 한 번에 다 보지 못하고 몇 번에 걸쳐 끊어서 보았다. 하지만 〈안티크라이스트〉에 비하면 두 영화는 아무것도 아니었다. 〈안티크라이스트〉는 〈브레이킹 더 웨이브〉의 고통과 〈도그빌〉의 숨이 막힐 것만 같은 갑갑함을 몇 배로 증폭시킨 영화다. 충격적인 첫 장면뿐만 아니라 영화 내내 이어지는 폭력과 야수성은 '혼란'과 '공포' 그 자체였다. 참고 영화들 중 〈멜랑콜리아〉는 비교적 편하게 보았지만, 〈백치들〉과 〈님포매니악〉은 〈안티크라이스트〉만큼이나 고통스럽고 혼란스럽고 충격적이었다. 이 영화들을 본 후 한동안 폰 트리에의 충격에서 벗어나지 못했다.

김기덕의 영화와 폰 트리에의 영화를 보았을 때 처음에는 불편함이 지배했다. 불편함은 곧장 정신적인 혼란과 공포로 이어졌다. 그의 영화는 기술적으로 완전하지는 않지만 그래도 어느 정도까지는 이해가 된다. 그러나 감정으로 쉽게 받아들여지지 않는다. 시간이 지나면 지날수록 더욱 혼란스럽고 나중에는 공포감이 밀려온다. 한동안 그 감정을 말로 설명할 수 없었다.

몇 년 뒤 한 문화예술아카데미에 토론자로 참석할 기회가 생겼다. 토론의 주제는 '숭고미'였다. 숭고는 일상생활에서는 거의 쓰지 않고 가끔 교과서나 전문 서적에서 보는 단어다. 토론의 주제가 조금은 생뚱맞다고 생각했다. 그러나 아카데미에서 보내 준 토론 자료와 개인적으로 찾은 자료를 읽으면서 숭고에 대한 내 생각이 얼마나 짧았는지 깨달았다. 숭고라는 단어는 잘 쓰지 않았다고 하더라도 그 감정은 우리의 일상과 동떨어져 있지 않다. 다시 말하면 우리 일상에 이미 숭고가 있고 우리는 크고 작은 일에서 숭고함을 느낀다.

사전적으로 숭고(崇高)는 장엄, 경이, 압도, 고결, 고통, 위대, 냉혹, 무한, 환희와 같은 특별한 충격이지만 일반적인 '미'(美)와는 다르게 감성, 윤리, 도덕, 영혼 등이 고양된 정신이다. 또한 일반적인 미가 시각, 청각, 후각, 미각, 촉각 등의 감각을 바탕으로 하는 것과 달리 숭고는 이런 감각을 넘어서는 초감각(super-sensible)의 미감이다. 따라서 숭고 또는 숭고미는 인간의 논리나 이성은 물론이고 상상을 초월하여 의식을 마비시키므로 모방, 계산, 측정이 불가능한 절대 지경, 절대 감정, 절대 상황을 의미한다.

숭고라는 개념은 그리스의 롱기누스에 의해 처음 사용된 것으로 알려졌다. 롱기누스가 말하는 숭고는 호머의 시와 성경의 창세기에서 보이는 특별한 수사법을 의미한다. 그는 숭고를 인간의 영혼이 고양되어 자연스럽게 기쁨을 느끼거나 영감을 받는 특별한 감각으로 보았다. 그가 말하는 숭고는 '평범한 완결보다는 비범한 오류가 낫다'는 미적개념으로 환언할 수도 있다.

영국의 정치가이자 사상가인 에드먼드 버크는 숭고를 "장엄하고도 고상한 느낌과 더불어 공포와 불안을 동반하는 특이한 감정"으로 규정했다. 고통과 불안은 긴장을 유발하고 곧 환희와 희열과 같은 절대 상태에 이르게 된다. 특히 버크는 미와 숭고를 상호배타적인 관계로 설정하면서 미가 쾌감이나 기쁨이라면 숭고는 영혼의 고양으로 보았다. 임마누엘 칸트는 『판단력 비판』(1790)에서 일반적인 미가 조화, 균형, 형식, 의미, 표현, 규칙을 통한 이해, 즉 판단을 바탕으로 정신적인 자유 유희와 쾌감을 주는 것임에 반해, 숭고는 부조화, 불균형, 탈조형, 무형식, 무의미, 불규칙, 혼돈과 혼란, 측정 불가능성을 바탕으로 하는 상상과 이성의 자유 유희를 통해 정신적 쾌감을 불러 일으킨다고 주장했다.

장-프랑수아 리오타르는 칸트와 버크의 숭고 개념을 원용해 난해한 현대 예술 작품의 분석틀을 제공했다. 그 과정에서 그는 포스트모던에 대한 논쟁을 격발시켰다. 전통 재현론을 폐기하는 그의 '포스트모던 숭고론'은 한마디로 인간 의식을 통해 세계를 규정하려는 '이성 중심주의'에 대한 비판이자 대안이다. 리오타르는 큰 틀에서 칸트와 버크의 숭고를 받아들인다. 칸트는 대상이 너무 압도적이어서 상상력이 그것을 포섭하지 못함에 좌절하다가, 이성이 그것을 사유할 수 있음에 안도하며 쾌를 느끼게 되는 모순적인 감정을 숭고로 규정했다. '미'가 인식 주체의 능력들 간 '조화로운 유희'에서 발생하는 고요한 상태라면 '숭고'는 능력들의 불일치와 반목에서 발생하는 긴장감 넘치는 정념이다. 리오타르에게 더 큰 영향을 끼친 버크는 '아무것도 일어나지 않을지 모른다'는 두려움을 낳는 대상이 제거될 때 자기 보존 욕구가 충족되면서 초기의 불쾌가 쾌로 변모한 부정적 쾌를 숭고라 함으로써 칸트가 하지 못한 '시간에 대한 물음'을 야기했다. 1 다음에 항상 2, 3, 4가 이어진다고 생각하는 우리의 사고 체계에서 아무것도 일어나지 않을 수 있다는 것은 '무'에 대한 극심한 공포를 야기하는 일종의 박탈이다. 이는 '총체화하는 관습적 인식틀'의 박탈이자 그 틀에 의해 규정되어 온 '시간'의 박탈이며, 나아가 그 틀 속에서 총체화 및 동일성의 기준으로 제시되어 온 '거대 내러티브'의 박탈이다. 이성에 의해 잡히지 않는 규정 불가능한 파편들을 목도할 때 우리는 이러한 박탈에 놓이게 되며 그 박탈을 통해 '비인간'으로 거듭나는 계기와 마주하게 된다.

그런데 숭고란 아무것도 일어나지 않을지 모르는 박탈이 단순히 박탈로 끝나지 않고 지연됨으로써 일어나고 있다는 현존을 확인시켜 줄 때 비로소 경험될 수 있다. 공포가 안도감으로 탈바꿈하는 과정은 필수적이다. 동일한 맥락에서 '비인간' 역시 단순히 이성적 사유가 불가능한 존재를 말하는 것이 아니다. 박탈의 원인인 현시 불가능한 것이 제거되거나 해소되지 않고 유예될 때 그것을 사유하고자 우리의 반성적 사유는 강하게 추동되는데, 이를 통해 존재 및 사유가 한층 강화된 존재가 바로 리오타르의 비인간이다. '무'에 대한 위협 속에서 발생 또는 현전을 확인하게 되는 이 역설적 현상을 리오타르는 '사건'이라 부른다. '무엇이 일어나고 있는가?'라는 후차적인 물음 이전에 이미 일어나고 있는 창조의 순간을 보여주는 '사건'은 과거-현재-미래가 선형적으로 이어지는 이성적 시간을 해체하고 '지금, 여기로서의 시간'을 개시한다. 리오타르는 이러한 숭고의 사건을 일으키는 예술, 다시 말해 예술에 대한 통상적인 선이해로는 포섭되지 않는 비결정적인 것을 보여줌으로써 예술을 예술로 규정하는 규칙을 박탈하고 제 가능성을 실험하는 예술을 '아방가르드'라 부른다. 관객의 예술 관념을 무장 해제하는 마르셀 뒤샹의 〈샘〉(1917)은 예술의 의미를 성찰하게 했고 새 형태를 가능하게 했다. 이러한 아방가르드는 내용은 결여하고 있으나 여전히 인지 가능한 형식을 지니고 있기에 위안과 향수를 제공하는 '향수적 아방가르드'와 내용과 형식을 모두 제거한 채 현시 불가능한 것을 '현시 불가능한 것'으로서 보여주는 '혁명적 아방가르드'로 구분되는데, 후자야 말로 진정한 숭고 체험을 이끄는 '포스트모던'이라 할 수 있다.

폰 트리에의 영화로 다시 돌아가자. 그의 영화는 김기덕의 영화와 마찬가지로 언제나 논쟁의 중심에 서 있다. 그는 일찍이 '도그마95'(Dogma95)를 통해 영화의 인위적 요소를 철저히 배격했다. 도그마95 선언문은 선언의 배경과 목적을 밝힌 전반부와 그들이 지향하는 영화 제작의 원칙을 나열한 '순결의 서약'으로 구성되어 있다. 그에 따르면 영화는 반드시 로케이션에서 이루어져 하고, 사운드는 절대로 이미지와 분리되어서는 안 된다. 카메라는 반드시 핸드헬드여야 하고 필름은 반드시 컬러여야 한다. 필름에 인위적인 효과를 내기 위해 광학 처리하는 옵티컬 작업과 필터 사용은 안 된다. 영화는 피상적인 액션을 담아서는 안 되고 시간과 공간을 뛰어넘는 것 역시 안 된다. '도그마95'를 통해 그를 비롯한 4명의 덴마크 영화감독들은 당시 유행하던 작가수의 영화와 할리우드 장르 영화를 모두 배격하고 영화의 순수성을 회복하고자 하였다. 즉 그들은 영화의 인위적인 요소를 철저히 배격하고자 하였다.

폰 트리에는 삶에 있어서나 영화에 있어서나 언제나 논쟁의 중심에 서 있다. 그의 영화를 보고 있으면 마치 김기덕의 삶과 영화를 보는 듯하다. 그는 어머니의 외도로 태어났고 덴마크 국립 영화학교를 다녔지만 거의 독학으로 영화를 공부했다. 그 스스로 "그곳에서 배운 게 아무것도 없다"라고 말할 정도다. 앞에서 말했듯이 그의 영화는 한 편 한 편이 아주 극단적이고 보기 불편하다. 거의 모든 작품에 염세주의 세계관이 짙게 배어 있기에 '가장 어두운 비전을 제시한다'는 영화평이 결코 췌언이 아니다. 표현 수위도 대단히 높아 그의 영화를 추천하는 게 쉽지 않다. 그의 영화를 혼자 보는 것도 쉽지 않지만 함께 보는 것은 더더욱 쉽지 않다.

앞에서 언급한 〈안티크라이스트〉의 오프닝 신은 아마도 세계 영화사에서 가장 인상적인 오프닝 신으로 기억될 것이다. 누군가는 이 영화가 우리나라에서 개봉된 것이 기적이라고 말한다. 하지만 폰 트리에의 영화를 파격으로만 규정할 수는 없다. 그의 영화 장면은 심지어 '도그마 선언'이 유효한 영화들에서조차도 미학적으로 아름답다. 아름다움을 넘어 숭고하다. 예전에 폰 트리에의 영화를 보면서 느꼈던 불안과 공포를 완전무결하게 숭고라는 한 단어로 설명할 수는 없지만, 그래도 숭고라는 단어를 통해 그때 느꼈던 불안과 공포를 조금이나마 줄일 수 있어서 다행이다. 그리고 폰 트리에와 그의 영화에 대해 가졌던 오해와 불만을 조금이나마 덜 수 있어서 또한 다행이다.

영화로 읽는 **미술사**

『영화 속 미술관』

'아트'(art)라는 단어는 보통 '예술'로 번역되지만, 원래 뜻은 '기술'이었다. 그래서 예술가 아티스트(artist)와 장인 아르티장(artisan)은 어원이 같다. 지금도 '손자병법'(The Art of War)이나 '사랑의 기술'(Art of Lovc)과 같은 몇몇 표현에서는 아트를 예술이 아니라 기술로 번역한다. 정확하게 언제라고 확정할 수는 없지만 아트의 뜻이 단순히 기술이 아니라 예술로 바뀐 것은 산업혁명 시기와 궤를 같이할 것 같다. 사전적인 의미로 산업혁명은 '18세기 중엽 영국에서 시작된 기술혁신과 이에 수반하여 일어난 사회·경제 구조의 변혁'을 가리킨다. 산업혁명으로 예전에는 사람이 하던 일을 이제 기계가 대신하게 되었다. 그 결과 생산성은 높아지고, 사람들에게는 시간이 생기게 되었고, '부르주아'라는 새로운 계급이 생겨났다.

산업혁명 이전까지 예술의 향유층은 주로 귀족이었다. 당시에 귀족들은 예술가들의 예술 활동을 후원했고 예술가들은 귀족들에게 자신들의 작품을 헌정했다. 그러나 더 엄밀히 말하면 당시 귀족들은 솜씨 좋은 기술자들, 오늘날의 예술가들에게 음악, 그림, 조각 등을 의뢰했고 그에 대해 약간의 수고비를 지급했을 뿐이다. 하지만 산업혁명은 예술 시장에 큰 변화를 가져왔다. 산업혁명으로 예술은 수요에 대한 공급에서 공급으로 인한 수요 창출이라는 시스템의 변혁을 가져왔다. 산업혁명으로 예술가들은 귀족들의 눈치를 보지 않더라도 자신들의 예술 세계를 구축해 나갈 수 있는 계기를 마련하게 되었다.

하지만 산업혁명의 혜택이 모든 예술가들에게 골고루 돌아가지는 않은 것 같다. 시간적으로 경제적으로 여유가 생긴 중산층은 주로 문학에 관심을 가졌고 그로 인해 잡지가 창간되었다. 잡지의 창간으로 글을 써서 생계를 잇는 전업 작가도 생겨났다. 귀족들은 여전히 살롱 문화를 즐겼고 살롱 문화에 음악은 당연히 빠질 수 없었기에 음악가들에게 귀족은 큰 수요자였다. 귀족층을 흉내 내는 중산층의 증가로 음악가들 또한 산업혁명의 혜택을 누렸다. 하지만 이런 시대적인 변화에도 불구하고 그림이나 조각을 하는 미술가들은 산업혁명 후에도 여전히 경제적으로 궁핍했고 지독한 사회적인 편견으로 고통을 받았다. 몇몇은 스스로 고난을 택하기도 했다. 정준모의 『영화 속 미술관』(2011)은 개인적인 혹은 사회적인 고통을 감내해야만 했던 화가와 조각가들의 삶을 흥미롭게 보여준다.

먼저 『영화 속 미술관』은 영화와 미술이 얼마나 밀접한 관계에 있는지를 예술사적으로 예거한다. 이 책에서 다루어지는 예술가들 모두 그렇다고 일반화할 수는 없지만 대부분은 세속적인 기준으로 보았을 때는 가난하고 불행했다. 경제적으로 풍족하고 사회적으로 능력과 재능을 인정받았다고 할지라도 정신적으로는 늘 불안했고 주변을 경계했다. 예컨대 "부와 스타일, 미모를 모두 갖춘 세즈윅과 재능과 영감을 지닌 워홀의 만남은 넘쳐나는 것 외에 부족한 것들을 서로 채워줄 수 있는 이상적인 조합으로 모두가 선망하는 그런 커플이었다.” 참고로 워홀은 팝 아크의 거장 앤디 워홀이고 세즈윅은 그의 뮤즈인 에디 세즈윅이다. “하지만 모든 것을 갖춘 것처럼 보이던 두 사람도 결국은 인간이었다. 그들은 명예와 부, 명성과 사랑, 특히 자신들의 관계가 깨질까 봐 두려워했다.”

『영화 속 미술관』에는 수없이 많은 예술가들과 그들이 남긴 예술품이 영화와 함께 소개된다. 어떤 영화에서는 예술가들이 영화의 주인공이고 어떤 영화에서는 예술품이 주인공이다. 또 어떤 영화에서는 예술가나 예술품이 주인공이 아니라 영화 속 소품으로 등장하기도 한다. 이 짧은 글에서 이 책에서 언급된 모든 예술가와 예술품을 열거할 수도 없을뿐더러 그럴 능력도 안 된다. 솔직히 말하자면 이 책에서 언급되는 모든 영화를 본 게 아니다. 따라서 이 글에서는 개인적으로 관심이 가는 몇몇 예술가들에 대해 이야기하고자 한다.

『영화 속 미술관』에서 가장 많이 언급되는 화가는 고흐다. 그 이유는 아마도 앞서 말했듯이 그가 경제적으로 가난하고 사회적 편견에 시달리는 등 너무나 비참하고 극적인 삶을 살았기 때문일 것이다. 하지만 고흐 외에도 이 책에는 렘브란트, 피카소, 고갱, 모네, 루벤스, 모딜리아니 등도 자주 언급된다. 대부분 중·고등학교 미술 시간에 한 번씩은 들어 보았던 화가들이다. 그런데 개인적으로 그들보다는 덜 알려진, 좀 더 현대적인 작가들의 삶과 예술에 관심이 간다. 베이컨, 바스키아, 폴락, 카라바조, 칼로, 장승업 등을 예로 들 수 있다. 그들의 삶을 뭐라고 말해야 할까? 극적이라는 단어로는 그들의 신산한 삶을 설명하기에 충분하지 않다. 그들의 삶에서 ‘시대의 흐름에 대한 저항’, ‘개인적인 고통과 불행’이라는 공통분모를 추출할 수 있을 것 같기도 하다.

『영화 속 미술관』의 저자는 바스키아를 가리켜 “세계 미술의 대통령”이라고 부른다. 바스키아는 1980년대 미국 미술의 대표적 흐름인 ‘신구상회화’ 혹은 '신표현주의'의 대표적인 화가로서 낙서 화가로 명성을 얻었다. 저자의 설명에 따르면, 그는 "거칠고 강렬하게, 때론 천진하고 심각하게 정치적인 주제를 다루면서 현실과 기존의 가치에 주먹을 날리기도 했다. (…) 하잘것없는 재료와 테크닉으로 기존 예술의 가치를 일상으로 또는 뒷골목으로 끌어들"였다. 그는 1980년대 포스트모더니즘이란 용어가 주어가 되었던 시절에 혜성처럼 등장했다가 사라졌다. 포스트모더니즘은 소통이 불가능한 정치, 문화, 전문화의 영역을 깨뜨리고 삶과 문화의 경계를 무너뜨리기 위해 예술과 정치에 이데올로기를 끌어들여 비판적으로 다룬다. 바스키아는 1980년대 포스트모더니즘 미술의 아이콘이라고 부르기에 전혀 부족함이 없다.

개인적으로 『영화 속 미술관』에서 「〈사랑은 악마〉와 베이컨」이 가장 인상적이었다. 혹시나 해서 말하자면 여기에서 말하는 베이컨은 근대 영국의 철학자이자 사상가 베이컨이 아니라 현대 화가 베이컨이다. 그런데 공교롭게도 두 사람은 성뿐만 아니라 이름까지도 프랜시스로 똑같다. 아무튼 화가 베이컨은 현대 추상 미술을 논할 때 잭슨 폴록과 더불어 빼놓을 수 없는 인물이다. 베이컨의 충격적이고 압도적인 그림은 그의 복잡다단한 삶을 투영하고 있다. 영화 〈사랑의 악마〉(1998)는 화가 베이컨의 일대기를 다루고 있다. 베이컨의 동성 연인이자 그의 모델인 조지 다이어와의 만남부터 그의 죽음까지가 영화에서 중요한 비중을 차지한다. 그들은 7년 동안 격정적인 관계를 유지하지만 결국 조지의 자살로 둘의 관계는 끝난다. 찾아보니 영화와 실제가 완전히 일치하는 것 같지는 않다. 영화 속에서 베이컨은 조지가 자살한 뒤 번민하고 그의 죽음에 죄책감을 느끼지만 실제 베이컨은 조지의 죽음 뒤에도 여러 명의 동성 연인을 사귀었다. 하지만 『영화 속 미술관』의 저자는 "조지가 죽고 나서 베이컨은 죄책감에 사로잡혀 살았다"라고 말한다. 그 정도로 조지와의 만남은 베이컨의 인생에 중요한 순간이었다.

베이컨은 20세기 세계에서 가장 훌륭한 화가 10명에 들고 그의 그림은 현재 가장 비싸게 거래된다고 한다. 하지만 그의 그림은 잔인함과 폭력성을 일관되게 다루기 때문에 끔찍하고 충격적이다. 『영화 속 미술관』의 저자는 베이컨과 그의 그림에 대해 다음과 같이 말한다.

> "그의 작품은 인간의 신경을 자극하는 '촉각적인 회화'라는 점에서 독특하다. (…) 베이컨의 작품은 기괴한 신체를 단순하게 묘사한 것이 아니라 충격적인 심리 상태로 이끌어 들이기 위한 하나의 매개체라는 것이다. 그는 폭력을 재현하는 것이 아니라 그림이 우리에게 폭력을 휘두르도록 하는 셈이다. 그의 작품에서 뚜렷이 느껴지는 폭력적 감성은 그 자체가 우리에게 폭력이 되어 다가온다."

『영화 속 미술관』에 실려 있는 〈고기와 함께 있는 남자〉(1954)뿐만 아니라 베이컨의 많은 그림들은 이 점을 잘 예거한다. 참고로 〈고기와 함께 있는 남자〉는 영화 〈배트맨〉(1989)에서 조커가 미술관에 전시된 거의 모든 명화들을 파괴하면서도 남겨 둔 그림 중 하나다. 조커는 "예술인지 아닌지 모르겠지만 난 좋다"라고 말하며 명화를 파괴하려는 부하의 칼질을 제지한다.

『영화 속 미술관』에는 피터 그리너웨이의 영화 두 편이 소개되는데, 〈야경〉(2007)과 〈영국식 정원 살인사건〉(1982)이다. 먼저 〈영국식 정원 살인사건〉이다. 개인적인 생각에 그리너웨이의 영화들은, 해야 하는데 하지 못하고 계속 미루고 있는 어려운 숙제와 같다. 그의 다른 영화들이 이해하기 어려운 것처럼 이 영화도 이해하기가 무척 어렵다. 이 영화는 "우아한 귀족들이 세속적인 토지

즉 정원을 두고 살인을 저지르고 이를 은폐할 목적으로 풍경화를 그리게 하는 내용으로, 그들의 위선과 은폐된 욕망이 일단을 드러내면서 익명의 권위적인 집단의 폭력성을 드러낸다." 영화의 마지막에서 귀부인 허버트 부인의 요청으로 정원의 그림 열두 장을 그린 화가 네빌은 복면을 한 일군의 귀족들에 의해 죽임을 당한다. 그런데 그가 왜 죽는지, 그를 죽인 귀족 무리는 누구인지 자세한 설명 없이 영화가 끝나 버린다. 처음 볼 때는 대단히 당혹스러울 수 있다. 그러나 당혹스럽기는 처음 볼 때나 두 번째 볼 때나 마찬가지다. 감독이 생각하는 영화의 핵심은 살인사건의 해결보다는 영화 속에 담긴 여러 가지 장치와 기호들이다. 그의 이런 영화적 스타일은 이후의 영화에도 이어진다. 그렇기 때문에 그의 영화는 "일반적인 영화와 달리 분석과 해부 그리고 조합이라는 번거로운 절차를 거쳐 관객에게 다가온다." 그리너웨이의 영화는 영화의 기능이 단순하고 말초적인 오락뿐만 아니라 복잡하고 고상하고 지적인 예술 체험일 수도 있다는 것을 너무나 잘 보여준다.

그리너웨이는 렘브란드에 관한 두 편의 영화를 제작하는데 하나는 〈야경〉이고 또 하나는 〈야경〉의 해설판이라고 할 수 있는 〈렘브란트의 심판〉(2008)이다. 영화 〈야경〉은 렘브란트가 대표작 〈야경〉이라는 집단 초상화를 그리면서 보게 되는 암스테르담 황금기의 권력과 부에 얽힌 추악한 음모를 그리고 있다. 〈야경〉은 극영화인 동시에 다큐멘터리이다. 영화 속에서 감독은 한편으로는 영화를 설명하는 내레이터로 또 다른 한편으로는 사건을 수사하는 검사 역할을 한다. 영화는 "사진과 연극 그리고 영화와 현실 사이를 오가면서 그림과 이미지의 진실에 대해 묻"고 "이미지와 기호에 대해 논한다." 거듭 말하지만 이 영화 또한 그리너웨이의 여느 영화처럼 복잡하고 어렵다.

앞서 말했듯이 『영화 속 미술관』에는 많은 영화가 소개되고, 영화마다 여러 예술가와 작품들이 열거된다. 그래서 영화를 보고 영화에 나오는 예술가와 예술품도 찾아보면 예술에 대한 이해가 훨씬 깊고 넓어질 수 있다. 개인적으로는 그렇게 부지런하지도 못하고 그림을 좋아하기는 하지만 그림에 대한 안목이 전혀 없어서 아쉽고 안타까울 따름이다. 그래도 책을 읽고 난 뒤 몇 편의 영화는 찾아보고 관련된 예술가와 예술품도 찾아봤다. 그랬더니 그냥 책으로만 볼 때보다는 미술에 한결 가까워진 것 같다.

저자의 말로 글을 맺으려 한다. "진정으로 성숙한 문화를 누리기 위해서는 자신만의 '독법'을 만드는 것이 중요하다." 미술만 그런 게 아니라 영화도 그렇고 책도 그렇다. 어쩌면 세상의 모든 일이 다 그렇다.

젠더에 관한 여러 가지 것들

『젠더 트러블

영화 〈대니쉬 걸〉(2015)과 〈걸〉(2018)은 비슷하면서도 조금 다르다. 〈대니쉬 걸〉에서 풍경 화가로 명성을 떨치던 에이나르(에디 레드메인)는 우연히 초상화 화가인 아내 게르다(알리시아 비칸데르)를 위해 여장을 하고 발레리나 초상화의 모델이 되어 준다. 그런데 드레스를 입고 캔버스 앞에 선 그는 이제까지 한 번도 느껴본 적 없었던 감정의 소용돌이 속에서 또 다른 자신의 모습을 마주한다. 장난처럼 참석한 무도회장에서 자신의 성 정체성을 깨닫는다. 하지만 그럴수록 에이나르는 게르다와 점점 갈등을 빚는다. 게르다는 처음에는 에이나르가 장난치는 것으로 생각했지만, 장난이 아니라는 사실을 알고 난 후에는 그의 성 정체성을 받아들인다. 그녀는 에이나르의 성전환 수술을 찬성하고 그의 곁을 끝까지 지킨다. 에이나르는 두 차례의 성전환 수술을 받은 뒤 그리 길지는 않았지만 여성으로서의 행복한 삶을 산다. 향수 가게에서도 일하고 예전에 여장으로 만났던 헨릭과도 만난다. 화가로서의 삶을 완전히 버린 채 말이다. 결국 그는 남자 에이나르로 태어났지만 여자 릴리로 죽었다. 이 영화는 세계 최초로 성전환 수술을 받은 화가 에이나르 베게너의 실화에 바탕을 둔 소설을 원작으로 하고 있다.

〈걸〉에서 주인공 라라(빅터 폴스터)의 꿈은 최고의 발레리나가 되는 것이다. 하지만 그녀는 남자로 태어났다. 그녀는 성전환 수술을 준비하고 있다. 다행히도 그녀의 아빠는 그녀의 결정을 지지한다. 하지만 아직 성전환 수술을 하기 전이라 그녀는 학교에 가기 전 늘 성기에 테이핑을 한다. 고된 연습을 마친 후에도 남자라는 사실이 알려질까 두려워 샤워를 하지 못한다. 하지만 영화에서 늘 그렇듯이 그녀의 정체는 동료들에게 알려지고 공연을 앞두고 쓰러지면서 결국 그녀는 무대에 서지 못한다. 그녀는 119에 자신의 이름으로 신고를 한 뒤 직접 가위로 성기를 자른다. 그녀는 병원으로 실려 가고 수술에서 깨어나 아빠와 마주한다. 영화는 여자로서 당당히 거리를 거니는 라라의 모습을 보여주면서 끝난다.

영화의 내용으로 보면 〈대니쉬 걸〉과 〈걸〉은 비슷하다. 영화 속 주인공 모두 '남성에서 여성으로의 성전환 수술'(MTF)을 한다. 그러나 자세히 보면 영화의 결이 조금 다르다. 에이나르는 오랜 기간 동안 남성으로 살다가 여성이라는 자신의 성 정체성을 우연히 발견하고 자신의 성 정체성에 혼란을 느낀다. 처음에는 거부하기도 했지만 결국 자신의 정체성을 받아들인다. 더 나아가 생물학적으로 여성이 되기로 결심하고 성전환 수술을 한다. 그에게는 여성으로서의 성적 욕망도 있다. 그는 여장을 한 상태에서, 즉 여자인 상태에서 헨릭을 만나고 그에게 끌린다. 반면 라라는 자신의 성 정체성에 대해 크게 혼란을 느끼지 않는다. 그녀는 성 정체성에 혼란을 느껴서가 아니라 오직 발레리나가 되기 위해 성전환 수술을 하려 한다. 그 때문에 영화에서 그녀의 성적 욕망은 표면화되지 않는다. 그녀에게는 오직 발레리나로서의 성공이라는 현실적 욕망만이 있을 뿐이다.

섹스(sex), 젠더(gender), 섹슈얼리티(sexuality)는 우리말로 모두 성(性)으로 번역된다. 이 세 단어는 때로는 같은 의미로, 때로는 다른 의미로 쓰인다. 일반적으로 섹스는 남자 또는 여자처럼 생물학적인 성별을 나타낼 때 쓰인다. 반면 젠더는 좁게는 문법적인 성 넓게는 사회적인 성을 가리킬 때 쓰인다. 젠더라는 용어가 주목받게 된 데는 여성의 후천적인 교육과 직업 기회를 강조하는 페미니즘의 영향이 크다. 마지막으로 섹슈얼리티는 성관계, 성행위뿐만 아니라 성 역할, 성적 감수성, 성의 권력까지도 포함할 때 쓰인다.

일반적으로 섹스는 생물학적인 몸의 차이, 젠더는 문화적이고 사회적인 동일시 양식, 섹슈얼리티는 성적 행위가 유래하는 근원적 욕망으로 설명된다. 보다 간단하게 말하면 섹스는 '몸', 젠더는 '정신', 섹슈얼리티는 '욕망'으로 요약될 수 있다. 에이나르와 라라는 완전한 남자로 태어났지만 여자의 몸이 되거나 여자의 몸을 가졌다. 〈대니쉬 걸〉의 에이나르는 정신, 몸, 욕망 모두에 걸쳐 여자로 볼 수 있다. 반면 〈걸〉의 라라는 정신과 욕망에서는 여자로서의 정체성은 분명하게 드러나지 않고 오직 몸에서만 드러난다. 에이나르는 여성으로서의 정체성을 느꼈고, 남성에 대한 성적 욕망을 품었고, 결과적으로 여성의 몸이 '되었다'. 반면 라라는 에이나르와 다르게 단지 남자의 몸이 아닌 여자의 몸이 필요했기 때문에 수술을 통해 여자의 몸을 '가졌다'.

자료를 찾아보니 에이나르/라라와 비슷하면서도 다른 역사적인 케이스가 몇 건 있다. 첫 번째 케이스는 '허마프로다이트'이다. 학문적으로 허마프로다이트(hermaphrodite)는 헤르메스와 아프로디테의 합성어로서 남성과 여성의 성적 특징을 동시에 체현하는 몸의 주체를 지칭한다. 허마프로다이트의 경우 몸의 특징이나 성 염색체상의 특징이 남성이나 여성 한쪽으로 확정될 수가 없다. 19세기 프랑스의 에르퀼린 아델라이드 바르뱅은 대표적인 허마프로다이트, 즉 양성인간이었다. 그는 여자로 태어나 여자로 길러졌지만 나중에 남자가 되었다. 그녀 스스로 남자를 선택한 게 아니라 그녀의 몸을 검사한 의사의 의견과 공청회의 결정에 따른 것이다. 결국 그녀는 머물던 여성 수도원에서도 쫓겨나고 연인과도 헤어졌다. 두 번째 케이스는 데이비드 라이머이다. 그는 남자로 태어났지만 의료 사고로 성기가 절단되어 어쩔 수 없이 여성으로 성전환 수술을 했다. 하지만 그는 끝까지 자신을 여자라고 생각하지 않았고, 남성으로의 성전환 수술을 통해 결국 남자가 되었다. 마지막 케이스는 불임 치료를 받던 환자들이다. 상식적으로 남자는 XY염색체를, 여자는 XX염색체를 갖는다. 그러나 한 연구에 따르면 XX염색체를 가졌는데도 남자이거나, XY염색체를 가졌는데도 여자인 경우가 있었다고 한다. 상식적으로 우리는 몸이나 유전자의 결정 요소는 존재론적 근원이라고 생각하지만 앞의 예들은 예외적인 경우도 가능하다는 것을 보여준다.

주디스 버틀러의 『젠더 트러블』(1990)은 기존의 젠더 논의에 단어 그대로 '트러블'을 일으켰다. 『주디스 버틀러, 젠더 트러블』(2016)의 저자 조현준에 따르면, 버틀러는 전통적인 이분법에 저항하면서 몸의 인식 가능성과 욕망의 근원성을 전제하는 것도 문화적이고 사회적인 양식이기 때문에 섹스, 젠더, 섹슈얼리티가 모두 젠더라고 주장한다. 섹스, 젠더, 섹슈얼리티는 모두 제도적 담론이 명명하고 구성한다는 의미에서 유사하다. 그녀는 푸코의 말을 원용해서 "이제 섹스, 젠더, 섹슈얼리티는 서로 구분하는 것이 무색할 만큼 문화적 구성물, 역사적 생산물이라는 공통적 입지를 갖게 된다"고 말한다.

조현준은 버틀러가 젠더를 패러디한다고 설명한다. 패러디는 원래 원본과 모방본의 차이를 무화시킨다. 버틀러가 보기에 제도와 규범이 만든 젠더라는 원본은 결국 이차적인 구성물이고 하나의 이상성에 불과하다. 원본과 모방본의 구분을 흔드는 패러디는 웃음을 가져온다. 젠더는 명사가 아니라 동사이며 행위 뒤에 행위자는 없다. 또한 구체적 표현물 뒤의 원초적 중핵도 존재하지 않는다. 따라서 전해질 수 없는 것, 언어화하지 않는 것, 상징화하지 않는 것에서 정치적 실천력이나 전복을 기대할 수 없다. 젠더의 표현물 뒤에는 어떠한 젠더 정체성도 없다.

버틀러에 따르면, 담론에 앞서는, 담론과 무관한 '날것'으로서의 몸, '날것'으로서의 섹스는 존재하지 않으며 섹스도 젠더와 마찬가지로 문화적인 구성물에 지나지 않는다. 젠더는 동사적인 것으로서 법이나 규범, 담론을 통해 의례화된 실천, 행위의 반복적 수행 속에서 의미화된다. 젠더 정체성의 수행을 설명하기 위해 '주체'로서의 행위자를 미리 가정할 필요는 없다. '주체'는 권력이 생산하는 구성물이다. 젠더와 마찬가지로 주체 역시 법이나 규범 또는 담론의 반복적인 실천을 통해 형성된다.

버틀러의 젠더 이론은 워낙 복잡하고 난해하지만, 한마디로 말하자면 '성은 타고나는 것이 아니라 구성된다'는 구성주의적 관점이다. 구성주의에 따르면, 고정된 정체성은 없기에 성 정체성이라고 하는 것은 이성애를 규범적 정상성으로 간주하는 사회 안의 제도 담론이 만든 생산물이다. 성적 소수자의 욕망은 '이상한'(queer) 것, 혹은 치료받아야 할 질병으로 분류되는데, 이는 규율 권력의 제도 담론이 만든 후천적 결과이기에 마땅히 부정하고 저항해야 한다.

버틀러의 『젠더 트러블』은 젠더 자체에도 트러블을 일으켰지만 당시 백인 이성애 중산층 중심의 기성 페미니즘에도 트러블을 일으켰다. 그녀는 푸코의 계보학적 통찰을 빌려 지금까지 당연한 것으로 간주해 온 인류학, 정신분석, 특히 페미니즘의 기본 전제가 되어 온 이성애 중심주의를 폭로하고, 그동안 너무나 당연하게 여겨지던 인식론에 트러블을 일으켰다. 『젠더 트러블』에서 버틀러의 목표는 크게 두 가지였다. 첫 번째는 "페미니즘 이론 안에 만연한 이성애주의라고 생각되는 것을 폭로하는 것"이었고, 두 번째는 "젠더 규범과 어느 정도 거리를 두고 사는 사람들, 즉 젠더 규범의 혼란 속에서 사는 사람들이 스스로 살 만한 삶을 살고 있을 뿐만 아니라 특정한 종류의 인정을 받을 자격도 있다고 스스로 생각할 만한 어떤 세계에 대해 상상해 보는 것"이었다.

1960년대 후반 페미니즘 안에는 거대한 마르크스주의의 유산이 있고, 페미니즘 사유는 사실 마르크스주의에 많이 빚지고 있다. 예컨대 마르크스주의는 여성 억압의 문제에 접근하는 유용한 패러다임을 제공해 주었다. 그러나 마르크스주의는 계급, 노동, 생산관계와 같은 이슈들에 초점을 맞추기 때문에 페미니스트들이 관심을 갖는 성적 차이, 젠더 억압, 섹슈얼리티와 같은 핵심 이슈들을 깊게 다룰 수 없었다. 마르크스주의는 근본적으로 젠더와 섹슈얼리티 문제에 취약했고, 이러한 점에서 페미니즘을 위한 이론적 체계로서 한계를 지닐 수밖에 없었다. 성차별에 집중하는 페미니스트들은 대부분 남성적인 것과 여성적인 것이라는 일종의 상징적 지위를 가정하거나, '남성적인', '여성적인'이라는 말에 따라 이해되는 성적 차이에는 변하지 않는 어떤 것이 있다고 가정하는데, 버틀러는 바로 이 점이 문제라고 지적한 것이다.

젠더 규범과 젠더 정체성이 모두 행위의 반복적 실천을 통해 수행적으로 구성된다는 버틀러의 주장은 이후 '퀴어 이론'에 많은 영향을 끼쳤다. '기묘한' 혹은 '기분 나쁜'이라는 뜻을 가진 '퀴어'는 처음에는 부정적인 뉘앙스를 담아 동성애를 경멸하고 비하하는 의미로 사용되었다. 하지만 동성애 이론가들이 이성애 중심주의에 대한 반발로, 즉 "이성애적 규범이 성 정체성과 성적 실천의 관계를 지나치게 단순화하여 고착시켰던 것에 대한 반발"로, 퀴어를 적극적으로 사용하면서 그 의미가 바뀌었고, 지금은 양적으로나 질적으로나 퀴어 연구가 폭넓게 이루어지고 있다.

퀴어 영화는 통상적으로 동성애를 다루는 영화를 가리켰지만 지금은 동성애뿐만 아니라 양성애자, 성전환자 등 성적 소수자에 대한 영화까지도 포괄한다. 초창기 퀴어 영화는 주로 실험적 형식에 정치적으로 급진적인 입장을 취하는 작품이 많았다. 그러나 라이너 베르너 파스빈더, 페드로 알모도바르, 데릭 저먼, 구스 반 산트, 토드 헤인즈, 리안 등 수많은 영화 거장들이 퀴어 영화 수작을 남기면서 퀴어 영화에 대한 사회적 인식도 많이 바뀌었다. 이 글을 쓰면서 예전에 정리한 동성애 영화 목록을 찾아보았다. 〈아이다호〉(1991), 〈크라잉 게임〉(1992), 〈파 프롬 헤븐〉(2002), 〈나쁜 교육〉(2004), 〈브로크백 마운틴〉(2005) 등 바로 앞에서 언급된 영화감독의 영화들도 있고, 〈해피투게더〉(1997), 〈메종 드 히미코〉(2005), 〈가장 따뜻한 색, 블루〉(2013)와 같은 멋진 영화들도 있다. 물론 〈소년, 소년을 만나다〉(2008), 〈후회하지 않아〉(2006), 〈도희야〉(2014)와 같은 멋진 우리 퀴어 영화들도 있다. '이상하다'는 편견에서 벗어나면 이 영화들은 전혀 이상하지 않다. 오히려 이 영화들을 이상하게 보는 태도가 더 이상하다.

타란티노의 역사 쓰기

이동진의 영화 평론집 『영화는 두 번 시작된다』(2019)를 읽다가 쿠엔틴 타란티노 영화에 대한 흥미로운 구절을 발견했다. “쿠엔틴 타란티노의 영화를 보면서 실망했던 적은 이제껏 한 번도 없었다. 그의 작품들은 언제나 ‘무척 흥미로운 영화’ 아니면 ‘악! 소리 나게 흥미로운 영화’, 둘 중 하나였다.” 그러면서 그는 〈바스터즈: 거친 녀석들〉(2009)을 ‘악! 소리 나게 흥미로운 영화’의 범주에 넣었다. 아마도 타란티노의 〈바스터즈〉를 보았다면 누구라도 이동진의 타란티노 영화 분류에 동의할 것이다. 얼마 전에 타란티노의 아홉 번째 영화 〈원스 어폰 어 타임 인 할리우드〉(2019)를 보았다. 타란티노는 영화 열 편을 찍고 은퇴한다고 했는데, 그렇다면 이 영화는 그의 마지막 작품 바로 전(前) 작품이 될 것 같다. 〈원스 어폰 어 타임 인 할리우드〉는 이동진의 분류에 따르면 아마도 ‘무척 흥미로운 영화’에 속한다.

〈원스 어폰 어 타임 인 할리우드〉는 〈조커〉(2019)와 비슷한 시기에 개봉됐다. 국내 극장을 기준으로 했을 때 〈원스 어폰 어 타임 인 할리우드〉가 개봉된 후

일주일 뒤 〈조커〉가 개봉됐다. 〈조커〉가 너무나도 큰 주목을 받아 〈원스 어폰 어 타임 인 할리우드〉에 대한 관심은 상대적으로 작았다. 찾아보니 〈원스 어폰 어 타임 인 할리우드〉에 대한 전문가들의 평문도 생각만큼 많지 않았고, 관객들의 평도 그렇게 우호적이지 않았다. 아마도 많은 사람들이 그의 '악! 소리 나게 흥미로운 영화'를 기대해서 그랬던 것 같다. 오히려 〈조커〉가 관객들로 하여금 '악 소리 나게' 했다. 하긴 타란티노는 전작들인 〈바스터즈: 거친 녀석들〉와 〈헤이트풀 8〉(2015), 그리고 〈장고: 분노의 추격자〉(2012)에서 이미 충분히 관객들을 '악! 소리 나게' 했기 때문에 〈원스 어폰 어 타임 인 할리우드〉가 약간 평범해 보였을 수도 있다. 대신 이 영화는 무척 흥미로운 영화다.

〈원스 어폰 어 타임 인 할리우드〉는 실화에 기반을 두고 있고 실제 역사적 인물이 등장하고 있음에도 영화의 전체적인 이야기는 허구다. 이 영화는 요즘 많이 유행하는 '팩션'(faction)과도 조금 다르다. 사전에 따르면 팩션은 팩트(fact)와 픽션(fiction)을 합성한 신조어로서 역사적 사실이나 실존인물의 이야기에 작가의 상상력을 덧붙여 새로운 사실을 재창조하는 문화예술 장르를 가리킨다. 팩션은 역사적 사건을 토대로 상상력을 결합하여 새로운 시각으로 역사를 재해석함으로써 팩트와 픽션의 장점인 역사성과 오락성을 함께 구현한다는 장점이 있다. 팩션은 역사의 빈틈을 허구적 상상력으로 채우는 예술이기에 방점은 사실과 허구 가운데 '사실'에 찍힌다. 간단히 말해 팩션의 이야기는 허구인 것 같지만 사실에 가깝다. 반면 실화에 기반을 두고 역사적 인물이 등장하지만 〈원스 어폰 어 타임 인 할리우드〉의 영화적 방점은 허구에 찍힌다. 즉 이 영화는 사실인 것 같지만 허구다. 예컨대 로만 폴란스키 감독의 부인이자 배우인 샤론 테이트(마고 로비)는 실제로는 끔찍하게 살해되지만 영화에서는 죽지 않는다.

영화의 줄거리는 이렇다. 릭 달튼(리어나도 디캐프리오)은 한때 잘나가던 서부극 주연 배우였으나 이제는 한물간 퇴물 배우일 뿐이다. 그는 친구이자 스턴트 대역인 클리프 부스(브래드 피트)와 함께 술에 의존하고 악역을 전전하며 근근이 배우 생활을 이어가고 있다. 어느 날 그는 연예계 에이전트 마빈 슈워즈(알 파치노)에게 '이탈리아에서 스파게티 웨스턴을 찍어보는 게 어떻겠냐'라는 제안을 받는다. 릭은 점점 추락하고 있는 자신의 모습에 감정을 추스르지 못하고 울분을 토한다. 한편 그의 옆집에는 잘나가는 영화감독 로만 폴란스키와 그의 아내 샤론 테이트가 얼마 전에 이사를 왔다.

클리프는 릭의 스턴트 대역이지만 현재는 스턴트 일이 없어 릭의 허드렛일이나 하는 신세다. 예전에 그는 릭의 도움으로 스턴트 일을 얻었지만 영화 촬영 현장에서 이소룡과 싸운 뒤에는 그 일자리마저 잃었다. 그는 릭을 촬영장에 태워다 주면서 한 히피 소녀를 알게 되고 그녀와 함께 그녀가 사는 곳으로 간다. 하지만 그는 그곳에서도 히피들과 싸움을 벌인다. 찰스 맨슨은 예전에 살던 레코드 프로듀서 테리 멜쳐가 이사 간 줄 모르고 로만 폴란스키의 집을 방문했다가 면박을 당하고 쫓겨난다. 그 시간 샤론 테이트는 시내를 돌아다니다가 자신이 출연한 영화를 공짜로 관람하며 흐뭇해한다.*

릭은 처음에는 자존심 때문에 이탈리아 스파게티 웨스턴에 출연을 망설이지만 결국 수락한다. 그는 이탈리아에서 여러 편의 영화를 찍고 그곳에서 만난 이탈리아 출신의 배우 프란체스카 카푸치와 결혼도 한다. 릭은 미국으로 돌아오면서 클리프에게 여러 가지 사정으로 더 이상 고용할 수 없다고 말하고

* 〈원스 어폰 어 타임 인 할리우드〉에서 샤론 테이트, 로만 폴란스키, 찰스 맨슨, 샤론 테이트의 전 남자친구 제이 세브링, 음반 제작자 테리 멜쳐는 실존 인물이다. 허구 인물과 구분하기 위해 이들의 이름은 풀 네임으로 표기한다.

클리프 역시 흔쾌히 받아들인다. 그들은 이제 헤어져 서로 각자의 길을 가게 되는 것을 아쉬워하며 코가 삐뚤어지게 술을 마시고 택시를 타고 집에 돌아온다.

그 시각 클리프와 싸움을 벌였던, 엄밀히 말하자면 일방적으로 그에게 두들겨 맞았던 히피족은 시끄러운 고물차를 타고 로만 플란스키의 집 앞에 도착한다. 그들은 자신들의 우두머리인 찰스 맨슨으로부터 테리 멜쳐의 옛집, 현재 로만 폴란스키와 샤론 테이트의 집에 있는 사람들을 모두 살해하라는 지령을 받았다. 하지만 그들은 우발적으로 릭을 살해하기로 계획을 바꾼다. 그들은 릭의 집에 들어갔다가 산책에서 돌아온 클리프와 마주친다. 그들은 클리프, 나중에는 릭과 싸움을 벌이며 온 집안을 난장판으로 만든다. 하지만 그들 모두 처참하게 죽는다. 누군가는 칼에 맞아서 죽고, 누군가는 맞아서 죽고, 또 누군가는 화염 방사기로 불에 타 죽는다.

클리프는 부상당한 채 병원으로 후송되고 출동한 경찰들 또한 사건을 마무리 짓고 돌아간다. 릭은 시끄러운 소리를 듣고 나온 옆집의 제이 세브링에게 자초지종을 설명한다. 제이는 놀라워하고 샤론 테이트는 릭을 인터폰으로 초대한다. 그들은 서로를 반갑게 맞으면서 영화는 막을 내린다.

영화 〈원스 어폰 어 타임 인 할리우드〉를 보기 전 일부러 인터넷으로 줄거리를 찾아보지 않았다. 영화평이나 관객 리뷰 또한 읽지 않았다. 그 때문인지 영화를 보는 내내 샤론 테이트가 언제 죽을지 궁금했다. 아니 걱정했다. 사실 이 영화는 개봉 전부터 큰 우려가 있었다. 유명 배우의 살인 사건이라는 사건 자체도 끔찍하지만, "극단적인 폭력성과 블랙 유머를 강하게 드러내는" 타란티노의 영화 스타일에 비추어 보았을 때, 샤론 테이트 살인 사건이 왜곡되거나 유희적으로 묘사될 수 있기 때문이다. 하지만 그는 처음부터 "[살인자] 찰스 맨슨이 아니라 1969년을 다루는 것"이고, 영화의 주제는 "당시 할리우드를 비롯한 미국 사회의 전반적인 모습을 다루는 것"이라고 거듭 설명했다. 그럼에도 많은 사람들은 걱정했다.

〈원스 어폰 어 타임 인 할리우드〉에 대한 전문가들이나 관객들의 평가는 앞에서 잠깐 말했듯이 타란티노의 전작들만큼 그렇게 우호적이지 않았다. 타란티노 영화의 특징으로 보통 "극단적인 폭력성, B급 성향, 찰진 수다, 과거 영화에 대한 오마주, 탁월한 음악 선곡 능력" 등이 꼽힌다. 이 외에도 "극단적인 성향의 캐릭터들의 충돌, 장황하지만 시시껄렁한 대사들, 서스펜스 넘치는 전개" 등도 언급된다. 하지만 이 영화에서 감독은 드라마에 더욱 집중한다. '피의 복수를 통한 강렬한 쾌감'보다도 샤론 테이트를 안타까워하며 따뜻한 휴머니즘을 전경화한다. 그래서 혹자는 이 영화들 두고 "가장 따뜻하고 감동적인 타란티노 영화"라고 말한다.

앞에서 언급했던 타란티노의 전작들로 돌아가자. 〈바스터즈〉는 제2차 세계대전이 벌어지는 유럽을 배경으로 유대계 미군 장교가 뜻을 함께하는 사람들을 모아 특수부대를 만든 후 나치 소탕전을 벌이는 내용이다. 〈장고〉에서 흑인 노예 장고는 현상금 사냥꾼이 된다. 그런데 그의 목표는 현상금보다는 노예로 팔려 간 아내 브룸힐다를 찾아서 구하는 것이다. 이 작품은 기본적으로 서부극을 지향하지만 기존의 서부극을 전복한다. 시대적 배경과 공간적 배경이 기존의 서부극과 달리 19세기의 남부 지방이다. 그러나 이 작품의 압권은 정의의 사도인 장고가 흑인이라는 점이다. 그는 백인의 도움으로 백인 노예주를 처단한다. 흑인임에도 불구하고 백인에게 빌붙으며 흑인을 증오하고 괴롭히는 집사도 응징한다.

〈헤이트풀 8〉에서 레드락으로 '죄수'를 이송 중이던 '교수형 집행인'은 눈보라가 뒤를 쫓는 설원에서 우연히 '현상금 사냥꾼'과 '보안관'을 만나 합류하게 된다. 그리고 거세지는 눈보라를 피해 들어간 산속 잡화점에서 그들 4명은 먼저 와 있던 또 다른 4명, '남부 연합군 장교', '이방인', '리틀 맨', '카우보이'를 만나게 된다. 그들은 영화 제목처럼 서로에게 '증오심으로 가득 차 있다'(hateful). 참혹한 독살 사건이 벌어지면서 각 인물들의 숨겨진 비밀이 하나씩 밝혀진다. 특히 마지막 장면에서는 전혀 예측하지 못했던 일들이 연달아 벌어진다.

타란티노의 〈원스 어폰 어 타임 인 할리우드〉는 그의 전작들인 〈바스터즈〉, 〈장고〉, 〈헤이트풀 8〉과 비교했을 때 다소 밋밋하게 느껴질 수 있다. 피의 복수를 통한 강렬한 쾌감은 찾을 수 없다. 마지막 장면에서 클리프와 릭이 히피족을 처단하지만 그것을 정의라고 부르기 어렵다. 그리고 그 장면은 강렬한 쾌감보다는 일종의 안도감과 평안함을 준다. 그런데 그의 영화들에서는 공통점이 발견된다. 다름 아닌 미국의 역사를 바라보는 타란티노의 태도다. 누군가는 영화를 통해 영광스러운 역사를 재현하려 하고, 누군가는 그릇된 역사를 교정하려 시도한다. 그들과 비교했을 때 타란티노는 역사를 가정한다. 그의 역사 가정 방식은 'What if~?' 영어 구문으로 설명된다. 이 영어 구문은 두 가지 뜻이 있다. 즉 '~라면 어떻게 될까?'라는 뜻도 있지만, 또한 '~인들 무슨 상관이야?'라는 뜻도 있다. 타란티노는 자신의 영화에 아무래도 후자의 뜻을 가져온 듯하다. 그렇기 때문에 더욱 자유롭다. 이동진이 말하는 것처럼 "〈바스터즈〉에서 나치가 다루어지는 방식은 〈황혼에서 새벽까지〉의 뱀파이어나 〈데스 프루프〉의 마초 악당이 당하는 방식과 비슷하다." 〈원스 어폰 어 타임 인 할리우드〉에서 히피족이 당하는 것도 그 연장선상에서 생각하면 다소 이해가 된다. '인간에 대한 예의'와 '따뜻함'이 더해지기 때문에 이 영화는 '흥미롭다.'

제6부

악의 탄생

〈조커〉

저명한 마르크스주의 비평가이자 이론가인 테리 이글턴은 『악』(2010)에서 악을 비롯한 윤리적 문제에 대해 합리적이고 정교한 방식으로 고민해야 할 필요성을 역설한다. 그는 『악』에서 여러 문학 텍스트, 신학, 정신분석과 홀로코스트를 종횡무진으로 넘나들면서 악이라는 실체를 거부하지 않고도 '악'(evil)과 '부정'(wickedness)을 구별할 수 있어야 한다고 주장한다. 그는 악의 특성으로 원인과 합리성 부재, 사회적 조건화에 관한 거부, 불가해한 초월성을 향한 무한한 욕망, 무의미, 극단적 순수성, 공허함 등을 꼽는다. 반면 선은 유한한 것과 불완전한 것, 생명이 있는 것들을 향한 연민과 애정을 함의한다. 악은 타인과 자기의 소멸을 통해 지리멸렬한 일상을 통쾌하게 날려버리는 것 같기 때문에 인간의 조건 자체에 내재돼 있는 초월을 향한 욕망은 선보다 악을 거쳐 매력적으로 구현되는 것처럼 보인다.

이글턴이 『악』에서 가장 경계하는 사고의 형태는 특정 범행을 악이라고 호명함으로써 그것을 도저히 이해할 수 없는 행동, 혹은 일상의 사회 조건을 초월하는 행동으로 규정하고 논의와 협상의 가능성을 봉쇄해버리는 것이다. 그는 이런 행태야말로 물질을 향한 무한한 욕망을 부추기는 자본주의 사회가 '무한'이라는 변질된 형이상학적 관념에 기대야 작동되는 아이러니한 상황에서 비롯된 교묘한 은폐의 결과라고 주장한다. 그렇다고 인간 타락의 모든 원인을 자본주의 탓으로 돌리지는 않는다. 그는 악이 일상의 사회 조건을 넘어선다 해도 근본적으로 불가해한 것은 아니며, 선이 그렇듯 악 또한 사회적 조건화에서 벗어날 수 없다는 유물론적 시각을 견지한다.

이글턴의 입장을 받아들인다면 사람은 악인으로 태어나는 게 아니라 악인으로 거듭나는 것이다. 반면 생물학적 결정론자들은 인간의 본성은 태어나기 전 이미 유전자와 염색체에 의해 결정된다고 주장한다. 그들의 주장에 따르면, 후천적인 양육과 환경이 아무리 훌륭하다고 하더라도 악인으로 이미 결정된 유전자의 운명을 바꿀 수 없다. 이글턴을 비롯한 마르크스주의자나 생물학적 결정론자 모두 서로의 주장을 굽히지 않는다. 이 문제는 누구의 주장이 옳다고 쉽게 단언할 수 없다. 비슷한 맥락에서 교육학에서도 '본성'(nature) 대 '양육'(nurture)이라는 문제가 여전히 논쟁 중이다. 그런 점에서 영화 〈조커〉(2019)는 대단히 흥미로운 예다.

주지하듯 〈조커〉는 고담시의 광대 아서 플렉(호아킨 피닉스)이 조커(Joker)가 되어가는 과정을 담고 있다. 아서는 유명한 코미디언이 되는 게 꿈이지만 현실에서는 사람들에게 무시당하는 광대일 뿐이다. 그에게는 간호해야 할 아픈 어머니가 있다. 그는 사람들에게 웃음을 줘야 하지만 웃음이 멈추지 않는 정신병까지 앓고 있다. 같은 층에 사는 여성 소피만이 유일하게 그의 코미디에 웃어줄 뿐이다. 어느 날 그는 거리의 불량 청소년들에게 광고판을 빼앗기고 구타를 당한다. 동료 랜들은 그에게 힘들 때 쓰라며 총을 건네준다. 아서는 아동

병원에서 공연을 하다가 실수로 그만 총을 떨어뜨린다. 그는 코미디의 소품이라고 항변하지만 병원에서 쫓겨나고, 동료인 랜들이 그에게 모든 죄를 떠넘겨 결국 해고당한다. 아서의 농담 노트에 적혀 있는 "나의 삶이 죽음보다 가취 있기를"이라는 문장은 가난에 찌들어 비루한 삶을 살기에 죽음을 원하지만 그러지도 못하는 그의 절망적인 상황을 잘 예거한다.

아서는 지하철에서 자신을 조롱하며 때리던 남자들을 우발적으로 총으로 쏴 죽인다. 그는 처음에는 살인에 대한 죄책감에 사로잡히지만 사람들이 자신을 응원하며 광대 시위를 하자 점점 자신감을 갖게 된다. 이때부터 그는 비겁하고 남들에게 괴롭힘을 당하는 아서가 아니라 당당하고 악을 응징하는 조커로 변하기 시작한다.

아서는 어머니 페니 플렉으로부터 자신이 억만장자인 토마스 웨인의 아들이라는 이야기를 듣고 이를 확인하기 위해 그의 집으로 향한다. 하지만 집사로부터 어머니가 망상병 환자였다는 사실을 듣게 된다. 그는 어머니가 입원했던 정신병원에서 그녀가 망상병 환자였고 자신은 입양아였다는 사실을 확인한다. 그는 자신의 정신병이 어머니의 남자 친구의 폭행 때문이었다는 사실에 큰 충격을 받는다. 자신을 위로해 주던 소피가 자신의 망상이었다는 사실을 알게 되며 더욱 절망한다.

아서는 어머니의 병실에서 TV를 보다가 자신의 우상인 머레이가 쇼에서 자신을 조롱하는 것을 보며 분노한다. 결국 그는 어머니를 죽이고, 어머니의 부고 소식을 듣고 찾아온 회사 동료 랜들도 죽이고, 꿈에 그리던 머레이 쇼에 출연해서 자신을 조롱한 머레이도 죽이고, 경찰에 체포된다. 하지만 그는 체포되어 경찰서로 연행되는 도중 광대 시위자들에 의해 구출되어 처음으로 '행복하게' 웃는다. 그는 어머니를 죽인 뒤 "난 내 인생이 비극인 줄 알았거든. 그런데 알고 보니, 개 같은 코미디가 따로 없더라고"라고 무심하게 내뱉는다. 평범했던 아서는 마침내 악인 조커로 거듭난다.

〈조커〉가 '악의 탄생'이라면, 〈다크 나이트〉(2008)는 '악의 실험', 그리고 그보다 앞선 〈배트맨〉(1989)은 '악의 유희'라고 규정할 수 있다. 〈조커〉에서 조커는 살인을 저지르고 악행을 저지르지만 그를 보면 무섭다기보다는 '측은하다'(pitiful)는 생각이 든다. 예컨대 그는 "정신 질환의 가장 나쁜 점은 남들에게 아무렇지 않은 척해야 한다는 것이다"라고 말한다. 반면 〈다크 나이트〉에서 조커는 끊임없이 악을 실험한다. 그는 영화 내내 '진지하다'(serious). 영화평론가 이동진은 〈다크 나이트〉가 "언뜻 허황되게 보일 수 있는 슈퍼히어로 장르의 영화이면서도 그 속에 셰익스피어와 구약 성서 욥기의 저자를 사로잡았던 윤리적 딜레마와 철학적 성찰까지 선명하게 담아냈다"고 평한다. 〈배트맨〉의 조커는 악 자체를 즐긴다. 악을 행하면서 늘 '기쁨에 가득 차 있다'(joyful). 이제 자신의 정체성이나 악의 본질 따위에는 관심이 없다. 그렇기에 사람을 죽이면서도 양심의 가책 따위 느끼지 않는다. 사람을 죽이는 것이나 미술관의 명화를 훼손하는 것이나 그에게는 똑같이 기쁜 일이다.

영화의 제작 순서로 보면 〈배트맨〉, 〈다크 나이트〉, 〈조커〉 순이지만 이야기의 순서로 보자면 〈조커〉, 〈다크 나이트〉, 〈배트맨〉 순이다. 이 순서는 조커의 입장에서 보았을 때 그렇다. 하지만 조커와 라이벌이라 할 수 있는 배트맨의 입장에서도 그렇다. 〈조커〉에도 배트맨이 등장한다. 하지만 〈조커〉의 배트맨은 아직 정의의 사도가 되기 이전이다. 그는 단지 폭도들에 의해 아버지를 잃은 힘없는 어린 소년 브루스 웨인일 뿐이다. 즉 브루스는 크리스토퍼 놀런의 '배트맨'을 거쳐 팀 버튼의 '배트맨'으로 변모한다.

영화 〈조커〉의 마지막 장면은 매우 인상적이다. 조커는 정신병원에 수감되어 상담을 받는다. 상담사가 왜 그렇게 웃느냐고 묻자 그는 문득 농담이 떠올랐다고 대답한다. 상담사가 무슨 농담이냐고 묻자 그는 "말해줘도 이해 못 할 거요"라고 대답하고, 곧바로 "인생은 그런 거야. 참 우습게도 누군가는 재미로 꿈을 차 버리지만 난 절대 절망하지 않아. 이 멋진 세상은 돌고 도니까"라고 노래를 부른다. 자신의 농담을 이해할 수 없다는 것인지, 아니면 인생이 그런 것이라는 것을 이해할 수 없다는 것인지 명확하지 않다. 그때 영화는 갑자기 그가 피를 발에 묻힌 채 복도를 걷는 장면으로 바뀌는데, 이 장면은 조커의 탈출과 그의 본격적인 악행의 시작을 암시한다.

조커는 처음부터 악인이 아니었다. 평상시에 그는 소심하고 자신의 말대로 "존재감 없이 살았다." 그는 아이들을 비롯해 모든 사람들에게 친절하게 대한다. 하지만 그의 '환대'에 대해 사람들은 '적대'와 '불신'으로 답한다. 그리고 광대 분장을 한 상태에서 저지른 우발적인 살인은 모든 것을 바꿔 놓는다. 광대 분장을 하면 그는 신나고 직설적인 사람으로 변한다. 그때는 웃음 발작도 일어나지 않는다. 그때 웃는 웃음이 그의 진짜 웃음이다. 그의 어머니는 그를 '해피'라고 부르지만 평상시에 그는 결코 '해피'하지 않다. 광대 분장을 했을 때만 그는 '해피'하다. 계단을 힘겹게 오르는 아서의 모습과 춤을 추며 계단을 내려가는 조커의 모습은 사뭇 대조적이다.

다시 이글턴으로 돌아가자. 이글턴은 리처드 도킨스의 『만들어진 신』(2006)에 관한 비판을 시작으로 2000년대 초반 시작된 '새로운 무신론'(New Atheism)을 향해 비판적 관점을 피력했다. 그의 『신을 옹호하다』(2009)는 기독교를 비판하는 무신론의 오류, 신학에 관한 무지와 순진한 자유주의적 낙관론을 향한 일침이다. 앞에서 살펴본 『악』은 악을 비롯한 윤리적 문제에 관해 합리적이고 정교한 방식으로 고민해야 할 필요성을 역설한다. 『악』은 '악'이라는 상징을 남용하면서 사회 개혁의 여지를 봉쇄하는 고삐 풀린 자본주의와 이 체제를 유지하는 권력 체제, 그리고 부지불식간에 이를 방조하는 도킨스 류의 자유주의적 휴머니즘에 관한 '비극적 휴머니스트'의 유물론적 비판이다. 현실에서 그대로 이어지는 미래가 나쁘지 않다고 생각하는 자유주의적 휴머니스트와 다르게, 이글턴은 정치와 현실이 최악이라는 비극성에 관한 발본적 이해와 수용을 거쳐 새로운 것을 바랄 수 있다는 믿음을 '비극적 휴머니즘'으로 규정한다.

과학과 예술과 **철학**의 만남

『숨』

테드 창의 과학소설 『숨』(2019)을 읽었다. 출판사 서평에 따르면, 이 작품은 새로운 시간여행, 인공지능, 외계 지성, 평행우주, 인간의 자유의지, 생체적 기억과 디지털적 기억, 인류의 미래 등을 소재로 "낯선 테크놀로지가 넘쳐나는 새로운 세상을 앞둔 우리에게 독보적 상상력과 예언적 통찰로 무장한 소설가가 던지는 질문"이다. 그는 새로운 기술이 인간 사회에 도래했을 때, 그것이 지닌 가능성은 인간과 사회를 어떻게 변화시키는가? 세상을 바라보는 인간의 태도는 어떻게 변화하며, 그 결과 인간은 어디를 향해 나아가는가? 그리하여 당신은 어떻게 살 것인가? 등의 질문을 던진다. 『숨』은 여러 개의 단편소설로 구성되어 있다. 각각의 작품은 독립되어 있지만 동시에 때로는 느슨하게 때로는 밀접하게 연결되어 있다.

「상인과 연금술사의 문」은 '시간여행'이라는 익숙한 소재를 다루고 있다. 작가는 이 작품에서 과거로 갈 수 있다면 무엇이 달라질까? 미래를 볼 수 있다면 우리의 현재는 달라질까? 등의 문제를 제기한다. 주인공 푸와드는 "일어난

일은 결코 되돌릴 수 없다"는 경고에도 불구하고 자신의 과거 실수를 만회하기 위해 '세월의 문'이라는 타임머신을 통해 과거를 선택한다.

표제작인 「숨」은 우주의 다른 종과 문명을 향해 어느 해부학자가 남긴 서간체 형식의 소설이다. 작품의 공간은 무한하게 뻗어 나가는 단단한 크롬 내부의 아르곤 공기실이다. 화자인 과학자는 시계에 비해 인간의 뇌가 느리게 작동하고 있다고 의심하고 자신의 뇌를 해부한다. 그는 공기가 단순히 그들의 사고를 발생시키는 엔진에 동력을 제공하는 것만이 아니라 사실상 그들의 사고가 각인되는 매체임을 알게 된다. 그리고 생명의 원천은 공기가 아니라 기압 차이임을 깨닫는다. 기압이 평형 상태에 도달할 때 우주는 그 모든 작동을 멈추고 문명은 완전히 소멸한다. 하지만 그는 평형 상태가 모든 우주의 운명이 아닐 수도 있다는 희망을 품으며 다른 우주에 존재할지도 모르는 미래의 다른 문명을 향해 메시지를 남긴다.

「우리가 해야 할 일」은 '자유의지가 환상이라면 당신은 어떤 선택을 하게 될까?'라는 근원적인 질문을 던진다. 보통 자유의지는 운명의 반대말이다. 그리고 자유의지에 따라 여러 가지 선택지 가운데 가장 좋은 것을 고른다. 하지만 자유의지가 환상이라면 허먼 멜빌의 바틀비처럼 더는 선택을 하지 않으려 한다. 바틀비는 둘 중 "어느 하나를 선호하지 않고"(would not prefer) 선택하는 "행위 자체를 선호하지 않는다"(would prefer not). 그러나 화자는 말한다. 무엇이 현실인지는 중요하지 않다. 정말로 중요한 것은 무엇을 믿느냐이다. 이 거짓말을 믿는 것이야말로 깨어 있는 혼수상태에 빠지는 것을 피할 수 있는 유일한 방법이다. 「불안은 자유의 현기증」에서도 인간의 '선택'에 대해 비슷한 문제의식이 노정된다. 작가는 '무슨 선택을 하든지 간에 그와 정반대의 선택을 한 다른 우주가 존재한다면 그 선택은 여전히 의미가 있을까?'라는 질문을 던진다.

「소프트웨어 객체의 생애 주기」와 「데이시의 기계식 자동 보모」의 작품 소재는 인공지능이다. 작가는 전자에서는 인공지능의 상품 주기와 인간의 생애 주기를 유비(analogy)하고 있고 후자에서는 기계식 자동 보모가 인간 보모를 대신할 수 있는지 질문을 던진다. 「사실적 진실, 감정적 진실」은 생체 기억이 디지털 기억으로 대체되는 현상을 소재화한다. 사실 인간의 생체 기억은 왜곡되고 변형되고 물리적 또는 심리적 요인에 의해 간섭을 받는다. 하지만 생체 기억이 디지털 기억으로 대체될 때 인간이 무언가를 기억하지 못하거나 잘못 기억한다는 행위 그 자체가 실질적으로 불가능해진다. 하지만 정확한 기억이 인간에게 과연 좋기만 할까? 때로는 잘못 기억하거나 기억을 하지 못하는 게 더 나을 수도 있다. 그리고 기억이라는 게 반드시 사실에 바탕을 두고 있을까? 사람들은 때로는 사실을 믿는 게 아니라 자신이 믿는 것을 사실이라 여기기도 한다.

「사실적 진실, 감정적 진실」을 읽으며 문득 '역사'의 본령에 대해 생각하게 된다. 교과서적으로 말해 우리가 역사를 기록하고 배우는 까닭은 과거의 잘못을 인정하고 미래에 같은 실수를 반복하지 않기 위해서다. 작품 속 역사에 해당하는 '리멤'은 모든 것을 정확한 영상으로 보여준다. 그렇다면 과연 "리멤은 우리로 하여금 우리가 저질렀던 잘못된 행동을 인정하게 만들 수 있을까? 그리하여 우리는 미래에 그런 행위를 되풀이하는 것을 피하게 될 수 있을까?" 신석기 혁명 이후로 인간은 이루 헤아릴 수 없을 정도로 많은 전쟁을 치렀고 앞으로도 또 그럴 것이다. 인간이 전쟁이 나쁘다는 것을 몰라서 그랬을까? 머지않아 리멤이 역사를 대신한다고 하더라고 그 효능에 대해서는 여전히 회의적이다.

「거대한 침묵」에서 작가는 인간에 의해 멸종 직전의 위기에 놓인 푸에르토리코 앵무새를 화자로 방대한 우주에서 외계의 존재를 찾으려는 인간의 호기심에 대해 이야기한다. 인간은 더 큰 무언가를 찾기 위해 사소해 보이는 것들을 파괴하거나 아무렇지 않게 대한다. 과거를 반성하지 않고 현재를 직시하지 않은 채 미래를 이야기한다. 그런데 가장 가까이에 있는 소리도 들을 수 없는데 얼마나 멀리 떨어져 있는지조차 알 수 없는 그곳의 소리를 들을 수 있을까? 「옴팔로스」는 그 질문의 연장 선상에 놓여 있다. 작가는 '인간은 정말 우주의 중심적인 존재일까? 그리고 과연 '옴팔로스'가 맞을까?'와 같은 질문을 던진다. 그런 의미에서 이 두 작품은 인류의 미래에 대한 경고일지도 모른다.

소설집 『숨』에 실린 각각의 작품에 대한 설명은 상당 부분, 아니 거의 대부분 출판사의 리뷰에 바탕을 두고 있다. 읽으면서도 어떤 작품은 줄거리를 정리하기가 어려웠다. 솔직히 말해서 이야기의 흐름조차 파악할 수 없었다. 특히 앞에서 언급한 여러 가지 과학 개념들, 즉 인공지능, 외계 지성, 평행우주, 인간의 자유의지, 생체적 기억과 디지털적 기억 등은 생소하기도 했고 이해하기도 어려웠다. 그럼에도 중간에 포기하지 않고 이 책을 끝까지 읽을 수 있었던 것은 과학 개념의 이해 여부를 떠나 작가에 대한 호기심과 과학소설에 대한 궁금증 덕분이었다.

『숨』은 과학소설에 대한 고정관념을 불식시켜주기에 충분하다. 많은 과학소설은 다루는 개념 자체도 난해하고 문체도 익숙하지 않아 잘 읽히지 않는다. 하지만 이 작품은 일단 읽힌다. 그리고 내용은 과학 개념과 작품의 주제, 더 나아가 작가가 말하려고 하는 주제와 잘 연결된다. 작가는 '과학기술이 우리의 삶을 지금보다 더 편리하고 풍족하게 해 줄 것이다' 혹은 반대로 '과학기술이 우리의 삶을 황폐화할 것이다'와 같은 이분법적 예측을 하지 않는다. 그보다는 앞에서 살펴보았듯이 "그리하여 당신은 어떻게 살 것인가"라는 궁극적인 질문을 던진다. 그런 점에서 이 책은 '재미있는 소설'로서만 기능하지 않고 '좋은 철학서'로도 읽힌다. 왜냐하면 좋은 철학서는 정답을 제시하지 않고 근원적인 질문을 던지기 때문이다.

당시에는 몰랐지만 소설 『숨』 이전에 드니 빌뇌브의 영화 〈컨택트〉(2016)를 통해 소설가 테드 창을 이미 접했다. 〈컨택트〉는 그의 소설 「당신 인생의 이야기」(1998)를 원작으로 하고 있다. 테드 창에 대한 필자의 경험은 다소 복잡하지만 이렇게 정리할 수 있다. 원작 소설이 있다는 것을 모르는 채 영화 〈컨택트〉를 보았고, 영화 때문에 테드 창이라는 작가를 알게 되어 그의 최신작 『숨』을 읽었고, 『숨』을 읽고 난 뒤 〈컨택트〉의 원작 소설 「당신 인생의 이야기」를 읽었고, 영화 〈컨택트〉를 다시 보았다. 그리고 이 글을 쓰기 위해 소설 「당신 인생의 이야기」를 다시 읽었다.

영화 〈컨택트〉의 줄거리는 비교적 간단하다. 12개의 외계 비행 물체 셸이 미국, 중국, 러시아를 비롯한 세계 각지 상공에 등장한다. 웨버 대령(포레스트 휘태커)은 언어학 전문가 루이스 뱅크스 박사(에이미 애덤스)와 이론 물리학자 이언 도넬리(제레미 레너)를 통해 셸에 접촉하려 한다. 두 사람은 18시간마다 아래쪽에서 문이 열리는 외계 비행 물체 내부로 진입해 정체 모를 생명체인 헵타 포드가 지구에 온 이유를 밝히려 노력한다. 영화의 대부분은 그들이 외계인과 소통하는 과정에 할애된다.

일반적으로 외계인이 등장하는 영화는 지구와 외계의 대결에 방점을 찍는다. 하지만 〈컨택트〉의 방점은 지구인과 외계인의 '의사소통'에 찍힌다. 영화는 '외계인들과 어떻게 의사소통할 것인가', '그들의 언어를 어떻게 해석할 것인가'에 초점을 맞추고 있다. 빌뇌브 감독은 원작에 기반을 두고 있으면서도 독창적인 각본과 연출을 통해 원작을 새롭게 변주한다. 이 영화는 원작을 훼손하는 게 아니라 원작을 다시 읽도록 한다. 즉 영화와 소설은 '제로섬'(zero sum)이나 '윈-윈'(win-win)이 아니라, 소설과 영화 모두에서 언급되듯이 '논제로섬'(non-zero sum)의 관계를 이룬다. 영화 〈컨택트〉와 소설 「당신 자신의 이야기」는 선순환 관계에 놓여 있다고 말할 수 있다.

영화 〈컨택트〉에는 소설 『숨』에서 다루어졌던 인간의 기억과 시간의 흐름, 선택과 자유의지 등의 주제가 반복된다. 엄밀하게는 영화가 소설의 주제를 선취했다고 말할 수 있다. 영화에서 시간은 과거, 현재, 미래가 일직선으로 놓여 있지 않다. 현재를 중심으로 플래시백과 플래시포워드가 순차적으로 배열되지 않고 현재, 과거, 미래가 뒤섞인다. 미래의 일을 과거의 일처럼 보여주며 시작하는 이 영화에서 특히 마지막 장면을 주목할 필요가 있다. 외계인들이 떠난 뒤 루이스와 이언은 결혼해 딸 해나를 낳는다. 그리고 해나가 커가는 모습과 해나가 죽은 뒤 루이스가 그녀에게 들려주는 이야기가 교차된다.

루이스는 이언에게 "당신의 전 생애를 다 볼 수 있다면 삶을 바꾸겠어요?"라고 묻는다. 이언은 그 질문에 대답하는 대신 "그보다는, 내가 요즘 느끼는 걸 얘기할게요. 난 평생 하늘의 별을 올려다보면서 살았어요. 근데 요즘 제일 놀라운 건 그들을 만난 게 아니고 당신을 만난 거요"라고 대답한다. 루이스는 결국 다가올 미래를 바꾸지 않고 받아들였고, 그것 때문에 이언과 헤어지고 해나까지 잃게 된다. 루이스가 이언에게 건네는 질문, 즉 "당신의 전 생애를 다 볼 수 있다면 삶을 바꾸겠어요?"라는 질문은 우리에게 향한다. 소설을 기반으로 한 이 영화는 다시 소설로 돌아가고 마지막으로는 관객 혹은 독자에게 향한다. 다르게 말하면, 영화 〈컨택트〉와 소설 「당신 자신의 이야기」는 과학이 소설로 들어가서 영화와 만나 철학의 길로 나오는 과정을 잘 보여준다.

우아한 **복수**도 씁쓸하다

〈굿 라이어〉

박찬욱 감독의 소위 '복수 3부작'이라는 영화들이 있는데, 다름 아닌 〈복수는 나의 것〉(2002), 〈올드보이〉(2003), 〈친절한 금자씨〉(2005)다. 그런데 이 세 편의 복수극은 일반적인 복수극과는 영화적 결이 사뭇 다르다. 일반적인 복수극의 정의롭고 착한 주인공은 예기치 않게 어떤 사건에 휘말려 재산이나 사랑하는 가족 등 자신의 전부를 잃지만 그렇게 만든 악당을 찾아가 복수를 통해 공적이든 사적이든 나름 '정의'를 실현한다. 하지만 박찬욱의 복수 3부작에서 나오는 등장인물들은 일단 그렇게 정의롭지도 착하지도 않다. 선한 인물보다는 악한 인물에 가깝다. 그렇기 때문에 복수를 주제로 하는 그의 영화들은 선과 악이라는 이분법적 구도로 쉽게 설명되지 않는다. 그의 영화 속 인물들은 〈복수는 나의 것〉이 동진이나 류, 〈올드보이〉의 대수와 우진, 〈친절한 금자씨〉의 금자와 백 선생 등은 가해자가 되었든 피해자가 되었든 간에 자신의 목적을 위해서라면 납치, 살인, 고문 등 반인간적인 행위를 서슴지 않는다. 잔인하고 끔찍한 폭력을 행하면서도 양심의 가책이나 연민을 느끼지 않는다. 그렇기 때문에 박찬욱의 복수 영화를 보는 관객들은 그의 영화 속 복수에 대해 도덕적으로도 윤리적으로도 공감하기 어려울 수도 있다. 카타르시스를 기대한다는 것은 언감생심이다. 대신 그의 영화를 보면서 '결국 복수는 아무것도 해결해주지 못한다'는 씁쓸하고 찜찜한 뒷맛을 느낄 뿐이다. 누군가는 그의 복수 3부작에서 정치, 신화, 동화를 떠올린다. 그의 영화를 보면서 조금 생뚱맞을 수 있지만 사르트르의 '타인은 지옥이다'라는 금언이 문득 떠오른다.

사르트르는 희곡 『닫힌 방』(1944)에서 인간관계의 마지막은 "타자와의 관계함도 관계하지 않음도 존재론적으로 불가능하다. 그러므로 자기 자신의 실존은 반드시 훼손된다"라고 결론을 내린다. 조금 잔인하고 가혹할 수 있는 그의 말은 다음과 같이 해석될 수도 있다. 즉 "누구나 자유를 원하기에 나의 자유는 상대방의 자유를, 상대방의 자유는 나의 자유를 훼손한다. 그러므로 인간이 공존하는 한, 각자의 이해관계가 있는 한, 인간은 서로에게 지옥을 선물할 수밖에 없다." 사르트르의 이 말은 박찬욱의 영화만큼이나 폭력적이고 서늘하기까지 하다.

하지만 인간사의 복수가 박찬욱의 영화처럼 다 서늘한 것만은 아니다. 때로는 복수가 그렇게 폭력적이지 않고 오히려 '우아'할 수도 있다. 영화 〈굿 라이어〉(2019)처럼 말이다. 처음에는 이 영화가 노신사와 노부인의 멋진 사랑 이야기인 줄 알았다. 그런데 막상 영화를 보니 전혀 아니었다. 그렇다고 이 영화를 〈007시리즈〉나 〈미션 임파서블시리즈〉처럼 두 사람이 서로를 속고 속이는 치열한 두뇌 싸움이라고 부르기에는 뭔가 한참 부족하다. 한마디로 말하자면 이 영화는 끔찍한 과거의 기억을 잊지 않고 고스란히 갚은 한 여인의 '우아한 복수극'이다.

노신사 로이(이안 맥켈런)와 부유한 노부인 베티(헬렌 미렌)는 온라인 데이트 사이트에서 만나 서로에게 호감을 느끼며 곧 친구가 된다. 하지만 로이는 멋진 노신사처럼 보이지만 사실은 평생 사람들을 속이며 살아온 사기꾼이다. 그는 자신의 비즈니스 파트너 빈센트와 함께 사람들을 속여 그들의 재산을 갈취한다. 자신의 목적을 위해서라면 협박도 하고 폭력을 사주하기도 한다. 심지어 그는 살인도 서슴지 않는다. 그런 그에게 거짓말은 아무것도 아니다. 그는 베티의 재산을 노리고 베티에게 아내와 사별했고 호주에서 아들이 사업을 한다고 거짓말을 했다. 옥스퍼드대학교 전 역사학과 교수인 베티는 일 년 전 남편과 사별했고 200만 파운드라는 막대한 재산을 갖고 있다.

베티는 로이의 속임수를 전혀 눈치채지 못한다. 그녀는 만난 지 얼마 안 되었는데도 불구하고 그를 자신의 집에 초대한다. 로이가 무릎이 좋지 않은데도 불편하게 꼭대기 층에 살고 있다는 사실을 알게 되자 그녀는 자신의 집에서 함께 지내자고 제안한다. 결국 로이는 뜻하지 않게 베티의 집에 눌러앉는다. 베티와 점점 가까워지자 그는 자신의 계획이 성공할 것이라고 확신한다. 하지만 베티의 손자 스티븐은 로이를 못마땅하게 여기며 경계한다. 베티는 자신이 돈을 낼 테니 함께 유럽 여행을 떠나자고 로이에게 제안한다. 로이는 내키지는 않지만 베티가 제안한 유럽 여행 제안을 받아들인다.

유럽 여행 중 로이와 베티는 베를린을 방문하고 그곳에서 스티븐과 합류한다. 로이는 스티븐을 보고 당황해하지만 스티븐은 로이에게 지금까지 섭섭하게 대한 것을 사과하고 베를린의 명소들을 안내한다. 한 기념관에서 스티븐은 갑자기 독일어로 말하고 로이는 순간적으로 그의 말에 응답한다. 스티븐이 독일어를 할 줄 아느냐고 묻자 그는 곧 태도를 바꿔 말을 잘못 들었다고 얼버무린다.

스티븐은 로이를 베를린의 한 아파트 건물로 데려간다. 그곳에서 스티븐은

1948년 영국군 장교 로이 코트네이가 러시아에서 자신이 추적하고 있던 나치 전범에 의해 살해되었고, 그의 독일어 통역 한스 타웁이 그의 신분을 훔쳤다는 사실을 전한다. 스티븐은 바로 그 주인공이 로이라고 폭로한다. 로이는 처음에는 자신이 로이라고 주장했지만, 이내 자신이 한스 타웁이고 로이의 신분을 도용했다는 사실을 인정한다. 스티븐은 그런 로이를 '전쟁 범죄자'라고 비난하지만, 그는 자신은 범죄자가 아니라고 끝까지 항변한다. 베티는 스티븐을 제지하며 오히려 로이의 편을 든다.

여행에서 돌아온 후 로이와 베티는 각자 자신들의 돈을 하나의 공동계좌로 합치기로 한다. 로이의 사업 파트너 빈센트는 로이에게 베티의 치료를 위해 약간의 돈을 남겨두자고 제안하지만 로이는 거절한다. 그에게 베티는 특별한 사람이기보다는 많고 많은 희생자 가운데 한 명일 뿐이다. 결국 로이와 베티는 공동계좌를 개설하고 각자의 돈을 그 공동계좌로 이체한다.

로이는 자신의 계획대로 모든 일이 성사되자 마무리를 지으려 한다. 그는 베티에게 아들을 만나러 런던에 가야 한다고 말하는데, 이는 베티의 집을 떠나기 위해 꾸민 거짓말이다. 그는 조금은 망설이지만 결국 짐을 싸서 런던에 있는 자신의 집으로 돌아간다. 집에 돌아온 로이는 혼자 술을 마시며 베티 생각을 하다가 그녀에게 약간의 미안함을 느낀다. 하지만 마음을 다잡고 키패드를 꺼내기 위해 가방을 연다. 하지만 가방에 있어야 할 키패드가 보이지 않는다. 그는 키패드가 없어진 것을 알고 베티의 집으로 황급히 돌아간다. 그런데 베티의 집 안 분위기가 이상하다. 집안을 따뜻하게 채웠던 가구들이 모두 사라지고 휑뎅그렁하다. 베티는 이미 그를 기다리고 있었고 그에게 충격적인 이야기를 들려준다.

베티는 로이에게 건강 상태를 포함해 자신과 관련된 모든 이야기들이 '거짓

말'이라고 말한다. 그가 어찌 된 영문인지 몰라 어리둥절하자 그녀는 벽에 걸인 백합 그림을 가리키며 "항상 당신 눈앞에 있었어요"라고 말한다. 그때서야 로이는 베티가 릴리였다는 사실을 알게 된다. 그리고 자신이 과거에 그녀에게 무슨 일을 저질렀는지 기억을 떠올린다.

사실 로이는 독일인 한스로서 제2차 세계대전 동안 릴리에게 영어를 가르쳤다. 그러던 어느 날 릴리의 세 자매가 그를 모욕적으로 대하자 그에 대한 복수로 릴리를 강간한다. 게다가 릴리의 부모가 그의 영어 과외를 중단하자 앙심을 품고 릴리의 아버지를 반역죄로 고발한다. 그의 고발 때문에 릴리의 가정은 풍비박산이 난다. 그녀의 아버지는 유죄 선고를 받아 처형되고, 모든 재산은 몰수되고, 그 충격으로 어머니는 자살하고, 언니들은 폭발로 사망한다. 한스는 히틀러가 죽은 뒤 러시아군이 독일에 진주하자 러시아를 위해 부역했고, 자신의 부역을 감추기 위해 신분을 로이로 바꾸었다. 자신은 어쩔 수 없이 신분을 바꿀 수밖에 없었다고 말했지만, 사실은 처음부터 의도했고, 로이의 부모가 죽을 때까지 오랫동안 기다렸다.

베티는 로이에게 자신의 복수 계획을 전부 털어놓는다. 로이는 자신이 베티에게 접근했다고 생각하지만 사실은 그가 그녀에게 접근하도록 계획한 것이다. 그녀는 그에게 환대를 베풀었는데 그 환대에도 모두 목적이 있었다. 그녀는 그의 경계심을 풀기 위해 그를 집으로 끌어들였고 그의 DNA를 채취하기 위해 머리를 깎아주었다. 베를린 방문 또한 분명한 목적이 있었다. 첫째는 그의 성폭행 흔적을 확보하는 것이었고, 둘째는 그가 자신의 과거를 실토하게끔 하는 것이었다.

베티는 자신의 복수를 위해 자신의 지인들을 동원하고 로이의 주변 인물들도 포섭했다. 그녀는 로이에게 스티븐을 자신의 손자라고 소개했지만 실제로는 친손자가 아니었다. 그는 베티를 대신해 로이의 범죄 기록을 추적했다. 로이가 베티의 집에 왔을 때 그녀의 집 주위를 배회하며 로이를 불안하게 만든 스토커 또한 스티븐의 친구였다. 그녀는 로이의 사업 파트너인 빈센트를 협박해 자신의 편으로 끌어들였고, 로이에게 폭행을 당한 폴란드인 정육점 주인도 포섭했다. 그녀는 이 모든 사실을 로이에게 전하며 그를 절망감에 빠뜨린다. 마침내 그녀는 로이의 전 재산을 자신의 계좌로 이체하면서 그를 더욱 절망감에 빠뜨린다. 로이는 그녀를 폭력으로 제압하려 하지만 오히려 그녀에게 제지당하고, 자신이 폭행했던 정육점 주인으로부터 끔찍하게 폭행을 당한다. 결국 그는 돈도 다 빼앗기고 정신적으로 육체적으로 고통을 당한 채 병원에 입원한다. 반면 베티는 자신의 복수를 도와준 사람들과 함께 행복하고 평화로운 시간을 보낸다.

영화 〈굿 라이어〉에서 인상적인 장면이 있다. 공동계좌에 각자의 돈을 넣은 뒤 로이는 베티의 집을 떠나기 위해 아들을 만나러 런던에 간다고 거짓말을 한다. 로이는 영화에서 처음으로 망설이며 베티에게 아들과의 약속을 취소해야겠다고 말한다. 하지만 베티는 그에게 "계획대로 해요"라고 말한다. 그런데 베티의 '계획대로 해요'라는 이 말의 수신자는 표면적으로는 로이지만 실제로는 그녀 자신이다. 이 말은 그녀가 자신에게 하는 다짐이다. 왜냐하면 로이가 자신의 계획대로 해야, 즉 베티의 재산을 갈취하려는 계획대로 해야, 그녀도 자신의 계획대로 그에게 복수할 수 있기 때문이다.

베티와 로이는 런던행 기차를 기다리며 벤치에 앉아 있다. 그런데 기차를 타는 로이뿐만 아니라 그를 떠나보내는 베티의 눈빛에서 처음으로 망설이는 모습이 발견된다. 두 사람의 만남이 선한 목적으로 시작된 것은 아니지만 두 사람은 함께 시간을 보내면서 서로에게 약간의 연민을 느꼈는지 모른다. 베티는 그에 대한 연민 때문에 오랫동안 준비해온 자신의 계획이 물거품이 될지도 모른다는 두려움으로 로이에게 "계획대로 해요"라고 채근했고, 로이는 앞으로 살아갈 날이 얼마 남지 않은 베티의 전 재산을 빼앗는 것에 미안함과 죄책감을 느껴 런던행을 잠시나마 망설였다.

그러나 사람은 절대 변하지 않는다는 말처럼, 로이는 자신의 키패드가 없어진 것을 알고 난 뒤에는 원래의 사기꾼으로 돌아간다. 그리고 눈앞에서 자신의 돈이 계좌에서 점점 빠져나가자 그는 베티에게 사정도 하고, 위협도 하고, 폭력까지 행사한다. 하지만 그러면 그럴수록 그는 더욱 비참해진다. 결국 그는 육체적으로 정신적으로 파멸에 이른다. 로이의 파멸은 곧 베티의 '우아한' 복수의 끝맺음을 의미한다. 하지만 우아한 복수가 곧 행복과 평화를 가져다준다고 단언하기 어렵다. 앞에서 말했듯이 영화의 마지막 장면에서 베티는 자신의 복수를 도와준 사람들과 함께 행복한 시간을 보낸다. 그녀는 개울가에서 물장난을 치는 손녀들을 걱정스러운 눈길로 쳐다보며 "소심해. 보기보다 깊어"라고 말한다. 이 말은 한편으로는 손녀들에게 하는 걱정일 수도 있지만, 다른 한편으로는 자신에게 하는 회한일 수도 있다.

세상을 살다 보면 착하고 평범했던 사람도 예기치 않은 사건과 갈등에 휘말리는 경우가 있다. 때때로 잘못된 결정으로 돌이킬 수 없는 삶을 살기도 한다. 영화 〈굿 라이어〉에서 릴리는 성폭행을 당했던 날 만일 그녀가 방에 있지 않고 응접실로 일찍 내려와 한스를 만났다면 어땠을까? 그랬다면 한스가 모욕당하는 일도 없었을 것이고 그녀가 성폭행당하는 일도 없었을 것이다. 그녀의 가족에게 끔찍한 일이 일어나지 않았을 것이고 한스가 그렇게 나쁜 사람이 되지 않았을 것이다. 하지만 한스의 이후 행적을 보면 또 그랬을 것 같지는 않다.

사람은 때로는 누군가에게 상처를 주고 때로는 누군가로부터 상처를 입는다. 복수를 하기도 하고 복수를 당하기도 한다. 아주 오래전부터 사람의 본성에 대해 많은 말들이 있었다. 누군가는 사람의 본성이 사악하다고 했고 누군가는 사람의 본성이 선하다고 했다. 성선설과 성악설은 이렇게 정리된다. 선한 본성을 지녔어도 환경과 교육이 뒷받침되지 않으면 악해질 수 있고 악한 본성을 지녔어도 환경과 교육이 뒷받침되면 선해질 수 있다. 간단하게 말하면 본성보다도 교육이 더 중요하다.

하지만 박찬욱의 복수 3부작이나 〈굿 라이어〉를 보면 이와는 다른 생각을 하게 된다. 처음부터 선하거나 악한 사람은 없다. 평범했던 사람들이 어떤 사건을 계기로 어느 순간 가해자 또는 피해자가 된다. 그리고 피해자는 가해자에게 복수를 통해 자신의 상처를 보상받으려 한다. 그 복수가 때로는 폭력적이고 때로는 우아하다. 하지만 우아하게 복수를 끝낸 〈굿 라이어〉의 베티의 마지막 눈빛에서 보듯 어떤 형태의 복수이든지 간에 복수의 끝은 행복이 아니라 씁쓸함이다. '그렇기 때문에 우아한 복수도 끝은 씁쓸하다.'

어른아이, '성장하지 않는 주체'

『일본정신분석』

'어른아이'이라는 단어가 있다. 국어사전에는 등재되어 있지 않은데 언젠가부터 사람들 사이에서 사용되기 시작했고 지금은 방송에서도 적잖게 쓰인다. 인터넷으로 검색해보니 이 단어는 '사회적으로 독립심이 부족하고 결단력이 없는 나약한 어른'을 뜻하기도 하지만, 한편 '재미있게 스스로가 즐기려는 성인'을 가리킨다고 한다. 키즈와 어덜트의 합성어인 '키덜트'(kidult)와 의미가 비슷하다. 키덜트는 [한편으로는] 현대 성인들의 각박한 일상생활에서 벗어나 감성적이고 즐거운 삶을 영위하고자 하는 심리 상태를 기반으로 한다. 또 다른 측면으로는 옛 어린 시절의 환상을 통해 정서적 안정과 스트레스를 해소하려는 사회현상이다. 어른아이나 키덜트 현상에 대해 누군가는 '정신적인 퇴행'이라고 비판하지만, 또 다른 누군가는 '감성적 삶을 경험하고자 하는 자극제'라고 긍정적인 맥락을 부여한다.

그런데 개인적으로 어른아이라는 단어에서 몸은 다 자랐지만, 마음으로는 어른이 되기를 거부하거나 어렸을 때 감성에 집착하는 어른의 이미지가 떠오른다. 어른아이에 대한 그런 이미지는 아마도 "나 어른이 되고 싶지 않지 않아요"라고 외치는 일본 애니메이션 주인공 아톰에서 발원하는 것 같다. 최근 신카이 마코토의 애니메이션 〈날씨의 아이〉(2019)를 보면서도 그런 생각이 떠올랐다. 하지만 이 영화에서 스가는 주인공 호다카에게 아톰과는 반대로 "이제 어른이 되어라, 소년"이라고 충고한다. 그리고 호다카는 마음속으로 어른이 되어 히나를 지키겠다고 다짐한다.

'라캉과 함께 문화코드로 읽는 이미지의 제국'이라는 부제의 『일본정신분석』(2018)에서 저자 박규태는 일본의 애니메이션을 '주체', '성장', '욕망'이라는 키워드로 분석한다. 그는 일본 또는 일본인들의 특징을 다음과 같이 정식화한다.

> "양파 껍질처럼 속이 텅 빈 중심으로서의 천황제에 대해 집착하고, 남에게 폐를 끼쳐서는 안 된다는 철저한 예절 문화와 질서에의 강박증, 그러면서도 때로 지나치다 싶을 정도로 폭력적이거나 관대한 성문화, 촘촘하게 짜인 거미줄 사이사이로 교묘하게 엮어지는 인간관계의 정형화와 형식 문화, 일본 사상사에서 흔히 엿볼 수 있는 상대주의적 발상 혹은 상반된 사유 방식의 공존, 금욕적 초월성을 내세우는 종교에까지 깊이 침투해 있는 현세적 욕망의 과장, 한편으로는 그런 과잉 욕망과 다른 한편으로는 철저히 자기를 부정하는 몰아적 절제 사이의 경계 불확정성, 원리적인 것을 배제한 채 자기를 버리고 주어진 역할에 최선을 다한다는 '마코토'(誠) 윤리의 내면화, 성인이 된 후에도 유아기의 모성 의존 심리에 고착된 '아마에'라는 문화적 현상, 이것과 짝을 이루면서 타자에게 책임을 떠넘기려는 '○○해 받다'라는 기묘한 일본어 용법, 알파에서 오메가까지 모든 것이 뒤섞여 있으면서도 실

은 같은 자리에 늘어서 있는 모순의 질서, 논리보다 감정이 일차적인 현실을 구성하는 '모모노아와레'적 공동체에의 자기분열적 기억 같은 거 말이다."

다시 말하지만 일본 영화와 애니메이션에서 '주체', '성장', '욕망'은 핵심적인 키워드다. 일본 또는 일본인들의 아이덴티티 위기의 정신적 상황, 일본 특유의 집단주의적 주체성 혹은 부재하는 주체의 집단주의적 문화, '영원의 소년'이나 '구원의 소녀'를 둘러싼 '주체의 성장'이라는 주제, 성(性)적 과잉과 관련된 욕망의 문제 등은 일본 사회가 겪고 있는 문제들이고, 일본 영화와 애니메이션은 이를 잘 반영하고 있다.

성장하지 않는 주체의 출발점은 데즈카 오사무의 〈아톰대사〉(1951)의 로봇 '아톰'이다. 텐마 박사는 자동차 사고로 아들 도비오를 잃은 후 죽은 아들과 똑같이 생긴 로봇을 만든다. 그런데 로봇 도비오는 인간과 동일한 혼을 가지고 있지만 성장하지 않는다. 이를 싫어한 텐마 박사는 로봇을 서커스단에 팔아버리고 그 로봇은 아톰이라는 새로운 이름을 얻는다. 아톰은 자신을 창조하고 처음에는 온갖 사랑을 베풀던 아버지 텐마 박사로부터 성장을 강요당하고 나중에는 버림받지만 자신을 버린 아버지와 동족 로봇을 차별하고 학대한 인간들에게 적의를 품지 않는다. 다시 말하면 그는 자신을 버리고 학대한 인간에게 복수하지 않는다. 그는 제목 그대로 평화의 '대사'(ambassador)로서의 자신의 역할을 대한다.

〈아톰대사〉의 아톰은 〈철완 아톰〉(1963)으로 제목이 바뀌고 그 시리즈에서 아톰은 앞서 언급했듯이 "난 어른이 되고 싶지 않지 않아요"라고 외친다. 서브컬쳐 비평가 오쓰카 에이지는 성장하지 않거나 성장을 거부하는 주인공의 모티브는 '아톰의 명제'로 규정했다. 아톰의 명제는 오시이 마모루의 〈뷰티풀 드리머〉(1984)에서 볼 수 있듯이 1980년대 만화와 애니메이션에 걸쳐 전반적으로 나타난다. 특히 '영원의 소년'과 '구원의 소녀'라는 모티브로 미화 혹은 승화되어 반복적으로 변주되었다.

1970년대 일본 사회에서 '모성 사회 일본의 병리'를 읽어낸 융 심리학자 가와이 하야오는 융학파의 '영원의 소년'이라는 원형적 개념에 따라 일본인의 아이덴티티에 관해 이렇게 말한다. "영원의 소년은 어느 날 갑자기 영웅이 되어 급격한 상승을 시도하다가 어느 날 갑자기 낙하하여 태모적 대지에 삼켜져 죽은 후 재생한다. 일본 사회는 모성 원리에 기초한 영원한 소년형 사회다." 일본 애니메이션에는 이런 '아마에'[あまえ, 어리광]적인 영원의 소년형 캐릭터가 많이 등장하는데, 크게 '수직형 영원의 소년'과 '수평형 영원의 소년'으로 나뉜다. 첫 번째는 '수직형 영원의 소년'이다. 대표적으로 오토모 가쓰히로의 〈아키라〉(1988)에 나오는 주인공 데쓰오를 들 수 있다. 그는 원래 지독한 사회부적응자인데, 어느 날 돌연히 엄청난 파워를 가지게 된다. 하지만 그의 파워 상승은 지속성이 없다. 그렇기 때문에 그는 어느 날 갑자기 자기 파괴적인 행동 양식을 보이면서 태모적 자궁으로의 회귀를 추구한다. 이처럼 수직형 영원의 소년은 급격한 상승과 하강의 사이클을 노정한다.

반면 전술한 데즈카 오사무의 아톰이나 미야자키 하야오의 〈원령공주〉(1997)에 등장하는 아시타카의 경우는 수평형 영원의 소년에 해당한다. 아톰은 패전과 피폭의 트라우마를 극복하여 새로운 아이덴티티를 찾아내야 할 1960년대 고도성장기의 일본인에게 매우 낙관적인 자기 확신의 아이콘으로 기능했다. 아톰은 사고사한 아들 대신에 덴마 박사에 의해 창조되었지만 그로부터 버림받는다. 그럼에도 그는 버림받았다는 트라우마에 얽매이지 않고 주어진 상황과 세상에 순응한다. 즉 '장의 윤리'에 승복하는 영원의 소년 아톰은 자신을 차별한 인간들과의 수평적 연대를 꿈꾼다. 한편 〈원령공주〉의 마지막 장면에서 아시타카는 산에게 "너는 숲에서, 나는 제철소에서 각기 살면서 함께 공존하자"고 말한다. 엄밀히 말하면 그의 역할은 애매한 '화의 원리'에 토대를 둔 수평적 중개자에 머무르지만, 크게 보면 그 역시 아톰과 마찬가지로 수평형 영원의 소년의 한 유형으로 볼 수 있다.

일본 애니메이션에 다수의 소녀 캐릭터들이 주인공으로 등장하는 것은 사실 어제오늘의 일이 아니다. 그런데 더 흥미로운 것은 그런 소녀 캐릭터들에게 종종 종교적·철학적·이데올로기적 사명이 부여되고 있다는 점이다. 그런 의미에서 그들은 '구원의 소녀'로 명명될 수 있다. 구원의 소녀라는 모티브는 〈원령공주〉의 산과 에보시, 〈바람계곡의 나우시카〉(1984)의 나우시카와 쿠샤나에서 보듯이 특히 미야자키 감독의 작품에서 두드러지게 나타난다. 하지만 안노 히데아키의 〈신세기 에반게리온〉(1995)의 레이와 아스카, 오시이 마모루의 〈공각기동대〉(1995)의 구사나기 등도 구원의 소녀에 해당한다.

일본 애니메이션의 구원의 소녀 캐릭터들은 종종 무녀 혹은 마녀적 존재로 표상되기도 한다. 〈마녀 배달부 키키〉(1989)의 하늘을 나는 전언자 키키, 〈미래소년 코난〉(1978)의 태양에너지와 인류의 미래를 탁선하는 라나, 〈바람계곡의 나우시카〉의 바람을 탈 수 있고 나무나 벌레들과 교감하는 나우시카, 〈천공의 섬 라퓨타〉(1986)의 세계를 움직일 만한 고대적 주문을 알고 있는 시타, 〈이웃집 토토로〉(1988)의 숲의 정령 토토로의 세계에 들어가 식물을 성장시키기 위해 춤추는 사쓰키와 메이, 동물들과 커뮤니케이션을 나눌 수 있는 산, 그 밖에 인간의 지식으로 자연을 치유하고 거기다 이상적인 사회를 구축하고자 하는 몬스리, 쿠샤나, 에보시 등은 모두 무녀 또는 마녀적 존재에 가깝다. 그들은 마치 생명과 치유와 미래적 전망 등에 관련된 일종의 직능자로서 원초적 여성 원리의 부활을 표상하는 듯이 보인다. 이와 같은 구원의 소녀 캐릭터들은 공통적으로 상상계로의 회귀를 희구하는 일본 남성들의 아마에를 충족시켜주는 측면이 있다.

신카이 마코토의 애니메이션은 그 어떤 애니메이션보다도 영원의 소년과 구원의 소녀 캐릭터를 잘 보여준다. 『일본정신분석』의 저자는 신카이의 애니메이션의 주인공들을 한마디로 '성장하지 않는 주체'로 명명하고, 그의 애니메이션에 한 챕터를 할애할 정도로 중요하게 다루고 있다. 즉 신카이의 주인공들은 전술한 것처럼, 일본 또는 일본인들의 아이덴티티 위기의 정신적 상황, 일본 특유의 집단주의적 주체성 혹은 부재하는 주체의 집단주의적 문화, '영원의 소년'이나 '구원의 소녀'를 둘러싼 '주체의 성장'이라는 주제, 성(性)적 과잉과 관련된 욕망의 문제 등은 일본 사회가 겪고 있는 여러 문제들을 잘 예거하고 있다. 하지만 애니메이션의 압도적인 영상미가 영화와 관련된 모든 담론을 빨아들이기 때문에 정작 영화를 언급할 때 캐릭터에 대해서는 많이 언급되지 않는다.

참고로 신카이 감독은 흔히 '일본의 렘브란트' 혹은 '빛의 작가'로 불릴 정도로 아름답고 절절하면서 한없이 부드럽고 또 잔혹하기까지 한 배경 미술의 '모노노아와레'[もののあわれ, 서글픔]적 서정성과 함께 특히 강렬하고 세밀하기 그지없는 빛의 상징을 통한 심리 묘사에 탁월한 재능을 보여준다. 그는 실제 풍경을 사진 찍어서 리터칭을 통한 리얼리즘을 추구하고, 독백으로 캐릭터의 감정을 표현하는 기법을 선호한다. 그러면서 세계의 종말, 세계관의 붕괴, 죽음, 상실, 농밀한 내면 의식, 이루어지지 않은 인연과 그 애절함, 소년기에 대한 막연한 동경 등의 주제를 즐겨 다룬다.

『일본정신분석』의 저자에 따르면, 신카이 감독의 작품 세계가 가지는 특징은 크게 '아톰의 명제', '세카이[せかい, 세계]계', '모노노아와레적 거리의 미학'으로 규정된다. 관객이나 독자는 그의 영화를 세 가지 관점에서 더 쉽게 접근할 수 있다. 첫째, 아톰의 명제다. 아톰의 명제란 곧 '성숙의 정지'를 가리킨다. 가령 〈별을 쫓는 아이〉(2011)에서 모리사키가 부활시키려는 아내는 죽었을 때 모습 그대로이며, 아스나가 동경하는 슌은 더 이상 성장하지 않는다. 〈초속 5센티미터〉(2007)의 다카키 역시 초등학교 때의 관계에 얽매여 이제 더는 만날 수 없는 아카리에게 연연한다. 이런 성숙의 정지라는 특징의 이면에는 운명적인 사랑의 상대와 맺어지지 못한 채 사회 부적응에 빠지는 등 트라우마를 수반하는 상실과 고독의 낌새가 짙게 깔려 있다.

둘째, 신카이의 작품에는 세카이계적 특징이 현저히 드러난다. 〈신세기 에반게리온〉이 그렇듯이 주인공의 정신세계와 감정이 세계와 직결되어, 절대선과 절대악의 구분이 애매한 상태로 자신의 존재 의의를 묻는 자의식 과잉의 의문부호들이 넘쳐난다. 또한 무엇보다 인간관계가 세계의 운명을 결정한다는 설정 하에 내면의 심리 변화에 주목하고 있다. 하지만 구체적인 사회적 배경이나 매개항은 결여되어 있다. 그 대신 세계가 아니라 그 세계를 살아가는 사람의 감정이 더 중시된다. 다시 말해 두 남녀 주인공의 감정과 '너와 나'의 관계가 세계의 존속보다 더 중요시되는 경향을 보인다.

셋째, 이때 '너와 나'의 사이에서 진행되는 순애는 대부분 원거리 연애다. 신카이의 작품에서는 모노노아와레적 애절함을 부각시키기 위해 시간과 공간의 단절이나 거리의 차이에 대한 묘사가 많이 등장한다. 이때의 모노노아와레란 흔히 가장 일본적인 정신 양식이라고 일컬어지는 미학적 개념으로서, 허무감, 체념, 슬픔, 불안, 외로움, 자기 연민, 소외감, 망상 등이 '아름다움'이라는 심미적 감정의 옷을 입고 개인의 차원을 넘어서서 공동체를 특징짓는 문화적 공통 감정으로 나타난다. 나아가 캐릭터 간의 시간, 공간, 속도의 차이를 통해 모노노아와레적 애절함이 극대화되고 있다. 그 결과 작품 속에 나오는 여러 미디어는 철저히 비물질화되거나 혹은 외적인 경계가 지워진 채 순수하게 수평적이고 횡단적인 접속 가능성을 가진 대상으로 변화한다.

신카이의 주인공들은 서로를 한없이 그리워하지만 그것은 생각뿐이다. 이 연인들 사이에는 메울 수 없는 간극이 가로놓여 있다. 『일본정신분석』의 저자는 이 간극을 '모노노아와레적 거리의 미학'으로 규정한다. 〈별의 목소리〉(2002)는 휴대전화가 있는 친밀한 세계로부터 둘이 점점 멀어지는 이야기로서 지구에 남은 소년 노보루와 우주비행사 소녀 미카코의 시공을 초월한 순애보다. 거리가 멀어지면 멀어질수록 모노노아레적 거리의 미학은 더욱 심화된다. 이는 절대적 순애는 불가능하다는 것을 암시한다.

〈너의 이름은.〉(2016) 역시 〈별의 목소리〉와 크게 다르지 않다. 이 영화는 서로 다른 시간대에 살고 있는 다키와 미츠하가 서로를 찾는 이야기다. 몸이 뒤바뀐 둘의 운명을 연결해 주는 매개체는 '운석 사고'다. 타키는 과거의 시간대로 돌아가 미츠하의 몸이 되어 재앙을 막는다. 그때 둘은 황혼녘 때 극적인 재회를 하지만 너무나 짧은 순간이기에 기억하지 못한다. 5년의 세월이 흐른 뒤 그들은 상대방의 이름은 잊은 채 우연히 도쿄에서 만나 서로의 이름을 묻는다. "너의 이름은?"이라고. 신카이 감독이 〈너의 이름은.〉을 통해 전하려 한 것은 지순한 순애라기보다 어쩌면 절대적 순애가 불가능하다는 '체념'일지도 모른다는 생각이 깊게 박힌다.

끝으로 〈초속 5센티미터〉를 조금 더 자세히 살펴보자. 이 영화는 세 개의 독립된 이야기, 즉 '벚꽃 이야기', '우주비행사', 그리고 '초속 5센티미터'로 구성되어 있다. 다카키와 아카리는 같은 중학교에 가고 싶었지만 서로 이사하면서 만나지 못하고 편지만 주고받는다. 가고시마로 이사를 하게 된 다카키는 아카리를 만나러 가기 위해 열차를 탄다. 하지만 열차는 폭설로 인해 예정 시간보다 네 시간이나 연착한다. 그럼에도 재회한 다카키와 아카리는 추운 역사에서 하룻밤을 같이 보내고 첫 키스를 나눈 뒤 헤어진다. 다네가시마의 고등학생 가나에는 다카키에게 고백하기로 마음먹지만 다카키가 자신에게 마음이 없다는 것을 깨닫고 고백을 포기한다. 그때 하늘로 로켓이 발사된다. 사회인이 된 다카키는 3년 동안 사귄 여자친구와 헤어지고 직장도 그만둔다. 그는 그후 아카리가 도치기현으로 이사를 하기 전에 벚꽃을 함께 보자고 약속했던 장소로 향한다. 둘은 철로 변을 사이에 두고 우연히 지나치면서 서로를 알아본다. 하지만 다카키가 뒤를 돌아보는 바로 그 순간 전철이 지나가고 전철이 지나간 후에는 아카리가 이미 사라진 뒤다. 다카키는 미소를 지으며 발걸음을 옮긴다.

〈초속 5센티미터〉의 세 에피소드는 '동일성의 환상'과 '거리의 미학'을 매개로 서로 연결되어 있다. 다카키와 아카리는 폭설 속에서 다시 만났을 때 첫 키스를 통해 짧은 순간이나마 하나가 된다. 사실 초등학교 때 항상 함께했던 둘 사이에는 동일성의 환성이 존재한다. 그러나 다카키는 키스하면서도 이별을 예감한다. 둘 사이의 물리적 거리가 확장되며 편지는 배송 사고로 끊어지고 열차도 폭설로 인해 지연된다. 이는 동일성의 환상에 생겨난 균열을 시사하고 그 상징계의 틈새에서 솟아 나온 것이 바로 '모모노아와레적 거리의 미학'이다.

"천 번이나 문자를 주고받아도 마음은 1센티미터밖에 가까워지지 않았다"라는 〈초속 5센티미터〉의 내레이션에서 짐작할 수 있듯이, 여기에서 거리는 시공의 거리뿐만 아니라 심리적 거리까지도 포함한다. 시간적·공간적·미디어적 거리는 곧 사람과 사람 사이 혹은 남녀 사이의 마음의 거리로 환원될 수 있다. 현실 세계와 인생의 흐름은 너무나 빨리 지나가지만, 심리적 기억의 템포, 즉 외로움, 고독, 추억, 그리움이 스며드는 시간의 흐름은 한없이 느리다. '너와 나의 세계'에 대한 추상과 기억의 시간은 모노노아와레의 표상 그 자체인 초속 5센티미터로 떨어지는 벚꽃처럼 고요하게 흘러간다. 이런 시간관념을 확장하면 순간의 영원화 혹은 지금 여기의 신대(神代)화를 뜻하는 '나카이마'가 된다. 이는 다른 말로 하면 '거리와 깊이의 무화' 상태다.

동일성이라는 환상의 틈새에서 생겨난 거리는 하나의 '결여'를 뜻하고, 그것이 욕망의 지속을 가능케 한다. 하지만 거리를 안고 살아가도록 운명 지어진 우리는 결코 욕망을 붙잡아둘 수 없다. 우리는 절대 욕망의 대상을 소유할 수 없다. 인간의 모든 욕망은 채울 수 없는 결여를 내포하고 있는데, 그 이유는 인간의 욕망은 바로 타자의 욕망이기 때문이다.

성장하지 않는 주체는 양면성을 내포하고 있다. 근대 천황제의 제국주의적 폭력성까지 미화시키는 부정적인 방향성을 갖지만, 주체란 텅 빈 구멍에 불과한 것이기에 실체로서의 주체나 통일적인 주체 개념이란 존재하지 않는다고 본 라캉의 관점과 상통하는 측면도 있다. 라캉에 따르면, 주체는 진리의 순간에 매혹당한다. 우리 의식 중에서 가장 주체에 가까운 것은 어떤 주체성의 환영에도 자신을 개방하지 않고 완고한 고독의 순간, 어떤 고정관념에도 자신을 내어주지 않으려는 노력, 세계를 의미의 공백으로 유지하려는 투쟁이다. 주체는 의식적 상태라기보다는 현재의 지식, 즉 고정관념을 흔들고 균열을 생산하는 사건에 매혹당하는 절차, 그리하여 그러한 절차에 참여하는 자아의 자기 망각과 같은 과정이다. 주체가 자신의 주체성을 확인하는 것은 이런 절차를 사후적으로 회고함으로써 이루어진다. 그럴 때 주체는 더 이상 주체가 아니다. 성장하지 않는 주체는 통상적인 의미에서의 주체가 아니다. 왜냐하면 유아기 때의 부모에 대한 오이디푸스적 욕망의 기억에 집착하면서 그 한가운데 텅 빈 공백을 만들어내는 영원의 소년 혹은 구원의 소녀에 머물러 있기를 원하기 때문이다.

재난 서사를 대하는 우리의 자세

〈컨테이젼〉

영화나 소설에서 '재난'은 빠지지 않고 등장하는 단골 소재 중 하나다. 재난을 다룬 소설이나 영화는 크게 두 가지다. 이미 일어난 재난을 소재로 하거나 아니면 일어나지 않았지만 앞으로 일어날 것 같은 재난을 소재로 하거나. 전자는 '사후적 재난'으로, 후자는 '예고적 재난'으로 각각 명명될 수 있을 것 같다.

재난을 다룬 영화나 소설은 통상 '재난 서사'로 불린다. 심지어 이 용어는 정치권에서도 종종 사용된다. 물론 사용되는 맥락과 의미는 전혀 다르다. 시국이 시국인지라 요즘 재난과 그에 따른 재난 서사에 대한 관심이 크다. 사실 재난 서사라는 용어는 원래 파국의 감성을 펼치는 디스토피아 소설을 가리킨다. 디스토피아 소설은 종종 포스트묵시록 소설이라고도 불리고, 이 용어에 대한 한국어 번역어가 바로 재난 서사다. 의미상 약간의 차이가 있기는 하지만 포스트묵시록 소설과 재난 서사는 공통으로 파국의 감성, 현실의 사회문화적 위기의식, 디스토피아적 상상력을 중심적인 특성으로 한다. 재난 서사에서 왜곡된 근대화 과정이 낳은 유별난 한국적 특수성으로 근대화에 대한 불안감은 곧 바로 한국사회의 정체적 불안감으로 직행한다. 한국사회의 집단적 불안감은 국내의 재난 서사를 통해 파국의 알레고리화로 투영된다.*

영화와 소설에서 논의되는 재난은 사실 물리적 재난보다는 가난, 빈부 격차, 세대 갈등, 계층 갈등 등 주로 사회적 재난이었다. 물리적 재난을 다룬다고 하더라도 실제적인 재난을 다루기보다는 재난 이후 그에 따른 심리적인 외상 등에 초점이 맞춰져 왔다. 얼마 전에 김보라 감독의 영화 〈벌새〉(2018)와 최은영 작가의 단편 소설 「아주 희미한 빛으로」(2019)를 약간의 시차를 두고 보았다. 〈벌새〉에서 주인공 은희(박지후)는 1994년 '성수대교 붕괴 사건'으로 자신을 이해해주는 유일한 사람 '한문쌤' 영지(김새벽)를 잃는다. 이 영화는 성수대교 붕괴라는 물리적 재난을 다루고 있지만 영화적 방점은 재난보다도 '가정폭력', '재개발을 둘러싸고 일어나는 폭력', '학교 폭력' 등에 찍힌다. 그렇기 때문에 이 영화는 재난 영화라기보다는 평범한 한 소녀의 성장담에 가깝다.

최은영의 「아주 희미한 빛으로」는 이야기의 전개 방식으로 보자면 영화 〈벌새〉와 비슷하다. 소설은 희원이 십 년 전 '선생님'의 수업을 들었던 시점에서 과거를 회상하며 시작한다. 소설 속에서 십 년 전은 2009년으로서 직간접적으로 '용산 사태'가 여러 차례 암시된다. 〈벌새〉에서 은희가 성수대교 붕괴로 '한문쌤'을 잃었듯이 소설 속 희원은 2009년 '용산 사태'로 '선생님'을 잃었다. 차이가 있다면 소설에서 '선생님'은 영화의 '한문쌤'과 달리 죽은 게 아니라 어느 날 갑자기 사라졌다. 희원은 혹시 마지막으로 만났을 때 자신이 한 말 때문

* 홍덕선, 「재난서사와 파국적 상상력 : 파국의 상상력: 포스트묵시록 문학과 재난문학」, 『인문과학』 제57권, 2015, 5쪽.

에 '선생님'이 사라진 것이 아닌가, 하고 계속 자책한다. 이제 '선생님'과 비슷한 나이에 비슷한 처지가 된 희원은 '선생님'의 흔적을 찾아보지만 그 어디에서도 찾을 수 없다. 그렇기 때문에 그녀는 '선생님'을 "마음속으로 부른다." 이 소설은 엄밀히 말해 재난 서사가 아니라 '여성 서사'다. 요컨대 〈벌새〉와 「아주 희미한 빛으로」에서 분명 물리적 재난이 언급되고, 그 재난이 영화와 소설의 서사에서 중요한 사건임은 틀림없지만 재난 서사라고 부르기 어렵다. 백번 양보해서 재난 서사로 부른다고 하더라도 이는 사후적인 재난 서사에 해당한다.

2020년 현재 우리는 사상 초유의 물리적인 재난을 마주했고 지금도 마주하고 있다. 그리고 이 재난은 언제 끝날지 아무도 모른다. 사람들은 더 큰 재난이 닥칠 것이라고도 말한다. 예고적 재난으로만 생각했던 그 물리적 재난을 아주 끔찍하게 직접 경험하고 있다. 사후적인 재난 서사에서 주인공은 보통 재난에서 살아남았다는 것에 안도하기보다는 부끄러움과 책임감을 느낀다. 조금 식상하게 말하면 사후적인 재난 서사는 주로 '살아남은 자의 슬픔'을 이야기한다. 반면 예고적 재난 서사의 경우에는 재난 속에서 살아남으려는 다양한 인간 군상의 원초적인 욕망을 날것 그대로 보여준다. 누군가는 재난 속에서 죽어 가고 또 누군가는 더 이상의 죽음을 막기 위해 자신을 버린다. 또 다른 누군가는 이와 정반대로 그 재난을 정치적으로 경제적으로 이용해 자신의 이익을 취하려 한다. 우리는 예고적인 재난 서사를 읽고 보면서 '내가 만일 저런 상황에 부닥친다면 나는 어떤 행동을 취할까'라고 자신에게 질문을 던진다. 그런 질문을 던지는 이유는 간단하다. 평소에 그 질문을 생각해야 정작 그와 비슷한 순간에 처했을 때 본능이 아니라 이성에 따라 판단할 수 있기 때문이다. 인간의 이성적 판단 역시 연습과 반복적인 사고의 산물이다.

예컨대 영화 〈연가시〉(2012)에서 삼류 제약회사의 영업 담당 직원 재혁(김명민)은 자신의 가족이 치사율 100% 변종 연가시에 감염되자 치료약을 구하기 위해 백방으로 뛰어다닌다. 변종 연가시에 대한 연구 결과가 없었기 때문에 사망자 수만 계속 증가한다. 그때 한 남자가 '윈다졸'이라는 구충제를 먹고 병이 완치되었다는 소식이 전해지자 전국의 약국은 윈다졸을 구하기 위해 아수라장이 된다. 하지만 윈다졸을 만든 제약회사는 투자회사에 넘어간 후 설비를 투자하지 않아 윈다졸을 더는 생산할 수 없는 상황이다. 총리가 그 제약회사에 윈다졸 합성법을 알려주면 특혜를 주겠다고 제안하지만 투자회사는 재난을 기회로 막대한 돈을 벌기 위해 총리의 제안을 거부한다.

영화는 무수히 많은 사람들이 죽어 나가는 재난 상황에서 드러나는 인간의 원초적인 욕망을 그대로 날것 그대로 보여준다. 사실 그런 욕망은 그 대상과 크기만 다를 뿐 누구에게나 있다. 제약회사에 투자한 투자회사뿐만 아니라 평범한 부모와 관료들도 재난이라는 상황에서 자신들의 욕망을 드러낸다. 재혁을 비롯해 영화 속 모든 부모는 '자신의 자식에게는' 한없이 헌신적이다. 아니 오직 '자신의 자식에게만' 한없이 헌신적이다. 보건부 장관은 책임을 면하기 위해서 또는 자신의 욕망을 감추기 위해 재난 속에서도 오직 '매뉴얼'만 외친다.

인간의 원초적인 욕망은 영화 〈감기〉(2013)에서도 잘 드러난다. 밀입국 외국인 브로커인 병기와 병우 형제는 컨테이너 속에 처참하게 죽어 있는 사람들을 마주한다. 동생 병우는 그들을 죽인 정체 모를 바이러스에 감염되고, 그는 직간접적으로 접촉한 사람들에게 그 바이러스를 감염시킨다. 결국 전염병은 분당 전역에 급속도로 퍼지며 아비규환 상태가 되고, 정부는 변형된 조류인플루엔자를 공식 발표하며 분당을 폐쇄하는 조치를 감행한다. 그 와중에도 정치인들과 전문가들은 실제적인 원인 분석과 대책을 제시하지 않고 싸움만 벌인다. 성난 분당 시민들은 서울로 진격하고, 그 과정에서 군대와 충돌을 빚는다. 미국은 분당에 폭탄을 떨어뜨려 질병 사태를 종식하겠다고 엄포를 놓고 대한민국 대통령은 수방사에 연락하여 분당 상공에 전투기가 뜨면 지대공 미사일로 격추하라며 미국과 대립각을 세운다.

〈연가시〉와 〈감기〉는 분명 재난이 영화의 중심 서사인데 비슷하면서도 조금 다르다. 앞에서 살펴본 것처럼 〈연가시〉의 재난 서사의 방점이 생존이라는 인간의 원초적인 '욕망'에 있다면, 〈감기〉의 경우에는 재난을 두고 벌어지는 정치적·경제적인 '권력'에 놓여 있다. 그럼에도 두 영화는 공통으로 재난 자체보다는 재난을 둘러싸고 벌어지는 양상에 초점을 맞추고 있다. 그리고 영화적 결말로 보면 어찌 되었든 간에 재난은 해결되고 사람들은 일상으로 돌아간다. 비록 〈연가시〉에서와 같이 유보적인 행복이기는 해도 말이다.

시간이 흘렀는데 다시 인기를 얻는 현상을 시쳇말로 '역주행'이라고 부른다. 코로나19 사태로 인해 〈컨테이젼〉(2011)이라는 영화가 역주행하며 때아닌 특수(?)를 누리고 있다. 케이블 TV에서 채널을 돌리다가 몇 번 스쳐 지나면서 이 영화를 본 적은 있지만 처음부터 끝까지 제대로 본 적은 없었다. 그러다가 마침내 이 영화를 처음부터 끝까지 아주 진지하게 보게 되었다. 코로나19가 처음에 '우한 폐렴'이라고 불렸을 때 인터넷 포털 사이트와 뉴스 등에서는 이 영화가 코로나19 사태를 예고했다고 앞다투어 말했다. 미리 말해두면 〈컨테이젼〉은 〈연가시〉나 〈감기〉처럼 재난을 두고 벌어지는 여러 양상을 보여주기도 하지만, 무엇보다도 이 영화에서는 '영화가 곧 재난이고 재난이 곧 영화'다.

최근 들어 코로나19 사태로 영화 〈컨테이젼〉에 대해 너무나 많은 말들이 오가는 상황에서 굳이 이 영화에 대해 다시 언급하는 게 무슨 의미가 있을까, 하는 걱정도 들지만, 재난을 대하는 우리의 태도는 아무리 강조해도 지나치지 않기에 이 영화를 살펴보려 한다. 베스(기네스 팰트로)는 새로 지은 공장의 기공식 때문에 홍콩 출장을 떠난다. 하지만 그녀는 출장에서 돌아오자마자 발작을 일으키며 사망한다. 그녀가 죽은 바로 그날 그녀의 아들 또한 같은 증상으로 사망한다. 미국뿐만 아니라 홍콩, 일본 등 세계 각지에서 그녀와 비슷한 증상을 보이며 사망하는 사건이 속출한다. 불과 이 주 만에 수천 명의 사망자가 발생하자 미국의 질병통제센터(CDC)의 치버 박사(로렌스 피시번)는 미어스 박사(케이트 윈즐릿)를 포함해 의료 인력을 현지로 파견한다. 세계보건기구(WHO) 또한 전염병 발생 경로를 조사하기 위해 오랑테스 박사(마리옹 꼬띠아르)를 홍콩으로 보낸다. 한편 블로거 앨런 크럼워드(주드 로)는 정부가 진실을 숨기고 있다며 대중을 현혹한다. 베스의 남편 토마스(맷 데이먼)는 감염 여부 검사를 받고 유전적으로 면역력이 있다는 진단을 받는다. 그는 딸을 데리고 도시를 벗어나려고 하지만 실패하고 만다. 전염병에 대한 통제가 전혀 이루어지지 않는 상황에서 정부가 전염병에 대한 정보를 계속 감추자 불안과 분노로 방화와 약탈이 이루어지는 등 무정부 상태에 이르게 된다. 얼마간의 시간이 흐른 뒤 다행히 전염병을 막을 수 있는 백신이 개발되어 사태는 진정이 된다.

영화 〈컨테이젼〉에는 방역 당국, 언론, 피해자와 그 가족 등 전염병과 직간접적으로 관련된 당사자들이 전염병을 어떻게 바라보는지 그들의 태도가 잘 드러난다. 하지만 이 영화는 다시 말하지만 질병 혹은 재난 자체에 방점을 두고 있다. 그렇기에 영화는 마지막에 이 전염병이 어떻게 시작되어 퍼져나갔는지를 다큐멘터리처럼 보여준다. 즉 에임 앨더슨 기업이 개발 사업을 위해 숲을 파괴했고, 삶의 터전을 잃은 박쥐가 바나나를 먹고 인근 농가의 축사에 분비물을 배설했다. 그리고 그 박쥐의 배설물을 먹은 돼지가 바이러스에 감염되었고, 그 돼지는 도축되어 호텔에 납품되었다. 이 돼지고기로 요리를 한 요리사가 요리한 뒤 손을 씻지 않은 상태에서 베스와 악수를 해서 베스는 바이러스에 감염되었다. 그리고 그녀의 손에 묻은 바이러스는 그녀가 만진 물컵, 핸드폰 등을 통해 전 세계로 퍼져나가면서 전 세계적인 재난 또는 재앙이 되었다. 그런데 죽은 베스가 다닌 회사는 다름아닌 에임 앨더슨 기업이었다.

〈연가시〉나 〈감기〉를 볼 때는 영화는 허구이기에 막상 재난이 닥치면 재난의 피해는 영화보다 훨씬 작고 재난에 대한 대처는 훨씬 원활할 것이라고 생각했다. 하지만 몇 차례의 재난 또는 재앙을 겪으면서 현실은 절대로 그렇지 않다는 것을 우리 모두 깨닫게 되었다. 즉 현실 속의 재난은 영화 속 재난보다 훨씬 더 참혹하다. 반대로 재난을 대처하는 인간의 방법은 훨씬 더 효과를 발휘하지 못한다. 한마디로 인간은 재난 앞에서 속수무책이다. 다른 모든 것을 떠나 영화 〈컨테이젼〉은 바로 그 점을 환기한다.

〈연가시〉와 〈감기〉, 그리고 〈컨테이젼〉을 보면서 인간의 이성에 대해 숙고하게 되었다. 인간의 이성이 과연 본능을 제어할 수 있을까? 영화 속에서 전염병이 창궐하자 국가와 사회는 제 기능을 완전히 상실한다. 공동체는 완전히 붕괴하여 처음에는 생필품에 대한 사재기가 일어나고, 시간이 흐른 뒤에는 약탈, 방화, 폭력 사태가 벌어진다. 〈감기〉와 〈커네이젼〉에서 국가는 전염병의 확산을 막기 위해 도시를 봉쇄하지만 이는 시민들의 분노와 불신만 더욱 키울 뿐이다. 항체가 있기 때문에 전염되지 않는다고 아무리 말해도 사람들은 듣지 않는다. 이성이 작동되지 않자 오히려 가짜뉴스가 판친다. 가짜뉴스로 인해 사람들 사이에 공포가 더욱 조장된다. 〈컨테이젼〉에서 앨런 크럼워드는 "이 병이 생화학 무기와 관련 있다", "질병관리센터와 세계보건기구가 치료약을 숨기고 있다"는 소문을 퍼트린다. 그는 또 개나리꽃이 바이러스 특효약이라는 가짜뉴스를 퍼트려 큰돈을 번다. 그는 체포되지만 가짜뉴스로 번 돈으로 보석금을 내고 풀려난다. 모든 일이 해결된 뒤 앨런 크럼위드는 또 다른 가짜뉴스를 생산하고 배포해 대중의 분노와 불신을 더욱 키우려 한다.

분노와 불신의 화염 속에서 이성 또는 인간애가 빛을 발하는 순간도 있다. 기밀 정보를 미리 알고 도시가 폐쇄되기 전 약혼녀를 대피시켰다는 사실로 곤욕을 치른 치버 박사는 자신에게 제공된 감염병 치료제를 청소부 아들에게 준다. 전염병 발생 경로를 조사하기 위해 홍콩에 파견된 오랑테스 박사는 납치를 당하고 치료제를 받는 조건으로 풀려난다. 하지만 그녀는 상사로부터 납치범에게 준 치료제가 가짜라는 사실을 알게 되자 다시 그곳으로 돌아간다.

일반적인 재난 영화는 인간이 재난을 어떻게 해결하는가에 초점을 맞춘다. 즉 재난에 맞서는 인간의 위대함이 영화적 방점이다. 하지만 〈컨테이젼〉은 재난 자체에 초점을 맞춘다. 더 엄밀히 말하면 재난을 겪으면서 재난에 대처하는 인간의 모습을 보여준다. 이 영화에서 재난은 해결되지 않는다. 하지만 영화의 방점은 재난의 해결이 아니다. 왜냐하면 하나의 재난이 해결되었다고 해서 모든 재난이 해결된 것은 아니기 때문이다.

예기치 않은 재난은 또 찾아올 것이다. 결국 재난을 해결하는 것은 과학이 아니라 사람이다. 일찍이 미국의 소설가 마크 트웨인은, "재앙은 잘 모르기 때문에 오는 게 아니라 잘 알고 있다는 지나친 확신에서 비롯된다"라고 말했다. 이는 재난을 막을 수 있다고 과신하기보다는 재난이 닥쳤을 때 어떻게 준비하고 대처해야 하는지 마음가짐을 갖는 게 중요하다는 점을 일깨운다. 지금 이 순간 재난 서사가 우리에게 주는 교훈은 바로 이것이다.

제 7 부

"가르침에도 끝이 없다"

몇 년 전 고등학교 동창으로부터 전화 한 통을 받았다. 그 친구는 내게 모교를 방문해서 후배들을 대상으로 '효과적인 영어학습법'을 주제로 특강을 해달라고 부탁을 했다. 워낙 친한 친구의 부탁인지라 거절하지 못한 채 전화를 끊었다. 하지만 전화를 끊고 난 다음부터 내가 특강을 잘 할 수 있을까, 아니 내가 특강을 할 자격이 있나, 하는 걱정과 불안이 밀려들기 시작했다. 오래전부터 영어학습법과 영어교수법에 대해 고민을 해왔고, 지금도 여전히 고민을 하고 있지만, 당시에는 정확히 어떤 방법이 가장 효과적인지 확신이 서지 않았다.

전화를 끊고 난 뒤 지금까지 해왔던 영어교수법에 대해 한참 동안 생각해 보았다. 예전에 읽었던 영어교수법 관련 책도 다시 찾아 읽고 새로운 책도 몇 권 읽어 보았다. 누군가는 '하버드 영어 공부법' 또는 '유대인 학습법'을 따라야 한다고 주장하고, 또 다른 누군가는 '영어 책을 한 권 외워야 한다'고 말한다. 각각의 방법이 이론적으로는 가능하고 학생들에게 도움이 되겠지만, 현실적으로 이 방법들을 수업 시간에 적용할 수 있는지에 대해서는 확신이 서지 않는다. 더 원론적이고 체계적인 이완기의 『영어교육 방법론』(2015)을 읽었지만 확신이 들지 않기는 마찬가지였다. 결국 고민 끝에 그 친구에게 전화를 걸어 '미안하지만 특강을 못 할 것 같다'는 뜻을 전했다. 대신 그 친구 덕분에 지금까지 학생들에게 해왔던 내 영어교수법을 되돌아보고 앞으로 어떻게 학생들에게 영어를 가르쳐야 할지 고민의 시간을 갖게 되었다.

개강 후 첫 시간에는 으레 그렇듯이 학생들에게 강의계획서를 나누어 주면서 교과목 소개와 함께 영어 공부 방법에 대해 다음과 같이 설명한다.

"영어는 크게 '읽기-듣기-쓰기-말하기' 네 영역으로 구성되어 있고, 어휘와 문법은 이 네 가지를 잘 하는 데 필요하다. 다시 말하면 '읽기-듣기-쓰기-말하기'는 영어 공부의 목적이고, '문법-어휘'는 영어 공부의 도구다. 원래 이상적인 영어수업이라면 한 강좌에서 목적과 도구를 모두 다루어야 하지만, 현실적으로 어렵기 때문에, 영역별로 수업을 진행할 수밖에 없다. (…) '읽기-듣기-쓰기-말하기'는 영어라는 자동차의 네 바퀴다. 네 바퀴 중 어느 하나라도 완전하지 않으면 영어라는 자동차가 제대로 갈 수가 없다. 그러니 네 바퀴가 탄탄해지도록 부단히 연습해야 한다. 수업시간에 다루는 영어는 정말 최소한이기 때문에 많은 연습을 해야 한다. (…) 진짜 공부는 여러분들이 하는 것이다. 나는 단지 여러분들이 영어를 잘 할 수 있도록 길을 이끌어 주는 안내자일 뿐이다."

거의 기계적이고 관성적으로 학기가 시작할 때마다 학생들에게 말해 왔다. 지금에 와서 생각해 보면 '내가 열심히 가르치겠지만, 너희들의 영어 실력이 향상되지 않는다면 그것은 너희들 탓이다'라는 심리적 안전장치를 마련해 놓았던 것 같다. 수업을 하면서는 나름대로 수업을 열심히 준비했고, 학생들에게 친절하게 대했고, 학생들이 원하는 것을 대체로 잘 충족시켰다, 라고 스스로 생각했다. 그렇기 때문에 강의 평가에서도 불편한 내용은 제대로 읽지 않거나 그냥 넘어가고 좋은 이야기만 귀담아들으면서 '나는 꽤 괜찮은 선생이야', 라고 스스로 위로했다. 다시 말하면 수업이 잘 되면 내가 잘해서 그런 것이고 수업이 잘 안 되면 학생들에게 문제가 있는 것으로 내 마음 편하게 생각했다. 솔직히 고백하면 지금도 어느 정도는 그렇다.

그런데 돌이켜보니 지금까지 가장 기본적이면서도 가장 중요한 사실들을 놓치고 있었던 것 같다. 수업은 선생이 일방적으로 전달하고, 학생이 일방적으로 받는 게 아니라 선생과 학생이 서로가 '주고받으며'(interact) 함께 만들어 간다는 사실 말이다. 좋은 수업이 되기 위해서는 학생뿐만 아니라 선생의 책임과 역할 또한 크다. 수업을 통해 학생이 바뀌는 것처럼 가르치는 사람도 수업을 통해 바뀌어야 한다. 지금까지 이 점들을 의식적으로 또는 무의식적으로 간과해 왔다. 이에 대한 자기반성으로 영어를 가르치는 일, 더 넓게는 학생을 가르치는 일에 대해 근본적으로 재고해야겠다는 생각이 들었다.

지금까지 영어학습법은 주로 영어 공부를 어떻게 해야 하는지, 즉 '영어 학습의 방법론'(How to study English)에 관한 것으로서 영어 공부를 왜 해야 하는지에 대한 설명은 별로 없다. 거창하게는 세계화 시대에 생존하기 위해서 보다 현실적으로는 진학과 취업, 그리고 승진을 위해 필요하기 때문에 영어 공부는 마땅히 해야 한다고 생각한다. 그런데 막상 수업하면서 제일 힘든 점은 학생들이 영어 공부의 필요성을 생각만큼 크게 못 느낀다는 사실이다. 그래서 몇몇 학생들은 강의 평가에 '영어 수업을 왜 들어야 하는지 모르겠다', 라는 푸념을 쏟아 내기도 한다. 때로는 수업에 대한 불만을 넘어 영어 공부의 필요성에 대한 근본적인 의문을 제기한다.

하지만 지금까지 나 역시도 '영어는 정말 필요한 것일까', '영어 공부는 꼭 해야만 하는 것일까', 라는 질문을 해 본 적이 별로 없는 것 같다. 대신 영어 공부는 당연히 해야만 하는 것이기에 학생들에게도 '어떻게 하면 영어 공부를 잘 할 수 있는지' 기술적인 방법에 대해서만 말해왔다. 하지만 이제는 그 방법조차 옳다고 확신하기도 어렵다.

사실 영어학습법 관련 서적과 영어학습서는 이루 헤아릴 수 없을 정도로 정말 다종다양하다. 모든 책들이 나름대로 '새로운 영어학습법'이라고 말하고 있지만 막상 내용을 보면 서로 크게 다르지 않다. 시쳇말로 거기서 거기다. 그렇다면 진짜 문제는 영어 학습의 방법이 아니라 다른 데 있는 게 아닐까, 라고 생각해 보지 않을 수 없다. 개인적인 생각에는 영어 학습 방법보다도 사람들이 영어를 대하는 태도가 문제의 본령인 것 같다. 그렇기 때문에 "영어와 함께 살아가는 방법을 익히고 요령 있게 공부하고 영어 스트레스를 줄이자"라는 누군가의 말에 크게 공감하게 된다.

살다 보면 그 존재가 불편하고 부담스러워도 어쩔 수 없이 그와 공존해야 할 때가 있다. 만약 그것이 정말 필요하고 중요한 것이라면 우리는 그와 함께 살아가는 방법을 모색해야 한다. 사실 영어는 우리에게 그런 존재다. 영어는 쉽지 않지만 살아가는 데 필요하기 때문에 함께 살아야 한다. 그것도 '잘' 살아야 한다. 영어와 함께 잘 살아가기 위해서는 영어를 삶의 일부로 만들고 그 안에서 즐거움과 재미를 찾아야 한다. '아무리 노력해도 즐기는 사람을 결코 이길 수 없다'라는 말이 있듯이 영어 공부에서도 관심과 호기심이 가장 중요하고 필요하다. 즐거움과 재미를 관심과 호기심으로 이끌어야 한다. 영어에 대한 관심과 호기심은 더 많은 표현의 습득으로 이어지고, 습득한 표현의 연습과 활용은 자신감 제고와 부족한 부분의 보충학습으로 이어진다. 이는 다시 영어표현에 대한 호기심으로 이어진다. 이 과정의 반복으로 영어 학습의 '선순환' 구조가 형성된다. 이 모든 과정의 출발점에는 영어에 대한 관심과 호기심이 있다. 더 거슬러 올라가면 즐거움과 재미가 있다.

각자 나름대로 효과적이라고 일컬어지는 영어 학습 방법은 무수히 많다. 그렇지만 어떤 방법이 가장 효과적이고 최선인지 단언하기 어렵다. 그보다는 어떤 방법이 나에게 가장 잘 맞는지 고민해야 한다. 실천하기 어려운 이야기이지만, 타인의 신화나 성공담에 현혹되지 말고 자기에게 맞는 방법으로 영어를 공부해야 한다. 이미 자기 영어는 다 있다. 따라서 처음부터 다시 시작하는 것보다 자기 영어를 발전시켜 나가는 것이 중요하다. 수업 시간에 학생들에게 이 점을 가장 강조한다. "한 학기 수업 듣고 높은 학점을 받는 것도 중요하지만 자기만의 영어학습법을 찾고 개발하는 게 훨씬 더 중요하다"라고 말한다. 거기에 "내 말을 다 믿지 말라. 내가 말하는 공부 방법도 어차피 내 개인적인 경험과 지식에서 비롯된 것이기 때문에 모든 사람에게 적용될 수 없다"라는 말도 덧붙인다.

요컨대 먼저 학생들에게 영어 공부를 왜 하는지 스스로 동기를 찾고 그다음에 자신만의 공부 방법에 대해 고민하라고 한다. 철학자 강상중의 말처럼 "속도보다 고민하는 힘을 키워라"라고 역설한다. 설령 자신만의 영어 공부법을 찾지 못했을지라도 괜찮다. 왜냐하면 영어 공부에 대해 고민한 시간만으로도 이미 많은 공부가 되었기 때문이다.

부끄러운 고백들로 이 글을 끝맺으려 한다. 사실 지금까지 자기소개서에 교육 철학에 대해 다음과 같이 썼다.

"가르치는 사람이 아무리 많은 지식을 갖고 있더라도 학생을 사랑하는 따뜻한 마음과 학생에 대한 배려, 지식을 전하려는 의지가 뒷받침되지 않는다면 그 지식은 살아있는 지식이 아닙니다. 가르치는 교수와 배우는 학생 간 신뢰가 바탕이 되어야 합니다. 교수는 단순히 학생들에게 지식을 심어주기보다는 스스로 습득하고 문제를 해결할 수 있는 능력을 키워줘야 합니다. (…) 교육은 일방적이고 수동적인 과정이 아닌 쌍방향적이고 능동적, 수평적인 활동이기 때문입니다. (…) 이런 교육관으로 지금까지 학생들을 가르쳐왔고 앞으로도 가르칠 생각입니다."

한 학기 수업이 끝날 때 제법 멋있어 보이기 위해 학생들에게 '여러분과 함께 수업하면서 많이 배웠다'는 말을 남발했다. 지금 생각해보면 손발이 오글거릴 정도로 창피하고 민망하다. 이제는 그 부끄러운 말이 단순히 형식적인 수사가 아니라 진정 마음에서 우러나온 말이 되도록 노력해야겠다. 그러기 위해서는 지금보다 더 많은 노력과 고민이 필요할 것 같다. '배움에는 끝이 없다'고 하지만, '가르침에도 끝이 없다'는 생각이 든다. 가르치는 일은 분명 보람도 있고 하면 할수록 늘기도 하지만 때로는 점점 더 어려워지기도 한다. 교실이 없는 시대에 접어든 요즈음에는 더욱 그렇다.

존 카우치와 제이슨 타운은 『교실이 없는 시대가 온다』(2018)에서 교사의 역할을 다음과 같이 규정했는데, 그것으로 이 부끄러운 글을 갈무리한다.

"교사는 시험 대비를 위해 고용한 개인 지도교사가 아니며, 교육 시스템의 회로를 바꿔 교사 자신의 잠재력 또한 이끌어 내야 한다. 교사의 역할은 학생이 자신의 타고난 재능을 발견하도록 돕는 것이어야 하고, 정보 전달자에게 학습 조력자로 옮겨 가야 한다."

관계 맺기의 중요성

몇 년 전 시네마테크 활동을 할 당시 '동아시아 멜로 영화 연구'라는 조금 거창한 글을 쓴 적이 있다. 그 글에서 비슷한 시기에 개봉한 한국, 중국, 일본의 멜로 영화, 즉 〈봄날은 간다〉(2001), 〈화양연화〉(2000), 〈냉정과 열정 사이〉(2001)를 통해 각 나라의 멜로 영화의 키워드를 '말', '몸', '마음'으로 규정했다. 그 영화들을 '멜로'라는 하나의 관계로 묶고, 그 안에서 각각의 특이성을 도출하려 했다. 지금 다시 읽어보면 글의 논리도 부실하고 문장도 거칠어 부끄럽기 짝이 없는 글이지만 그때는 나름 진지했던 것 같다. 아무튼 그때 글 제목이 동아시아 멜로 영화 연구였는데, '동아시아 미술관계 展'이라는 미술 전시회 제목을 보며 갑자기 그때 생각이 났다.

일단 동아시아 미술관계전이라는 미술 전시회 제목이 낯설었다. 개인적으로는 미술 전시회 제목이 미술전도 아니고, 미술대전도 아니고, 하다못해 미술전시회도 아닌 미술관계전일까, 문득 궁금했다. 하지만 충북을 중심으로 동아시아 미술의 관계성을 찾아가고, 작가 간의 교감의 시간을 갖기 위한 사업이라는 전시회 소개 글을 읽은 뒤 전시회 제목이 왜 '미술관계전'인지 조금 이해가 갔다. 더 나아가 동아시아 미술관계전의 본령이 큰 틀에서 보자면 동아시아를 기반으로 활동 중인 작가들의 관계를 더욱 단단하게 하는 것이고, 조금 좁혀서 보면 지역의 여러 작가들의 작품들을 한 자리에 소개하는 게 아닐까, 하는 생각도 들었다.

전시회 제목에서도 그랬지만, 동아시아 미술관계전의 전체 작품을 둘러보면서 '관계'라는 단어가 머릿속에서 떠나지 않았다. 동아시아 미술관계전은 먼저 우리나라를 비롯해 일본, 태국, 베트남 등 다양한 국적을 가진 작가들의 작품들을 하나의 '관계'로 묶고 있다. 그뿐만 아니라 회화, 조각, 공예, 판화, 설치 미술 등 다양한 예술 장르를 하나의 '관계'로 묶고 있다. 다양한 예술적 장르뿐만 아니라, 물감, 칠기, 종이, 털실, 비디오, 먹 등 다양한 예술적 소재와 자연, 욕망, 휴식 등 다양한 예술적 주제를 하나의 '관계'로 묶고 있다. 바로 이런 이질적인 요소들의 '관계 맺음'이 이번 동아시아 미술관계전의 핵심이자 새로운 예술적 시도라는 생각이 든다. '따로 또 같이'라는 조금 식상한 표현이 있는데, 바로 이 '따로 또 같이'가 이번 동아시아 미술관계전의 핵심을 꿰뚫고 있기에, 전시회의 부제로 전혀 손색이 없을 것 같다는 생각도 들었다.

이 글은 원래 전시회 리뷰이기 때문에 마땅히 개별 미술 작품에 대한 객관적인 평론과 주관적인 감상문의 성격을 동시에 지녀야 한다. 하지만 미술에 관심은 있지만 잘 모르는데다가 그림을 보는 눈도 어두워서 동아시아 미술관계전에 전시된 각각의 작품에 대해 말하는 게 무척 조심스럽다. 조금 더 솔직하게 말하면 두렵다. 말할 자격도 안 되거니와 작품의 좋고 나쁨을 평가할 만한 능력도 부족하다. 그렇기 때문에 이 글에서는 주로 기억에 남는 몇몇 작품에 대한 짧은 설명과 인상으로 전시회 리뷰를 갈음하려 한다.

전시회 입구에 들어섰을 때 검은색을 배경으로 화사한 꽃과 나무를 중앙에 배치한 작품이 먼저 눈길을 끌었다. "꽃과 나무를 소재로 자연의 아름다움과 여인의 자연스러운 아름다움을 표현하고, 아름다움을 영원히 간직하려 한다"라는 작품의 설명을 읽고 작품을 한참 동안 바라보았다. 작품을 어떻게 만들었는지 정확히는 모르겠지만 아름다움에 천착하는 예술, 또는 예술가에 대해 잠시 생각해 보았다. 영국의 낭만주의 시인 존 키츠는 어느 시에서 "아름다움은 진리고, 진리는 아름다움이다"라고 말했다. 하지만 그는 또 다른 시에서 "아름다움은 사라진다", 혹은 "아름다움은 사라져야 한다"라고 했다. 그가 생각하기에 아름다움은 영원할 수 없다. 아름다움을 영원히 간직하려 했던 그 시인은 결국 요절하고 만다. 그 시인뿐만 아니라 아름다움을 영원히 간직하려 했던, 혹은 영원한 아름다움을 꿈꾸었던 어느 소설의 주인공과 그가 그린 그림 속 주인공 역시 영원하지 못했다. 위대한 예술가들은 모두 영원한 아름다움을 꿈꾼다. 위대한 예술가뿐만 아니라 평범한 우리도 때로는 그런 꿈을 꾼다. 그런데 그 꿈은 아름답지만 동시에 위험하고 영원하다. 우리는 모두 위험할지라도 아름다움, 그것도 영원한 아름다움을 꿈꾼다. 하지만 그 꿈을 꾼 인간은 영원할 수 없다. 대신 그가 꿈꾼 예술만이 영원하다. 그런 점에서 '인생은 짧고 예술은 길다'라는 명제는 여전히 유효하다.

털실로 만든 나무를 형상화한 공예 작품과 주로 파란색이 캔버스를 지배하는 회화를 보면서 사람의 '마음'을 생각했다. 사람의 마음은 때로는 차갑고 때로는 뜨겁다. 마음이 차가울 때 따뜻한 예술 작품을 보면 마음이 따뜻해지고 편안해진다. 반대로 마음이 느슨해질 때 차가운 작품을 보면 정신이 번쩍 든다. 그렇기 때문에 우리 마음의 폭을 넓히고 깊이를 더하기 위해서는 따뜻한 예술작품뿐만 아니라 차가운 예술작품도 필요하다. 요컨대 예술은 냉정과 열정 사이를 오가는 우리의 마음을 바로잡아준다.

영화 〈비열한 거리〉(2006)에서 주인공 병두(조인성)는 '식구'를 다음과 같이 정의한다. "식구가 뭐여, 같이 밥 먹는 입구멍이여." 영화를 본 사람이면 누구나 기억할 것이다. 병두의 말에 따르면, 식구란 같이 밥을 먹는 사람들이다. 반대로 같이 밥을 먹지 않으면 식구가 아니다. 영화의 맥락과 일상적인 맥락은 조금 차이가 있지만 서로 밥을 같이 먹는다는 것은 그들의 관계가 중요하고 특수하다는 방증이다. 그래서 사람들은 가족이 아니더라도 같이 밥을 먹는 사람들까지도 '식구'라고 부른다.

오랜만에 만난 친구와 헤어지면서 종종 '밥 한번 같이 먹자'라고 말한다. 그런데 실제로 그 친구와 밥을 같이 먹을 개연성은 크지 않다. 밥을 같이 먹지 못하는 이유는 여러 가지가 있을 수 있다. 예컨대 서로 시간이 없거나, 아니면 시간이 어긋나서 밥을 같이 못 먹을 수도 있다. 그러나 대부분의 경우 시간과 공간과 같은 물리적인 요인보다는 심리적인 요인이 더 크다. 그래서 보통 친하지 않은 사람이나 혹은 한때 친했지만 지금은 조금 낯설어진 사람과는 처음 만나거나 오랜만에 만나도 같이 술을 마실 수 있지만 같이 밥을 함께 먹기는 쉽지 않다. 우리는 밥을 아무하고 같이 먹지 않는다. 가까운 사람하고만 밥을 같이 먹는다. 그래서 친한 친구와 약속할 때 '차 한잔하자'라고 말하는 것보다는 '밥 같이 먹자'라고 말한다. 밥 같이 먹자는 말은 단순히 밥을 같이 먹는 것을 넘어 마음을 나누겠다는 마음의 표현이다.

음영경 작가는 동아시아 작가들을 '몇 해 같이 밥을 먹는 한솥밥 친구들'로 규정하며 음식을 담는 그릇들, 즉 식기를 사진으로 보여주고 있다. 그런데 특이하게도 사진 속의 식기는 모두 비어 있다. 수저도 상 위에 가지런히 놓여 있다. 아직 밥을 먹기 전이다. 작가는 이 일련의 식기 사진들을 통해, 밥을 같이 먹기 위해서는 먹을 밥과 함께 마음의 준비도 필요하다는 이야기를 하려고 한 게 아닐까, 라고 혼자 상상해 본다. 그런데 바로 옆 전시 공간에서는 밥을 같이 먹는 사람들의 영상이 펼쳐진다. '정지된' 빈 식기 사진과 '움직이는' 밥을 같이 먹는 영상은 묘한 콘트라스트를 이루며 식구에 대해 많은 것을 생각하게 한다.

캘리그래퍼와 토탈 공예 아티스트가 함께 작업한 작품을 한참 동안 바라보았다. 작품 자체의 섬세함과 정교함도 대단하지만, "책은 종이로 만들어졌고 종이는 나무로 만들어졌다. 책이 오래되어 색이 바래는 것은 나무 본연의 모습으로 돌아가는 것이라는 데 초점을 맞추"었다는 작가의 작품 설명이 더 와 닿았다. '나무는 선 자리를 탓하지 않는다', '화려한 꽃보다 한결같은 당신이 좋습니다'라는 작품의 제목 또한 '어떻게 살아가야 하는지'에 대해 많은 것을 생각하게 해주었다. 우리는 '순리대로 살아가야 한다'라는 말을 많이 하고 또 많이 듣는다. 순리란 '순한 이치나 도리' 또는 '도리나 이치에 순종함'을 뜻한다. 자연스러움의 또 다른 말이다. 자연은 곧 물과 나무를 가리키기 때문에, 순리대로 살아가야 한다는 것은 나무와 물처럼 살아가는 것을 뜻한다. 이 작품을 보면서 한때 마음에 새겼던 '검이불루 화이불치'(儉而不陋 華而不侈)라는 글귀를 다시 생각해본다.

동아시아 미술관계전에서 개인적으로 가장 오랫동안 그리고 가장 여러 번 본 작품은 「강남부동산」이었다. 이 그림은 한지에 먹과 흑연으로 그린 어찌 보면 특별할 게 없어 보이는데, 이 평범함 속에 설명하기 쉽지 않은 함의가 담겨 있는 것 같다. 그림 속에는 다 쓰러져가는 목조 건물에 강남부동산이라는 간판이 세로로 걸려 있다. 목조 건물과 잘 어울리지 않는 에어컨 실외기가 건물 바깥에 놓여 있다. 건물은 금방 허물어질 것 같고 덧댄 나무 조각과 슬레이트

조각도 바람만 불면 날아갈 것 같다. 또한 전깃줄 같은 빨간 선이 건물 여기저기에 흩어져 걸려 있다. 이 그림을 통해 작가는 무엇을 말하려고 하는 걸까. 혹시 '돈이 전부다'(money talks)라고 믿는 현대인의 그릇된 욕망을 비판하려고 하는 것일까? 아니면 물질문명에 자리를 내어줄 수밖에 없는 지금의 현실을 안타까워하는 것일까? 잘 모르겠다. 그래서 혹은 그럼에도, 이 그림을 한참 동안 바라보았다.

동아시아 미술관계전의 전시 작품들을 보면서 예술의 경계가 무한하다는 것을 새삼 깨달았다. 회화, 조각, 공예, 사진 등 전통적인 예술 장르의 외연 확장뿐만 아니라 사진과 회화, 사진과 서예, 공예와 서예, 공예와 회화처럼 서로 다른 예술 장르가 뒤섞여 지금과는 전혀 다른 새로운 예술 창작의 가능성을 보았다. 개인적으로는 이번에 우리말로는 '청사진법'이라고 번역되는 '시아노타입'(cyanotype) 기법을 처음 알았고 그 기법으로 만든 작품도 처음 보았다. 예술의 소재는 무한하다. 커피, 털실 등 평소에는 예술과 별 상관없다고 생각한 사물들도 예술적 소재가 될 수 있다는 게 놀랍고도 신기했다. 앞으로가 더욱 기대된다.

부끄러운 고백으로 이 글을 끝맺으려 한다. 동아시아 미술관계전 담당자가 글을 부탁하면서 전시회 장소가 '숲속 갤러리'라고 알려주었다. 그런데 숲속 갤러리의 정확한 위치를 몰라서 인터넷으로 찾아보니 충북문화관 안에 있었다. 충북문화관이 옛 충북도지사 관사였다는 사실을 처음 알게 되었다. 몇 년 전 뉴스로 도지사 관사를 시민 공간으로 리모델링한다는 기사를 본 것 같기도 한데, 리모델링된 공간이 충북문화관으로 바뀐 사실은 몰랐다. 당연히 충북문화관 안에 숲속 갤러리라는 전시공간이 있다는 사실 또한 몰랐다.

동아시아 미술관계전 전시회장인 숲속 갤러리와 그 주변도 둘러보고, 예전에는 도지사 관사였지만 지금은 지역 대표 문인들의 삶의 궤적과 작품을 감상할 수 있는 전시실, 충북의 역사를 알 수 있는 디지털 기록물 전시실, 그리고 지역 대표 문인의 작품을 읽으며 음악을 들을 수 있는 북 카페를 갖춘 문화의 집도 함께 둘러보았다. 새롭게 단장한 충북문화관이 지금도 좋지만, 안내 리플릿의 설명처럼 앞으로 도민들이 자유롭게 이용할 수 있는 창조적이고 미래 지향적인 문화예술 공간으로 탈바꿈했으면 더 좋겠다.

이번 동아시아 미술관계전을 통해 개인적으로 충북문화관, 그리고 숲속 갤러리와 관계를 맺었다. 충북미술페스티벌, 동아시아 미술관계전에 참여한 미술 작가들과도 관계를 맺었다. 물론 그 작가들과 직접 인사하고 얼굴을 알게 되었다는 것은 아니다. 하지만 어찌 되었든 간에 그들과 관계를 맺었다. 내가 원해서 관계를 맺은 것은 아니지만, 이 관계가 계속 이어질지, 아니면 중단될지는 이제 고스란히 나의 몫으로 남겨졌다. 관계는 맺는 것보다 그 관계를 이어나가는 게 더 중요하다는 말을 되새긴다. 이제 관계의 망이 넓어지고 굵어지는 것은 전적으로 나에게 달렸다. 이 관계를 더 넓고 굵게 만들기 위해서는 지금보다 더 부지런해져야 하고 공부도 더 필요할 것 같다. '미술관계전'을 보며 관계 맺기의 중요성에 대해 새삼 생각하게 된다.

"너와 나, 이제는 만나야 한다"

지금까지 오다가다 청주에서 열리는 예술 행사를 기웃거리며 구경한 적은 있었지만 올해처럼 어떤 '특별한' 목적을 갖고 예술제를 관람한 적은 처음인 것 같다. 그렇기 때문에 충북민예총이 주최하는 '충북민족예술제'를 부담과 기대를 동시에 안고 지켜보았다. 솔직히 몰랐는데 올해가 스물다섯 번째라니 민족예술제의 역사가 생각보다 깊다. 사람으로 생각하면 스물다섯은 완전한 어른은 아니지만, 그렇다고 어린아이도 아니다. 스물다섯은 보통 '청년'이라 불린다. 그래서인지 행사 팸플릿의 '초대의 글'에서도 "장한 청년으로 성장한 충북민예총"이 준비한 충북민족예술제를 "즐겁고 편안한 마음으로" 보라고 권한다. 그런데 다시 말하지만, 무언가를 보고 써야 하기 때문에 마음은 마냥 즐겁고 편안하지는 않았다. 솔직하게 말하면 발걸음도 마음도 모두 무거웠다.

문화예술은 오늘날 살아가는데 가장 정직한 표현이자 한 시대의 역사를 만들고 내일의 삶을 제시하는 길잡이다. 예술을 향유하는 것이 인간의 [궁극적인] 행복과 연결된다는 사실은 누구도 부인할 수 없는 예술의 본령이다. 하지만 언젠가부터 정신보다 물질을 앞세우고 모든 것을 돈의 가치로 평가하는 '물질 만능주의' 또는 '천민자본주의'가 만연하면서 문화예술은 삶의 중심에서 점점 밀려나고 있다. 예술에 대한 관심도 대체로 예술의 도구화 또는 상업화라는 맥락 안에서만 유효하다. 사람들의 일상에서 예술 자체에 대한 관심은 점점 멀어지고 있다. 이런 힘들고 열악한 상황에서 돈도 벌리지 않고 사람들의 관심도 크게 받지 못하는 행사를 지금까지 무려 스물네 번이나 주최했고 올해 또다시 예술제를 준비하고 주최한 예술인들에게 경외감을 느끼지 않을 수 없다.

예술제를 준비한 예술인들에 대한 경외감과 그들이 내놓은 예술 작품에 대한 기대와 설렘을 안고 행사장 안으로 들어섰다. 하지만 행사장에 들어서기 전부터 비가 추적추적 내려 예술제에 참가한 많은 예술인들이 뜨거운 여름을 견디면서 준비하고 마련한 행사가 혹시 날씨 때문에 열리지 못하면 어떡하나 걱정이 앞섰다. 다행스럽게 빗줄기가 아주 거세지는 않았다. 빗방울이 가늘어졌다가 그쳤다가를 반복해 예술제를 진행하는 데 큰 문제가 될 것 같지 않아 마음이 놓였다.

행사장에 도착했을 때는 아직 행사가 본격적으로 시작하기 전이라서 '예술로 25번길 _ 아트로드'를 혼자 천천히 걸었다. 아트로드 양쪽으로 충북민예총 소속 각 단체의 부스가 자리를 잡고 있었다. 행사가 본격적으로 시작되자 중앙무대에서는 국악이 들려 왔다. 팸플릿을 보니 전통국악연구회 '소리마을'의 '경·서도 소리의 울림'이라고 적혀 있다. 중고등학교 음악 시간에 경기민요, 충청도민요, 전라도민요, 경상도민요 등은 얼핏 들어본 것 같은데 서도(황해도와 평안도지방)민요는 처음인 것 같다. 사실 들어보았다고 하더라도 평소에 관심을 전혀 두지 않아 서도민요가 다른 지방의 민요와 어떻게 다른지 알 수 없었을 것이다. 재즈나 클래식에 대해서 모르면 창피하게 생각하면서도 국악에 대해서는 아무것도 몰라도 전혀 부끄러워하지 않는 나 자신에 대해 잠깐이나마 생각해 보게 되었다. 빗속에서 메아리처럼 울려 퍼지는 전통음악을 들으며 여러 부스를 둘러보았고 몇몇 부스에 발걸음이 자연스럽게 멈춰졌다.

개인적인 생각에 제25회 충북민족예술제에서 가장 '시끄러웠던'(?) 부스는 아마도 충북민예총 옥천지부 부스였던 것 같다. 옥천민예총에서는 '장승 깎기' 행사를 마련했다. 팸플릿에는 "장승 깎기, 도마 만들기, 미니장승 만들기, 솟대만들기 등 나무로 할 수 있는 다양한 것들을 체험할 수" 있다고 했는데, 막상 직접 체험하는 사람들은 그렇게 많지 않았다. 어쩌면 나를 포함해 많은 사람들이 장승깎기에 겁을 내서, 혹은 장승깎기 '장인'(匠人)들이 뿜어내는 포스와 아우라에 압도되어 체험을 포기했는지 모른다. 아무튼 옥천지부 부스를 지키고 있는 장인들은 그런 사소한 것들에 아랑곳하지 않고 묵묵히 장승을 깎았다. 몇 시간 동안 쉬지도 않고 선기톱을 비롯한 여러 공구로 오직 장승깎기에만 몰두하는 그들의 모습은 정말 경이로웠다. 밋밋한 나무통에서 불과 몇 시간 만에 사람의 얼굴을 한 장승으로 변하는 과정을 보니 신기하면서도 정말 대단했다. 깎인 장승의 모양과 표정이 각기 다른 모습을 하고 있다는 게 더욱 신기했다. 나를 포함해 주변 사람들은 모두 장승의 모습에 반해 넋을 잃고 쳐다보고 있는데, 장인들은 작업을 마친 뒤 아무 일 없었다는 듯 의자에 앉아 잠깐 쉬거나 자기들끼리 담소를 나누었다. 그들의 모습에서 '고수'(高手)의 숨결이 절로 느껴졌다.

충북작가회의 부스에 한참 동안 앉았다. 부스에 들렀을 때 예정된 행사는 두 개였다. 하나는 김덕근 시인이 "충북 국보를 소개한 책인 『내일을 비추는 거울』을 통해 관람자 스스로 충북의 국보 10개 중 청주의 국보를 중심으로 심상 지리와 스토리텔링을 만들어 보는" 행사였고, 나머지 하나는 김정애 소설가가 독자들과 자신만이 갖고 있는 '손에 관한 기억'으로 진행하는 북 콘서트였다. 개인적으로 스토리텔링과 북 콘서트는 아주 '작고 짧았지만' 느낌은 아주 '강렬했다.' 다양한 주제로 제법 많은 이야기가 오갔다. 이야기의 주제는 문학에서 정치, 사회, 문화로 옮겨갔다가 다시 문학으로 돌아왔다. 그런데 이야기를 나누는 중 스토리텔링이라는 키워드에서 생각이 멈추었다.

요즘, 아니 몇 년 전부터 사람들은 '소통'과 '공감'의 중요성에 대해 말한다. 사실 소통과 공감의 중요성은 아무리 강조해도 지나치지 않는다. 소통과 공감의 사전적 의미는 각각 '뜻이 서로 통하여 오해가 없음'과 '남의 감정이나 주장에 대해 자기도 그렇게 느낌'으로 의미의 결이 조금 다르다. 하지만 상대방의 관점에서 듣고 이해한다는 점에서 소통과 공감은 크게 다르지 않다. 상대방과 잘 소통하고 상대방의 감정이나 주장에 대해 공감하기 위해서는 무엇보다 상대방의 이야기를 자기 방식으로 전환하는 '스토리텔링' 능력을 키우는 것이 필요하다. 스토리 능력을 키우기 위해서는 자기만의 경험을 쌓고 사기만의 콘텐츠를 만드는 것이 중요하다. 자기만의 경험을 쌓고 콘텐츠를 만들기 위해서는 많이 읽고, 많이 쓰고, 많이 말해야 한다. 사실 읽기, 쓰기, 말하기는 많이 하는 것뿐만 아니라 잘해야 한다. 이를 잘하기 위해서는 무엇보다 많은 사람을 만나야 한다. 우리는 읽고, 쓰고, 말하기를 통해 사람들과 소통하고 공감하고 소통과 공감을 통해 스토리텔링 능력을 키운다. 그리고 스토리텔링은 다시 소통 능력과 공감 능력의 원천이 된다. 이처럼 '소통/공감'과 '스토리텔링'은 순환 반복된다. 그리고 '소통/공감'과 '스토리텔링' 사이에서 선순환이 이루어져야 한다. 왜냐하면 사람과 사람 사이 소통과 공감이 결핍될 때 어떤 끔찍한 일이 벌어지는지 우리 모두 경험을 통해 잘 알고 있기 때문이다.

한 부스가 유독 사람들로 붐비었다. 부스 안에 놓인 테이블 위에는 예쁘게 쓴 붓글씨가 나무 액자에 표구되어 진열되어 있고, 흰색 천으로 된 부스 벽에는 조금 더 독특한 필체의 붓글씨가 여러 개 걸려 있다. 누가 보더라도 그 붓글씨는 '작품'이다. 그런데 그 작품보다 아무것도 걸려 있지 않은 반대편 흰색 천에 눈이 더 갔다. 그 흰색 천은 부스를 찾은 사람들이 붓 또는 펜으로 쓴 일종의 '방명록'이다. 여러 사람들이 썼기 때문에 당연히 색상도 필체도 모두 다르다. 그런데도 방명록의 내용은 마치 한 주제에 따라 쓴 것처럼 일관된다. 모두 '평화'와 '통일'과 관련되어 있다. 몇 개를 소개하면 다음과 같다.

"통일 가즈아!", "물이 통하듯/ 피가 통하듯/ 마음이 통하듯/ 우리도 통해야 한다", "통일 좋아", "평화는 영원히", "시베리아 횡단열차 타고 세계일주하자."

사실 불과 얼마 전까지만 해도 평화와 통일이라는 단어를 마음속에서만 외쳤지 입 밖으로 꺼내기 쉽지 않았었다. 하지만 이제는 누구나 평화와 통일을 이야기할 수 있게 되었고, 오히려 북핵이나 전쟁보다도 평화와 통일에 대해 이야기하는 게 훨씬 더 자연스러워졌다. 평화와 통일이 그냥 먼 꿈이 아니라 가까운 미래에 실현될 수 있다는 희망을 품게 되었다. 모든 사람들이 그런 희망과 꿈을 꾸었기 때문에 '남북정상회담'이 이루어진 게 아닌가, 하는 생각도 해본다.

짧게 설명한 이 행사 외에 제25회 충북민족예술제에는 만화 캐릭터 그리기, 야생화 그리기, 공예체험, 아트토이 만들기, 바둑, 우쿨렐레 등 다양한 예술 체험 프로그램도 있었고, 재즈, 버스킹 콘서트, 세미뮤지컬, 인형극, 춤극, 마임, 영화 상영 등 다채로운 예술 공연도 있었다. 짧은 시간 동안 둘러보면서 이 모든 프로그램을 체험하고 공연도 전부 관람할 수는 없었지만 행사를 준비한 이들의 정성과 노고를 느끼기에는 충분했다.

멘타까 디어본이라는 태국 작가의 '너와 나'라는 프로젝트에 대한 설명으로 이 글을 정리하려 한다. 프로젝트 '너와 나'는 2018년 4월 27일에 있었던 남북 정상의 만남에서 영감을 얻었고, 남과 북의 관계는 역사를 바꿀 수 있는 새로운 무기처럼 중요하다고 작가는 말한다. 작가는 "외국인의 시점으로 바라본 2018년 남북 정상회담 상황을 한국인은 어떻게 바라보고 있는지를" 튜브를 통해 바라보라고 곡진하게 당부한다. 개인적으로는 프로젝트의 콘텐츠보다도, 즉 튜브를 통해 바라본 여러 장르의 콜라주보다도, 프로젝트 제목과 작가의 간절한 마음이 더 마음에 와닿았다. 작가가 말하는 '너와 나'는 좁게는 남북 정상, 또는 남한 사람과 북한 사람이겠지만, 사전적인 의미대로 나가 아닌 모든 '너와 나'일 수 있다. "너와 나, 이제는 만나야 한다." 만나야 마음도 통한다. 그러기 위해서는 먼저 마음을 열어야 한다. 너도, 나도.

"예술가들에게 **자유**를 허락하라!"

제26회 충북민족예술제 포스터는 사뭇 인상적이다. 왼쪽과 오른쪽에 한 사람은 서 있고 다른 한 사람은 앉아 있다. 가운데에는 네 사람이 서로 다른 악기를 연주하고 있다. 노란 한복을 입고 선통 탈을 쓴 왼쪽 사람은 한 손에는 부채를 들고 있고 다른 한 손으로 가운데를 가리키고 있다. 빨간 재킷을 입고 빨간 모자와 가면을 쓴 오른쪽 사람 역시 가운데를 가리키고 있다. 둘은 서로 다른 모습을 하고 있지만 모두 한곳을 가리키고 있다. 겉으로는 서로 다른 모습을 하고 있지만 같은 곳을 바라보며 같은 곳을 가리키는 이 두 사람의 모습에서 '전통과 현대의 만남' 혹은 '서로 다른 문화의 만남'이라는 문구가 문득 떠올랐다. 예술제 팸플릿을 보며 생각이 전혀 틀리지는 않았다는 사실에 내심 안도했다.

예술제는 영어로 art festival로서 단어 그대로 '축제'다. 축제가 되려면 일단 놀 수 있는 마당이 있어야 한다. 마당이 깔려야 공연자와 관객이 함께 놀고 즐길 수 있다. 그렇기에 일단 충북민족예술제의 놀이마당을 깔기 위해 수고를 아끼지 않은 많은 분들께 경의를 표한다. 그리고 마당에 들어온 많은 예술인들에게도 존경과 경의를 표한다. 놀이에 함께 참여한 관객들에 대한 고마움은 말할 것도 없다. 작년 충북민족예술제 때에는 궂은 날씨 때문에 행사가 제대로 진행될 수 있을까, 하는 걱정이 앞섰는데 올해는 그럴 걱정할 필요가 없었다. 오히려 좋은 날씨 때문에 관람객의 발길이 뜸하지 않을까 걱정을 할 정도로 날씨가 너무나 좋았다.

설렘과 기대를 안고 조금 일찍 예술제 행사장을 찾았다. 예술제는 여섯 시부터 시작인데 행사장은 이미 사람들로 가득 찼다. 아트 로드를 천천히 걸었다. 작년에는 한적해서 혼자 천천히 걸었는데 올해는 사람들로 붐볐다. 중간에 아는 사람들도 만나서 인사를 나누었다. 아트 로드 양옆으로 충북민예총 소속 단체의 부스가 자리를 잡고 있다. 작년에 보았던 단체가 많았지만 올해 처음 보는 단체도 꽤 있다. 왠지 작년보다 올해 예술제가 더 알차고 풍성할 것 같은 느낌이 들었고 실제로도 그랬다.

지난해와 마찬가지로 올해 충북민족예술제는 크게 아트부스와 공연으로 구성되어 있다. 작년에는 주로 아트부스를 중심으로 예술제를 보았다. 그런데 이번에는 공연 중심으로 보겠다고 마음먹었다. 그렇다 하더라도 아트부스를 그냥 건너뛸 수가 없기에 인상에 남는 몇 군데 아트부스를 이야기해 보려 한다. 작년 충북민족예술제에서 가장 '시끄러웠던'(?) 부스는 단연 옥천지부 부스였다. 작년 예술제 때 필자를 포함해 많은 사람들은 밋밋한 통나무가 다양한 표정의 마치 살아 숨 쉬는 장승으로 변하는 모습을 넋 놓고 바라보았다. 통나무가 장승으로 변하는 과정은 마치 상아로 조각한 여신상이 실제 사람으로 변하는 것처럼 신비로웠다. 오랜 시간 동안 쉬지도 않고 전기톱을 비롯한 여러 공구로 오직 장승 깎기에만 몰두하는 그들의 모습은 정말 경이로웠다. 장승을 깎는 그들의 모습에서 고수의 숨결, 즉 예술적 아우라가 절로 느껴졌다. 올해도 작년과 마찬가지로 시끄러웠다. 그들은 장승 깎기, 미니 장승 만들기, 솟대 만들기 등 나무를 소재로 다양한 〈나무 이야기〉를 들려주었다. 그들의 〈나무 이야기〉는 말이 아닌 몸으로 전달되기에 더 깊고 더 오래 기억된다.

베트남, 태국, 일본 등 해외 초대 작가들의 작품들에 눈길이 갔다. 〈파도를 타고 구름을 넘어〉는 우리나라 작가들과 베트남 작가들이 함께 제작한 반구 형태의 설치미술 작품이다. 이 작품은 우리나라와 베트남의 과거, 현재, 미래의 모습을 상징하는 것처럼 보였다. 오래전 일이라고 하더라도 한때 우리나라와 베트남은 서로 '적'(敵)이었다. 두 나라는 원치 않았지만 오랫동안 비극의 역사를 노정했다. 현재는 과거의 아픔과 상처를 어느 정도 회복하고 국가적 차원에서뿐만 아니라 민간 차원에서도 교류가 활발하다. 표면상 아주 잘 지내고 있다. 하지만 과거는 그렇게 쉽게 치유되지 않는다. 겉으로 드러나지 않더라도 감정의 응어리 또는 불씨는 아직도 남아 있다. 따라서 두 나라가 지금보다 더 잘 지내기 위해서는 서로 간 많은 노력이 필요하다. 그런 점에서 〈파도를 타고 구름을 넘어〉는 그 노력의 일환이기에 무엇보다도 소중하다.

태국의 작가들은 태국의 '속담, 이야기 속 유령에 관련된 이야기', 즉 '눈에 보이지 않는 것들'을 이야기한다. 아핏차퐁 위라세타쿤이라는 태국의 유명한 영화감독이 있다. 우리나라에는 그다지 많이 알려지지 않았지만, 그는 세계 유수의 영화제에서 작품상 또는 감독상을 받은 거장이다. 몇 년 전에 마치 밀린 숙제 하듯 그의 영화를 몇 편 집중적으로 본 적이 있다. 그의 영화적 소재는 주로 태국의 민담이나 전설, 특히 유령 등 과학이나 논리로 설명되지 않는 초자연적인 요소들이다. 그렇기 때문에 그의 영화는 이해하기 대단히 어렵다. 솔직히 말하면 영화적 재미를 찾을 수 없다. 그래서 개인적으로도 그의 영화를 보는 내내 너무나 힘들었다. 숙제가 아니었다면 아마도 중간에 포기했을지 모른다.

예술제에 출품된 태국 작가들의 작품을 보며 왜 그때 아핏차퐁의 영화를 이해할 수 없었는지 조금이나마 알게 되었다. 영화를 머리로만 이해하려고만 했지 영화 속에 담긴 그들의 정서를 보지 못했기 때문에 그의 영화에 공감하지 못했던 것이다. 문제는 영화가 아니라 바로 '나'에게 있었다. 내 기준으로 영화를 판단하고 이해하려고 했기 때문에 그의 영화를 제대로 보지 못했다. 나에게 보이지 않는다고 해서 실제로 존재하지 않는 게 아니다. 다른 누군가에게는 보일 수 있다. 그리고 만일 내가 생각을 바꾸거나 다른 시각에서 바라본다면 보일 수 있다. 보이지 않는 것이 꼭 존재하지 않는 것은 아니라는 말을 뒤집으면 보이는 것이 꼭 존재하지 않을 수도 있다는 말로 귀결된다. 즉 '가시성'과 '존재성'이 늘 함께 하는 것은 아니다. 예술제에 출품된 태국 작가들의 작품들을 보며 넓게는 예술을 대하는 근원적 태도, 좁게는 아핏차퐁의 영화에 대해서 생각해 본다. 그렇다고 그의 영화를 다시 보고 싶은 생각은 별로 없다. 여전히 그의 영화 보기는 고통이다. 대신 주변 사람들에게 그의 영화를 권하고 싶다. 고통은 혼자 당할 수 없으니까 말이다.

일반적으로 사람들은 말이나 글로 의사소통을 한다. 아니 말과 글로 의사소통을 해야만 한다고 생각한다. 그런데 사실 불통을 일으키는 가장 근본적인 원인은 바로 말과 글이다. 말과 글 때문에 개인 간에 불화가 생기고 심지어 국가 간에 전쟁도 벌어진다. 의도적으로 비틀거나 왜곡하지 않고 올바르게 사용해도 불화가 생기고 전쟁이 벌어진다. 왜곡하거나 비틀었을 때 결과는 너무나 끔찍하고 참혹하다. 말이나 글이 아닌 또 소통의 매개체가 있는데, 그것은 다름 아닌 미술, 음악이다. 미술과 음악은 나라도 다르고 재료도 다르지만 보편적인 감정을 전달한다. 왜곡하지도 않고 오해를 불러 일으지도 않는다. 미술과 음악은 전쟁이나 불화가 아닌 소통, 만남, 더불어 사는 삶 등 보편적인 이야기를 담아낸다. 소통하기 위해서는 일단 '만나야 한다'. 일본의 작가들은 이 문장을 조금 비틀어 '우리는 만났다'라고 말한다. 그들의 말은 '만나서 소통을 하는 게 아니라 만났으니까 소통을 해야 한다'로 해석된다. 논리적 인과 또는 시간적 선후를 떠나 그들의 말에서는 '소통'에 방점이 찍힌다.

한국아프리카 춤, 음악 연구소는 우리에게 다소 낯선 아프리카를 아프리카의 음악과 춤을 매개로 친숙하게 이끈다. 그들은 아프리카에 대해 우리가 갖고 있는 선입견, 혹은 편견을 걷어내고 아프리카를 긍정적으로 바라보게끔 한다. 사실 우리는 아프리카에 대해 잘 모른다. 잘 모르기 때문에 우리 마음대로 생각한다. 최악은 '아프리카 사람들은 게으르고 무지하다'는 선입관이다. 우리는 그들이 자신들의 나라를 지킬 힘이 없어 서구 열강의 식민지가 되었고, 식민 지배를 벗어난 뒤에는 지도자들의 부패와 무능 때문에 아직도 가난에서 벗어나지 못한다고 지금까지 들어왔고 지금도 그렇게 믿는다. 그런데 아프리카 지도를 보면 그런 주장 또는 생각이 사실과 다르다는 것을 쉽게 알 수 있다. 팀 마샬의 『지리의 힘』(2015)이 잘 예거하듯이, 사실 아프리카의 비극은 제국주의자들의 탐욕에서 비롯되었고, 우리들의 편견과 무지로 그들의 비극은 더 깊어졌다. 그 비극은 여전히 진행 중이다. 이제는 미국이나 유럽의 관점이 아니라 우리의 관점으로 아프리카를 제대로 바라볼 때다. 위에서 아래로 아프리카를 보는 게 아니라 같은 눈높이에서 아프리카를 바라봐야 한다. 그런 일이 정치나 경제 등 '무겁고 딱딱한' 영역에서는 힘들 수 있지만 음악이나 춤 등 '가볍고 부드러운' 문화의 영역에서는 충분히 가능하다. 그런 점에서 한국아프리카 춤, 음악 연구소의 〈아프리카 여행〉은 시의적절하면서도 유의미하다.

서예위원회와 충북작가회의는 〈다시, 다른 바람이 왔다〉라는 주제로 협업을 시도했다. 충북작가회의 작가들의 시는 서예위원회 예술가들의 일필휘지로 평면적인 작품에서 입체적인 작품으로 탈바꿈됐다. 조선 시대에는 시인, 서예가, 화가 등 예술을 생업을 목적으로 하는 전업 예술가가 드물었다. 대부분의 경우 관료들이 시를 짓고, 글씨를 쓰고, 그림을 그렸다. 즉 협업보다는 한 사람이 시를 짓고, 글씨를 쓰고, 그림도 그렸다. 그러다가 언젠가부터 전문화라는 이름 아래 예술의 영역이 세부적으로 나뉘었다. 시인은 시만 쓰고, 서예가는 글씨만 쓰고, 화가는 그림만 그려야 한다고 사람들은 생각하기 시작했다. 누가 강요한 것도 아닌데 사람들은 그렇게 했고 그것을 상식으로 여겼다. 그런 점에서 볼 때 〈다시, 다른 바람이 왔다〉는 새로운 예술적 시도다. 지금까지 와는 전혀 다른 예술적 바람이다. 그것도 처음 부는 바람이 아니라 다시 불어온 바람이다. 서예가들의 글씨로 입체화된 작가들의 시의 주제는 대체로 '새로움', '희망', '성찰' 등으로 수렴된다. 예술제에 출품된 대부분의 시는 예전 행사 때 읽었던 작품들이다. 그럼에도 직접 손으로 써서 그런지 작품들이 주는 느낌이 새롭다. 천천히 시 한 편을 따라 읽어 본다. "보이지 않던 마음이/ 조금씩 보이기 시작하자/ 수렁같이 깊었던 내 난독의 씨실날실이/ 돋을새김으로 드러난다."

올해 예술제는 아트부스 못지않게 공연도 다채로웠다. 먼저 울림블로코의 개막 퍼포먼스는 공연자와 관객이 하나가 되는 예술제의 본령을 잘 보여준다. 거칠게 말해서 예술은 별 게 아니다. 만일 음악이라면 '함께 북치고 발 구르며 즐겁게 노는 것'을 의미하는 '바투카타'만으로도 충분하다. 그런 점에서 개막 공연은 탁월하다. 그 외 여러 공연들은 앞에서 말했던 전통과 현대의 만남' 혹은 '서로 다른 문화의 만남'을 잘 보여주었다. 여기에 '현재와 과거의 만남, 그리고, 미래로의 여행'을 더하고 싶다. 다시 말하면 올해 민족예술제는 물리적·추상적 공간과 시간의 벽을 허물고 '하나됨'을 지향한다. 밴드 죠는 자신들의 노래를 관객들에게 일방적으로 들려주는 게 아니라 노래를 통해 청자와 정답게 이야기를 하며 물리적 공간을 허문다. 〈민들레의 노래〉는 조선 근대가요를 통해 과거를 현재화하고 미래를 이야기하며 시간적 경계를 무화한다. 앞에서 이야기한 한국아프리카 음악, 춤 연구소는 젬베라는 악기를 통해 아프리카의 전통을 이야기하고 관객들을 생소한 아프리카의 문화와 역사로 안내한다. '충북민예총 문화동반자 CPI 6명과 장기프로젝트 참가자 7명의 외국 연주자와 전통위원회가 함께 만'든 폐막 공연 〈함께 더 멀리〉는 시간과 공간적 경계를 가로지르는 예술의 보편성을 유감없이 보여준다.

불과 얼마 전까지만 해도 대중 예술의 반대말은 순수 고급 예술이었다. 사전적 정의에 따르면 순수 고급 예술은 '순수한 예술적 동기에 따라 창조된 정도나 품질, 수준 따위가 높은 예술'이다. 예술의 절대적 독립성을 주장하며, 예술은 예술을 위해서만 존재해야 한다는 예술 지상주의적인 태도를 지닌다. 반면 대중 예술은 '일반적으로 향유되고 있는 그 시대의 대중을 대상으로 하는 예술'을 가리킨다. 지금 이 주장에 동의하는 사람은 거의 없을 것이다. 순수한 예술적 동기라는 기준 자체도 명확하지 않을뿐더러, 예술은 예술을 위해서만 존재해야 한다는 예술지상주의는 더는 유효하지 않다. 예술은 심급에 따라 순수 고급 예술과 대중 예술로 분류할 수도 없고 창작자와 향유자로 분리될 수 없다. 모든 예술은 그냥 예술이고, 창작자와 향유자가 함께 할 때 비로소 예술은 빛나고 유의미하다.

영화 〈죽은 시인의 사회〉(1989)의 주인공 키팅의 말로 글을 마무리하고자 한다. 영화 초반 그는 '시란 무엇인가'라는 수업을 하며 학생들에게 『시의 이해』

라는 교과서의 서문을 찢어 버리라고 말한다. 그 서문에 따르면 독자는 시의 '완성도'와 '중요성'을 측정해 위대한 시를 판단해야 한다. 하지만 키팅은 '시는 자유롭게 사색하는 사람들의 산물'이라고 서문의 내용을 반박한다. 그리고 학생들에게 다음과 같이 말한다.

> "우리는 시가 예뻐서 읽고 쓰는 것이 아니다. 인류의 일원이기 때문에 시를 읽고 쓴다. 인류는 정열로 가득한 존재다. 의학, 법학, 상업, 공학, 이 모든 것은 고귀한 목적을 가지고 있고, 삶을 유지하기 위해 필요한 것들이야. 그러나 시, 아름다움, 낭만, 사랑과 같은 것들은 우리가 살아 있는 목적이야. (…) 네가 있다는 것, 삶이 존재한다는 것. 그리고 정체성. 그 장엄한 연극이 시작된, 네가 한 편의 시를 읊을 수 있다. 그 장엄한 연극은 계속되고, 네가 한 편의 시를 바칠 수 있다."

이 영화에서 키팅은 시에 대해 말하고 있지만 꼭 시에만 국한되는 이야기가 아닐 것이다. 시를 예술로 바꾸어도 그 맥락은 바뀌지 않는다. 우리는 인류의 일원이기 때문에 예술을 창작하고 향유한다. 예술에는 어떠한 장벽도 있어서는 안 된다. 예술의 창작자와 향유자에게 허용되는 유일한 가치 또는 기준은 다름 아닌 '자유'이기 때문이다. 인위적인 조화보다는 자연적인 불협화음이 더 낫다. 그리고 그 중심에는 언제나 자유가 있다.

평화를 꿈꾸다! 통일을 노래하다!

작년 말 올해 초만 하더라도 언제 이 긴 겨울이 가고 봄이 오나 싶었는데, 늘 그랬듯이 봄은 왔다 갔고 벌써 여름이 오고 있다. 이 같은 계절의 변화처럼 지난겨울부터 올여름에 이르기까지 어찌 보면 길지 않았던 이 시간 동안 우리 땅에서 아주 많은 일이 있었다. 평창올림픽을 전후로 남북의 공연단이 서울과 평양을 오가며 공연을 통해 사람들은 오랫동안 닫혀 있던 마음의 문을 열었고, '평화, 새로운 시작'이라는 슬로건으로 남과 북, 북과 남의 정상이 판문점 평화의 집에서 만나는 역사적 순간도 있었다. 또 긴박한 상황 속에 북측 판문각에서 두 정상의 깜짝 만남도 있었다. 뒤를 이어 북한의 김정은 국무위원장과 미국의 트럼프 대통령이 만날 것이라는 이야기가 솔솔 나오기 시작하더니, 우여곡절 끝에 마침내 지난 6월 12일에 두 사람이 역사적으로 만났다. 분단 후 양국 정상의 '첫 만남'이었다.*

* 참고로 이 글을 쓴 시점은 2018년이다.

북한의 김정은 위원장과 미국의 트럼프 대통령 양국 정상의 만남은 70년 만의 처음이었다. 둘의 만남도 극적이었지만 준비과정도 만남 못지않게 극적이었다. '다 되었다' 싶었는데, 양측의 의도적인 혹은 예기치 않은 설화로, 예정되었던 만남은 거의 엎어졌다가 기적적으로 다시 성사되었다. 이 과정에서 문재인 대통령은 전격적으로 북한을 방문해 김정은 위원장과 짧지만 중요한 정상회담을 다시 가졌다. 그로 인해 꺼져가던 북미정상회담의 불이 다시 살아났고 마침내 북미정상회담이 개최되어 무사히 끝났다.

불과 얼마 전까지만 해도 서로 으르렁대던 북한과 미국의 두 정상이 악수하고 어깨를 쓰다듬으며 등을 두드리는 모습, 웃으면서 대화를 나누는 장면은, 지난달 그리고 지지난달에 있었던 남북 정상이 악수하고 포옹하던 장면보다 어느 면에서는 훨씬 더 극적이고 세계사적으로 중요한 사건이다. 정상 회담의 내용은 알려진 것도 있고, 알려지지 않는 것도 있기 때문에 그 성과를 쉽게 단정할 수 없지만, 형식만큼은 국내외 많은 이들에게 큰 감동을 주었다. 요컨대 남북 정상의 만남, 그리고 북미 정상의 만남은 이 땅에 평화와 더 나아가 동일이 더 이상 이루어지기 어려운 '꿈' 또는 '이상'이 아닌 '현실'이 될 수 있음을 보여주기에 충분했다.

원래 이 글은 6월 초까지 끝내야 할 글인데, 필자의 게으름과 무능으로 조금 늦춰졌다. 그러나 변명하자면 이 글을 쓰는 과정에서 중요한 외부적 사건이 있었다. 바로 앞에서 언급한 북미정상회담이었다. 북미정상회담의 결과에 따라 이 글의 내용과 어조가 크게 달라지기 때문에 불가피하게 늦추었다. 아무튼 주어진 숙제를 빨리 끝내야 한다는 중압감과 그 사이에 혹시 또 무슨 일이 생기지 않을까, 하는 불안감으로 열흘 정도의 시간을 기다렸다. 다행히 북미정상회담이 아무 일 없이 끝나 조금 편한 마음으로 이 글을 쓴다.

사실 이런 종류의 글을 처음 써 본다. 분명히 이 글은 에세이가 아니다. 그렇다고 시평도 아니고, 당연히 전문적인 공연 리뷰도 아니다. 왜냐하면 시사적인 문제에 논할 정도로 지식과 상식이 깊지 못할뿐더러, 전문적인 공연 리뷰를 쓸 능력도 안 되기 때문이다. 이 글은 평창올림픽을 전후로 한 남북 예술 공연단의 공연, 역사적인 남북정상회담, 또 한 번의 깜짝 남북정상회담, 그리고 북미정상회담을 기다리고 지켜본 개인적인 느낌과 충북민예총의 공연(기획전시, 통일마당춤극 〈귀향〉) 스케치를 버무린 정체불명의 '잡문'이다.

2018년 청주민족예술제의 일환으로 청주민예총이 주최한 '통일에 빛을 더하다'라는 제목의 시각 장르 기획전시는, "예술가들의 다양한 생각을 확보하고 메시지를 담아 전시함을 목적"으로 한다고 밝히고 있듯이, 통일 또는 평화를 주제로 한 다양한 장르의 작품들을 전시하고 있다. 솔직히 말하면, 미술에 워낙 문외한이라서 작가들의 개별 작품에 드러난 기법이나 소재, 그리고 작품의 주제에 대해 정확하게 말할 수는 없지만, 작품에서 평화와 통일을 염원하는 작가들의 소망이 곡진하게 읽힌다. 그리고 작가들의 그런 염원과 소망은 평화와 통일을 기대하는 관객의 염원과 소망과 공명한다.

기획전시 작품을 보기에 앞서, 전시장 반대편 벽에 붙여 놓은 관객들의 방명록을 꼼꼼히 읽어 보았다. 대략 3백 장 정도 될 것 같다. 모두 소개할 수는 없지만, 그 중 인상적인 구절이 꽤 많았다. 예컨대 '반가운 만남, 반가워질 만남', '통일 좋다, 통일 만세', '통일은 꿈이 아니다', '통일되면 군대 안 간다', '평화, 새로운 시작', '곧 만나자' 등등. 그런데 관객들의 방명록을 읽으면서 놀라운 사실을 깨달았다. 그 많은 방명록 문구 중 북한과 관련해 각종 신문과 방송을 통해 마구 쏟아지는 '북핵', '미사일', 'CVID' 등과 같은 단어는 그 어디서도 찾아볼 수 없었다. '종북'이니 '빨갱이' 등의 단어 역시 찾아볼 수 없었다.

최근 몇 년 동안, 아니 불과 얼마 전까지만 해도 신문과 잡지, TV, 인터넷 등에서 북한과 관련해 가장 많이 언급되는 단어는 '북핵', '북한 미사일', 'ICBM', 'SLBM', 'THAAD', '전략 자산' 등 북의 군사도발과 그에 따른 군사 대응 전략과 연관된 단어들이었다. 뜻도 정확히 잘 모르고 구분도 안 되지만 너무 많이 들어서 귀에 박힐 정도다.

그런데 전시회 방명록에서 제일 많이 언급된 단어는 '평화', '통일', '꿈' 등이었다. 무엇보다 가장 언급된 단어는 '기차' 또는 '기차여행'이었다. 방명록에 쓰인 내용을 모든 사람들의 의견이라고 일반화할 수는 없지만, 대부분 사람들의 생각 속에는 핵무기, THAAD 등 군사적 대결이 아니라 기차를 타고 떠나는 '유럽 유행', '평양냉면' 등 일상이 이미 자리 잡고 있는 듯하다. 어찌 보면 지극히 당연한 일인데도 아무튼 놀라웠다.

최근 몇 년 동안, 불과 얼마 전까지도 고조되었던 북핵 위기를 되짚어 보면서, 갑자기 예전에 보았던 영화 〈다크 나이트〉(2008)가 생각났다. 주지하듯, 〈다크 나이트〉에서 악당 조커가 가장 싫어하는 것은 '정의'(justice)와 '선'(goodness)이다. 그렇기 때문에 그는 정의를 수호하려는 배트맨을 혐오하고 영화 내내 그를 괴롭힌다. 조커는 영화의 공간적 배경이 되는 고담시의 선량한 인간들을 이간질하고 그들을 도덕적인 타락의 길로 이끈다. 그의 노력 덕분인지 고담시를 지키는 선한 정의로운 정치가와 시장까지도 도덕적으로 타락한다. 배트맨은 조커가 저지른 만행을 해결하기 위해 나서지만 오히려 타락한 시장 때문에 누명을 쓴다. 그는, 한때 자신을 영웅으로 떠받들었지만 이제는 그에게 실망한 시민들로부터 비난을 받기에 이른다.

〈다크 나이트〉의 조커는 보통의 악당과는 다르다. 영화 속에서 보통의 악당들이 악행을 저지르는 이유는 대체로 '돈' 때문이다. 반면 〈다크 나이트〉에서 조커는 '인간이 본래 악하다'라는 자신의 믿음을 입증하기 위해서 악행을 저지른다. 그는 사람들을 대상으로 인간의 악한 본성을 실험한다. 예컨대 그는 사람들을 한 배에 강제로 태운다. 그런 뒤에 사람들을 양쪽으로 갈라놓고 폭탄을 터트릴 수 있는 기폭 장치를 나누어 준다. 그는 양쪽 사람들에게 그들이 살기 위해서는 먼저 폭탄을 터트려야 한다고 협박한다. 사람들은 동요되어 살기 위해서는 먼저 폭탄을 터트려야 한다고 생각한다. 하지만 그때 누군가 우리가 폭탄을 터트리지 않으면 저쪽 사람들도 폭탄을 터트리지 않을 것이라고 말한다. 사람들은 그 말에 처음에는 반신반의했지만 결국 그 의견을 따라 기폭 장치를 누르지 않는다. 반대편 사람들도 비슷한 논쟁을 벌이다가 비슷한 결론에 도달한다. 결국 양쪽 모두 기폭 장치를 누르지 않음으로써 살아남는다. '사람들은 본성적으로 악하다'고 믿었던 조커는 정신적으로 혼란에 휩싸이며 더 큰 악행을 저지른다.

남과 북, 우리 모두가 〈다크 나이트〉에서 조커 때문에 영문도 모른 체 배에 탄 채 서로를 죽음으로 내몰 수 있는 폭탄 기폭 장치를 손에 들고 있는 사람들처럼 살아온 것은 아닌가, 하는 생각을 하게 된다. 그리고 내가 먼저 누르지 않으면 상대방이 누를 것이기 때문에, 우리가 살기 위해서는 먼저 눌러야 한다는 두려움과 공포 속에 그 긴 세월을 살아온 게 아닌가, 하는 생각도 더해진다. 지금까지 우리는 〈다크 나이트〉의 그 '위험한' 배를 거의 70년 동안이나 타고 있다. 당분간은 내리고 싶어도 내릴 수 없다. 언제까지인지 모르겠지만 앞으로 한동안 더 타야 할 것이다. 그리고 앞으로 얼마를 더 타야 할 지 모른다. 그렇다면 최소한 그 배에서 폭탄을 서로 누르지 말자는 '약속'(promise)만큼은 있어야 한다. 그 '약속'은 또 다른 '약속'(appointment), 즉 '만남'을 통해 이루어진다. 다행스럽게도 '약속'이 시작되었다. 앞으로 그 '약속'이 계속, 그리고 자주 있기를 소망한다. 아니 그렇게 되어야 한다.

그런데 그 약속, 그 만남은 아주 긴 세월 동안 끊겼다. 통일 마당춤극 〈귀향〉은 그 '끊긴 만남'의 아픔과 슬픔, '다시 있을 만남'의 기쁨과 희망을 노래한다. "우리의 뜻과는 상관이 없었다. 단지 그들의 미친 놀음에 힘 한번 써보지 못하고 허리가 끊어지는 고통을 느꼈을 뿐이다"라는 기획의도가 가슴을 뭉클하게 한다. 〈다크 나이트〉에서 사람들이 영문도 모른 채 배에 올라탔듯이 〈귀향〉의 달래와 그녀의 아버지는 영문도 모른 채 헤어졌다.

〈귀향〉의 내용은 비교적 간단하다. 전쟁의 한 복판에 홀로 남은 소녀 달래는 목이 터지게 아버지를 불러 보지만, 아무런 대답도 들리지 않는다. 이제 그녀에게 남은 것은 아버지의 검정 고무신 '한 짝' 뿐이다. 그녀와 아버지 사이의 벽은 너무나 멀고 높다. 그리고 그 벽은 점점 깊고 높아만 간다. 벽을 둘러싸고 감시와 경계, 갈등과 대립이 계속된다. 달래는 두려움과 외로움 속에서 서서히 스러져 간다. 달래는 스러져갔지만 남은 이들은 좌절하지 않고 장벽을 깨부순다. 분단은 우리의 뜻에 따라 만들어진 것은 아니지만, 통일은 우리의 손으로 이룰 수 있다는 외침과 다짐으로 힘을 모아 마침내 분단의 장벽을 걷어낸다. 배우들과 관객이 끊어졌던 분단의 장벽을 함께 잇는 것으로 극이 마무리된다.

〈귀향〉은 한국전쟁의 원인과 결과보다는 전쟁의 경과와 경험에 초점을 맞추고 있다. 사실 한국 전쟁뿐만 아니라 전쟁을 소재로 한 영화와 TV 드라마는 전쟁을 오락이나 한번 즐기는 가상 체험 정도로 여긴다. 하지만 실제 역사에서 전쟁은 현실이고, 그 결과는 너무나 끔찍하고 참혹하다. 국가의 운명은 말할 것도 없고 개인의 일상을 완전히 무너뜨린다. 〈귀향〉은 전쟁의 참혹함을 잘 예거하고 있다. 전술했듯이, 〈귀향〉에서 달래는 전쟁으로 아버지와 헤어지고 결국 두려움과 외로움, 그리고 그리움 속에서 서서히 스러져 간다.

역사적으로 남과 북은 한국전쟁을 전후로 아주 오랜 기간 동안, 아니 불과 얼마 전까지만 해도 장벽을 경계로 서로 대립하고 갈등했다. 〈귀향〉에서는 이런 남과 북의 오랜 갈등을 가면극을 통해 희극적으로 보여주고 있다. 개인적으로 이 장면은 상당히 인상적이면서 흥미로웠다. 사실 남과 북은 겉으로 보았을 때는 장벽을 중심으로 서로 차별화되어 가는 듯하지만', 사실은 서로 닮아가고 있었다. 경제적으로 남과 북 모두 '싸우면서 일하고, 일하면서 싸우자'라는 구호로 산업 발전에 매진했다. 노동자들은 '산업 전사' 또는 '산업 역군'이라고 불렸다.

정치적으로도 남과 북의 상황이 크게 달라 보이지 않는다. 겉으로 보았을 때 남과 북의 국민(인민)은 지배 계급의 억압과 착취로 개개인의 자유와 평등이 침해되는 것을 최소화함으로써 인간의 존엄성을 수호하는 것을 궁극적인 목적으로 하는 민주주의 체제의 일원이다. 하지만 사실 그들은 민족이나 국가와 같은 전체의 존립과 발전을 위해서만 존재한다는 이념을 바탕으로 개인의 자유와 권리를 억압하고 정부나 지도자의 권위를 절대화하는 정치사상 및 정치 체제인 전체주의의 일원일 뿐이다. 그렇기 때문에 활기차게 울려 퍼지는 〈아! 대한민국〉이나 〈휘파람〉 같은 노래가 '희극적'이면서도 '기묘한'(uncanny) 느낌을 전한다. 남과 북 모두 이런 비논리적이고 비이성적인 희극성과 기묘함에 아주 오랫동안 익숙해져 왔다.

이제는 변해야 할 때다. 앞에서 언급한 기획전시 방명록에 쓰인 '변해야 통하고, 통해야 변한다'는 누군가의 말이 뇌리에서 쉽게 떠나지 않는다. 여기에 '변해야 하나가 된다', 아니 '변해야 하나가 될 수 있다'라는 말을 보태고 싶다. 방명록에 흩어져 있는 구절을 한데 모아 이 글을 갈무리하고자 한다. '평화와 통일의 바람이 분다', 그리고 그 바람 속에서 '통일의 봄' '꽃잎 터지는 소리'를 듣는다. 그리고 '더불어 손잡고' '함께 꽃길을 거닌다.' '너는 내 마음속에 있고, 나는 네 마음속에 있다.'

제8부

‘강남’ ‘좌파’의 모든 것

『아메리칸 스타일의 두 얼굴』

처음에는 아주 가벼운 마음으로 크리스천 랜더의 『아메리칸 스타일의 두 얼굴』(2008)이라는 책을 집어 들었다. 이 책의 원제는 ‘백인들이 좋아하는 것들’이다. 저자는 이 책에서 백인들이 좋아하는 것들을 사전처럼 표제어로 분류하고 거기에 간단한 해설을 곁들인다. 표제어는 보통의 사전처럼 알파벳 순서대로 정렬되어 있지 않다. 그렇다고 주제별로 정렬되어 있지도 않다. 개인적인 생각에는 무작위로 정렬되어 있는 것 같다. 커피에서 시작해서 암벽 등반으로 끝난다. 표제어에 대한 설명은 전문적이거나 흥미롭지도 않다. 처음에는 이 책의 목적이 정보 전달이라고 생각했는데 읽으면서 그게 아니라는 것을 깨달았다. 정보 전달은 페이크고 이 책의 저자의 진짜 의도는 백인들의 위선과 허식을 조롱하기 위해서라는 것을 반 정도 읽으면서 깨달았다. 이 책에 대해 누군가는 이렇게 말했다.

“이 책은 고학력의 세련된 백인 좌파들의 버락 오바마와 (버스 이외의) 대중교통에 대한 열광, 캐나다로 이주하겠다는 공허한 엄포, 어른임에도 아이들 게임에 환호하는 습성 등을 열거하며, 그들의 취향과 허위의식을 지그시 꼬집는다."

책 표지 뒷면에 실린 몇 가지 예를 살펴보자. "백인들은 공정으로 들여온 고급 커피를 홀짝이고, 『뉴욕 타임스』 일요판을 훑어보며, 공영 라디오 방송에서 흘러나오는 데이비드 세다리스의 목소리에 귀 기울이는 것을 최고로 좋아한다. 이 모든 것을 동시에 하는 것이 가장 이상적이다. 또한 백인들은 집에 TV가 없다는 것을 자랑으로 삼는다." 미국인들, 특히 스스로 교양 있다고 생각하는 백인들은 TV를 보는 시간에 책을 읽거나 세상을 바꿀 수 있는 행위를 해야 한다고 공언한다. 그러나 실제로 이것은 단지 '쇼'일 뿐이다. 저자에 따르면, 백인들은 속물적인 자신들의 본 모습을 감추기 위해 끊임없이 연기한다. 영화나 책, 음악도 일부러 남들이 잘 보지 않고 듣지 않는 것을 찾는다. 이는 단순히 문화적 취향이라기보다는 그들의 정치적 스탠스이다. 그들에게는 주류를 거부하는 것이 곧 '의식 있음'의 증거다. 다시 말하면 백인들은 남들과 다르게 보이기 위해서, 혹은 남들보다 의식 있는 사람처럼 보이기 위해 그런 행동을 한다. 그 때문에 이 책의 부제가 '미국판 강남 좌파의 백인 문화 파헤치기'라는 사실에 고개를 끄덕이게 된다.

그런데 『아메리칸 스타일의 두 얼굴』에서 말하는 내용이 단지 미국에만 국한되지 않는 것 같다. 사실 이 책을 읽는 내내 부끄러웠다. 사람들은 TV 예능 프로그램과 인터넷 연예 뉴스에 거의 중독되어 있으면서도 연예인을 욕한다. 자신들도 책을 읽지 않으면서 사람들이 책을 읽지 않는다고 비판한다. 친환경, 정의, 다양성 등을 외치지만 실제로는 환경에 크게 관심이 없고, 정의는 오직 자신에게 도움이 될 때만 그 기능을 제대로 발휘한다. 다양성 역시 자신의 취향을 해치지 않는 경우에만 인정된다. 물론 자신의 취향은 마땅히 다양성으로 존중받아야 한다. 바로 이것이 우리 사회의 부끄러운 민낯이다. 나 역시 마찬가지다. 지난해 우리는 이런 부끄러운 민낯을 마주하게 되었다. 이른바 '강남 좌파'라는 단어의 출몰과 함께 말이다.

한동안 언론에 등장하지 않던 강남 좌파라는 단어가 지난해 이른바 '조국 사태'를 계기로 다시 등장했다. 다름 아닌 '강남 좌파'라는 용어다. 인터넷으로 검색해보니 강남 좌파라는 용어가 처음 등장한 것은 노무현 정권 중후반인 2006년 즈음이다. 이 단어에는 '정치적이나 이념적으론 좌파지만 소득수준과 라이프 스타일은 강남 주민스럽다'는 부정적인 함의가 담겨 있다. 당시 한나라당을 비롯한 보수 진영이 '386'으로 대변되는 노무현 정권 인사를 비판하고자 이 용어를 사용했다. 세간에 떠돌던 이 용어를 공론의 장으로 끄집어내 강남 좌파 논의를 점화시킨 인물은 다름 아닌 강준만 전북대 교수였다. 그는 이미 『월간 인물과 사상』 2006년 5월호에 「강남 좌파: '엘리트 순환'의 수호신인가?」라는 글을 발표했다. 그는 "계급적으로 상류층에 속하면서 상류층의 라이프 스타일을 즐기는 사람이 진보적 가치를 역설하는 게 위선이 아니냐는 문제 제기는 오래전부터 있었다"고 지적하며 강남 좌파의 긍정적인 측면과 부정적인 측면을 함께 이야기한다.

먼저 강남좌파에 대한 긍정적인 측면이다. 첫째, 상류층 사람이 진보적 가치를 역설하는 건 하층계급에 큰 힘이 된다. 상류층 사람이 점하고 있는 위치의 파워 덕분이다. 둘째, 갈등의 양극화를 막는 데에 도움이 된다. 모든 상층계급은 보수, 모든 하층계급은 진보라면 갈등이 살벌해지겠지만, 상층에도 진보가 있고 하층에도 보수가 있다는 건 양쪽의 충돌 예방에 도움이 된다. 셋째,

상류층에 속하면서도 하층계급을 생각하는 마음이 고맙다. 그걸 위선으로 보겠다면, 이 세상에 위선이 아닌 건 없을 것이다.

강남 좌파에 대한 부정적인 측면 또한 만만치 않다. 첫째, 강남 좌파가 돈과 권력까지 누리면서 '양심과 정의의 수호자'라는 상징자본까지 획득하려는 시도는 지나치다는 비판이다. 빈털터리라도 세상을 향해 큰소리치면서 사는 맛이라는 게 있는 법인데, 그런 '도덕적 우월감'까지 상류층이 누린다는 건 부당하다. 둘째, 진보라는 가치가 더 많은 돈과 더 큰 권력을 쟁취하기 위한 수단으로 이용될 수 있다. 강남 좌파의 진보 프로그램은 하층계급의 절박함을 모르기 때문에 진정성이 결여돼 있으며, 상징적인 제스처로 끝날 가능성이 높다. 셋째, 강남 좌파의 진보 프로그램은 말로만 강경한 속성이 있어 실천보다는 당위의 역설로 그칠 가능성이 높고 오히려 해낼 수 있는 실천마저 어렵게 만들 수 있다.

강준만은 『강남 좌파』(2011)에서 강남 좌파에 대한 자신의 주장을 정리하고 논의를 조금 더 확장한다. 그는 문국현, 이명박, 박근혜, 조국, 유시민, 문재인 등 구체적으로 정치인을 언급하고, 조국과 오연호의 '진보 집권 플랜'에 한 챕터를 할애한다. 그에 따르면, 《오마이뉴스》가 대선 시즌을 맞아 이전의 실패에도 불구하고 또다시 강남 좌파 띄우기를 시도하고 있는데, 그 배경에는 일반인 강남 좌파의 커밍아웃으로 상징되는 강남 좌파 계층의 확대, 이명박 정권의 '촌스러움'에 대한 유권자들의 절망, 여전히 남아 있거니와 더욱 강해진 기성정치에 대한 혐오 등이 있다. 거칠게 정리하면 저자는 조국을 대중의 '새것 신드롬'을 충족시켜줄 강남 좌파의 '신상'으로 간주하고 있다.

조국과 오연호의 대담집을 책으로 묶은 『진보 집권 플랜』(2011)에서 조국은 '촛불 시민'의 힘, 낙관과 희망을 강조하며 시종일관 진보의 가치를 역설하고 있다. 그는 다음과 같이 말한다.

> "대중의 고통이 어디에 있고, 그 고통을 풀려면 무엇을 해야 하는지 고민하고 대안을 제시해야 한다. 우리가 어떤 가치를 중심으로 삼아야 하는지, 그 가치를 실현할 수 있는 믿음직한 사람, 조직, 세력을 대중의 눈앞에 보여줘야 한다. 그리고 '진보가 밥 먹여준다'라고 당당하게 말할 수 있어야 한다. 어떠한 방식으로 밥을 만들고, 어떠한 방식으로 밥을 나눌 것인지를 이야기해야 한다. 그러지 못하면 세상은 바뀌지 않는다."

그는 "진보·개혁 진영이 가야 할 길을 가리키는 '나침반'의 역할, 갈라진 진보·개혁 진영을 다시 붙이는 '접착제' 역할을 하고자 한다"라고 자신의 포부를 밝히고 있다.

조국은 『진보 집권 플랜』에서 "내 의견은 수구·보수 진영으로부터 맹공을 받을 것이다. 진보·개혁 진영에서도 비판을 받을 것이다. 그러나 내 의견의 합리적 핵심이 무엇인지만 알아준다면, 그리고 소통하고 연대한다면 아무 문제 없다"라고 말했다. 하지만 10년이 채 지나지 않은 지난해 그는 만신창이 되었다. 그는 예상대로 '수구·보수 진영으로부터 맹공을 받았고 이른바 진보·개혁 진영으로부터도 혹독한 비판을 받았다. 그의 예상과 달리 대부분의 사람은 그의 의견의 합리적 핵심을 알아주지 않았고 소통하고 연대하지 않았다. 앞에서 언급한 강남 좌파의 부정적인 측면만이 그에게 그대로 투영되었다.

강남 좌파에 대한 생각은 각자 다를 수 있다. 누군가는 그들의 행동을 도덕적인 위선이라고 비판할 수 있고, 또 누군가는 그들의 행동을 약자에 대한 정의감의 발로라고 반론할 수 있다. 사실 강준만이 강남 좌파에 대해 비판하는 가장 큰 지점은 '공적 강남 좌파의 기회주의적 행태'이다. 즉 그는 지도자, 정치인, 고위 공직자 등의 강남 좌파가 사실상 좌파 성향이 없으면서도 자신의 사적 이익을 위해 좌파 성향을 드러내고 이용하는 행태를 비판한 것이고, 그런 면에서 그의 비판은 여전히 유효하다. 그의 주장을 조금 더 밀고 나가면, 사실 모든 정치인은 강남 좌파다. 왜냐하면 좌우를 막론하고 리더십을 행사하는 정치 엘리트가 되기 위해서는 학력과 학벌에서부터 생활 수준에 이르기까지 어느 정도 사회적 성공을 거두어야 하므로 정치 영역에서 활동하는 모든 좌파는 강남 좌파일 수밖에 없다. 무조건 강남 좌파를 비판하는 것은 좌파를 싸잡아 비판하는 우파의 정치적 책략이다. 우파는 좌파를 포퓰리즘의 화신이라고 비난하지만, 그들 역시 말로는 늘 국가와 민족이 잘되게 하겠다는 이타적 자세를 취함으로써 사실상 강남 좌파 행세를 하고 있다. 그렇기 때문에 '모든 정치인은 강남 좌파다.'

글을 마무리 짓자. 강남 좌파 비판에서 방점은 '좌파'가 아니라 '강남'에 찍혀야 한다. 사실 좌파는 부차적인 것일 뿐 본질적인 것이 아니다. 기존의 엘리트 지배 체제를 당연하게 여기면서 문제의 본질을 '보수 대 진보'로 끌고 가면 문제는 절대 풀리지 않는다. 그렇기 때문에 엘리트 대 비(非)엘리트, 기득권과 비(非)기득권의 구도에 초점을 맞춰야 한다. 지금처럼 엘리트들, 즉 강남의 '승자 독식주의'가 지속되는 한 대중은 늘 그들의 도구로 전락할 수밖에 없다는 게 강남 좌파 비판의 핵심이자 본령이다. 그런데 우리는 강남 좌파 논쟁에서 강남이 아니라 좌파라는 틀에 갇혀 있다. 누군가가 우리를 그 틀에 가두어 놓았는지도 모른다. 아니면 우리 스스로 그 틀에 가두고 있는지 모른다. 이제 그 틀에서 벗어나야 한다. 그 틀에 갇혀 있으면 엘리트들과의 싸움에서 절대 이길 수 없다. 아니 싸울 수조차 없다. 쉬운 싸움을 택해야 한다. 가장 쉬운 싸움은 공공의 적과 함께 싸우는 것이다. 함께 싸우면 지치지 않고 오래 싸울 수 있다. 내가 아니더라도 싸울 사람은 얼마든지 있을 테니 말이다. 지금 공공의 적은 '좌파'가 아니라 '강남'으로 표상되는 특권 엘리트다. 그 이유는 우리 모두 이미 알고 있다.

유령이 떠돌고 있다

『통섭과 지적 사기』

“하나의 유령—공산주의라는 유령이, 유럽에 떠돌고 있다.” 주지하듯 이 문장은 카를 마르크스의 『공산당 선언』(1848)의 서문에 나오는 말이다. 그후 각종 유령이 여러 시대 여러 곳에서 떠돌고 있다. 최근 들어 우리나라에서는 정치인들이 많은 유령을 소환한다. ‘불신’, ‘포퓰리즘’, ‘반(反)민주주의’, ‘좌파녹재’ 등 수 많은 유령이 본의 아니게 여기저기 떠돌고 있다. 학문 분야에서도 유령은 예외가 아니어서, 유행이라는 유령이 학문의 이곳저곳을 기웃거리며 떠돌고 있다. 옷과 화장품 등 패션에 유행이 있듯이 학문에도 유행이라는 게 있다. 그리고 그 유행은 한번 퍼지면 걷잡을 수 없을 정도로 삽시간에 퍼진다. 하지만 퍼지는 속도만큼이나 사라지는 속도 또한 엄청나게 빠르다. 마치 언제 왔다가 언제 갔는지 모를 정도로 말이다.

조금 철 지난 이야기일 수도 있지만 ‘포스트모더니즘’이 모든 것을 집어삼키던 때가 있었다. 1990년대 중후반이니까 생각해보면 그리 오래전 일도 아니다. 사전적으로 포스트모더니즘 또는 후기모더니즘은 일반적으로 모더니즘 이후의 서양의 사회, 문화, 예술의 총체적 운동으로서 모더니즘의 이성 중심주의에 대해 근본적인 회의를 내포하고 있는 사상적 경향을 가리킨다. 포스트모더니즘은 제2차 세계대전 및 여성 운동, 학생 운동, 흑인 인권 운동과 구조주의 이후의 후기구조주의로부터 적지 않게 영향을 받았다. 포스트모더니즘의 핵심 테제는 '해체'(deconstruction)다. 해체는 탈중심적인 다원적인 사고와 탈이성적인 사고에 기반을 둔다. 포스트모더니즘은 건축을 시작으로 문학, 역사, 철학, 예술, 비판이론, 디자인, 마케팅 등 다방면에 걸쳐 큰 영향을 끼쳤다.

문학을 비롯한 인문학 논문에서 데리다, 라캉, 푸코, 들뢰즈, 바르트 등은 빠지지 않는, 아니 반드시 들어가야 하는 인기 키워드였다. '조이스의 라캉적 읽기', '울프의 해체적 읽기', '푸코의 담론을 통해 살펴본 68운동' 등 1990년대 후반과 2000년대 초반에는 이런 제목의 학술 논문들이 주를 이루었고 인기를 끌었다. 제목만 보았을 때는 뭔가 거창해 보이는데 막상 논문을 읽어보면 무슨 말인지 알 수가 없다. 게다가 라캉이나 데리다의 이론이 어떻게 조이스나 울프의 작품에 어떻게 적용되는지 도무지 알 수가 없다. 우치다 타츠루는 『망설임의 윤리학』(2003)에서 이를 두고 '읽기 어렵게 쓰는 것의 기쁨'이라고 말했다. 사실 거기에 대해서는 누구도 관심이 없었다. 한때의 유행이었으니까 말이다. 어떤 '일시적인 흐름'(fad)이 '하나의 유행'(a trend)으로 되는 이유는 대부분 정확히 알지 못한다. 이유를 설명한다고 하더라도 그것은 정확한 인과분석이 아닌 단지 사후 평가에 불과할 뿐이다. 아무튼 라캉, 데리다, 푸코는 당시 우리나라 인문학에서 중요한 소비재였다. 90년대 말 2000년대 초 자본주의의 정점에서 혁명을 꿈꾼 체 게바라의 평전과 그의 얼굴이 프린트 된 티셔츠가 불티나게 팔린 것처럼 말이다.

2000년대 들어서는 '통섭'(consilience)이라는 신조어가 이전의 '해체'라는 키워드를 대신했다. 한마디로 통섭의 물결이었다. 통섭의 물결은 해체의 물결보다 훨씬 더 거셌고 확장성도 훨씬 더 컸다. 어쩌면 지금도 통섭의 물결이 곳곳에서 일고 있는지 모른다. 먼저 통섭이라는 용어부터 살펴보자. 통섭은 보통 '학제 간의 통합 또는 융합'을 일컫는 영어 단어 컨실리언스(consilience)의 한국어 번역어다. 그런데 컨실리언스의 원래 뜻은 서로 다른 의견의 '일치' 또는 '합일'이다. 따라서 엄밀히 말해 우리가 지금 통상적으로 쓰고 있는 통섭이라는 의미를 포괄하는 영어 단어는 컨실리언스보다는 한군데로 모인다는 뜻을 가진 컨버전스(convergence)일 것이다.

기본적으로 통섭에 대해 비판적인 입장을 견지하고 있는 『통섭과 지적사기』(2014)의 공저자 중 한 명인 이인식은 통섭과 통합 또는 융합의 차이점을 "통합과 융합은 보통명사고 통섭은 고유명사"라고 명쾌하게 말한다. 통섭이라는 용어는 사회생물학자 에드워드 윌슨의 일반 개념어 컨실리언스를 그의 제자 최재천이 새롭게 번역 또는 발명한 고유 개념어다.

윌슨의 컨실리언스와 최재천의 통섭의 의미가 조금 다를 수도 있지만 어찌되었든 간에 통섭이라는 단어는 윌슨과 그의 제자 최재천에 의해 주창되고 우리나라 학계에 널리 유포되었다. 누구의 말이 정확히 맞는다고 단언할 수 없지만, 최재천은 통섭이라는 용어를 원효의 불교 사상에서 차용했다고 말했고, 시인 김지하는 원효는 결코 그런 말을 한 적이 없다고 최재천의 주장을 반박했다. 아무튼 통섭은 학계에서 만능키가 되었고, 학술 프로젝트와 국가적인 의제의 키워드로까지 발전했다. 이인식을 비롯해 여러 과학자들과 과학철학자들이 함께 쓴 『통섭과 지적사기』는 통섭의 개념과 효과에 의문을 제기한다.

『통섭과 지적사기』는 '통섭은 과학과 인문학을 어떻게 배신했는가'라는 부제에서 알 수 있듯이 통섭을 둘러싸고 벌어지는 논쟁에서 일관되게 부정적 입장을 견지한다. 「컨실리언스 논쟁」에서는 사회생물학적 인간관을 비판하고, 통섭이라는 말과 그 안에 담긴 음험한 의도에 대해 비판한다. 통섭을 환원주의자의 꿈이라고 일침을 놓기도 한다. 인문학과 자연과학의 결합에 대해 회의론을 개진하고 인문학이 자연과학에 자리를 내어주어야 한다는 당위성에 대해 문제를 제기한다. 「통섭 논쟁」에서는 원효의 사상을 차용해 통섭이라는 용어를 주창했다는 최재천의 주장에 의문을 제기하고 반박한다.

책 속으로 조금 더 들어가 보자. 윌슨은 21세기 과학 기술의 시대에 인류가 당면한 여러 문제들은 복합적인 성격을 띠고 있기 때문에 어느 한 가지 학문만으로는 해결할 수 없다고 보았고 그 해결책으로 다양한 학문 간 '통섭'을 제시하였다. 그가 말한 통섭이란 물리학, 화학, 생물학 등 자연과학과 철학, 심리학 등 인간을 연구 대상으로 삼는 인문학을 통합하여 하나의 지식 체계를 형성하는 것을 뜻한다.

그런데 과연 인문학과 자연과학이 결합해 하나의 지식 세계를 형성하는 것이 가능할까? 윌슨의 통섭을 지탱해 주는 것은 바로 '환원주의'이다. 이는 복잡한 대상을 구성하는 근본적 요소를 밝히려는 노력으로, 윌슨은 모든 존재의 근본적 요소는 관찰과 실험을 통한 자연과학적 법칙으로 설명이 가능하다고 주장한다. 그에 의하면 인간 역시 자연 과학으로 환원이 가능하기 때문에 인문학은 자연과학으로 완벽히 포섭될 수 있다. 예를 들어 물체의 운동을 물체와 땅 사이의 마찰력으로 설명하는 것과 같이 인간의 고유한 특성인 사랑이나 사회조직의 작동은 호르몬이나 유전자와 같은 자연 과학적 법칙에 의한 결과로 설명될 수 있다.

윌슨의 이와 같은 주장은 많은 과학자들의 관심과 지지를 이끌어 냈지만 동시에 인문학자들로부터 비판을 받기도 하였다. 인문학자들은 인문학의 대상과 자연과학의 대상은 동일하게 취급될 수 없기 때문에 인문학과 자연과학의 통섭은 불가능하다고 주장한다. 왜냐하면 인간은 자연물과 달리 자연과학적 법칙의 지배를 받기만 하는 존재가 아니라 동시에 어떤 의도와 목적을 가지고 선택하며 살아가는 존재이기 때문이다. 예를 들어 물체의 낙하는 중력이라는 자연과학적 법칙으로 충분히 설명이 가능하지만, 번지 점프와 같은 인간의 낙하는 중력보다는 신체 단련이나 즐거움 등 개인의 특별한 목적이 더 중요한 원인으로 작용한다.

또한 인문학자들은 인문학이 탐구하는 대상의 본질은 관찰과 실험을 통해 파악되는 객관적 실체가 아니라고 지적한다. 인간의 마음이나 정신은 물리적 현상처럼 객관적으로 관찰하는 게 쉽지 않다. 설령 그것을 물리적으로 관찰한다고 하더라도 관찰하는 사람마다 각기 다르기 때문에 그것을 자연과학에서 하는 것처럼 표준화, 일반화, 정량화하는 게 거의 불가능하다. 자연과학의 대상 인식 방법인 관찰과 실험은 인문학에서는 대상의 본질을 연구하는 충분한 방법이 될 수 없다. 인문학자들은 관찰 주체가 지닌 관점에 따라 대상은 다르게 인식될 수 있으며, 관찰자의 관점이 배제된 객관적 대상이란 존재하지 않는다고 본다.

이처럼 자연과학과 명백한 경계선을 갖는 인문학적 관점이 윌슨의 생각처럼 자연과학으로 완전히 포섭되기란 어렵다는 것이 인문학자들의 주장이다. 그들은 현실의 문제 해결을 위해 인문학적 지식과 자연과학적 지식이 소통하여야 한다는 윌슨의 주장에는 동의하지만, 그 소통의 방법이 통일된 지식 체계를 세우는 것이라면 이는 불가능한 꿈에 지나지 않는다고 비판한다. 그들은 학문 간의 균형 잡힌 시각의 필요성을 강조하면서 인문학의 고유한 정체성은 더욱 중시되어야 한다고 역설한다.

결국 통섭의 궁극적 지향점은 자연과학, 인문학, 사회과학 등 학문 간의 '대통합'으로 귀결된다. 정치학과 외교학, 경제학과 경영학, 문학과 역사학 또는 문학과 철학, 생물학과 물리학 등 비교적 가깝다고 생각되는 학문 간에도 통합이 생각만큼 쉽지 않은 상황에서 이 모든 학문을 통합시킬 수 있다는 주장은 상당한 주목을 받았다. 그러나 찬찬히 생각해보자. 통합이건, 통섭이건 간에 서로 다른 A와 B가 결합하면 새로운 C가 만들어지거나 아니면 A 또는 B 둘 중 어느 한쪽이 통합의 주체가 되어야 한다. 모든 학문을 아우르는 새로운 학문을 창조해 내는 것은 불가능하거나 현재로서는 요원한 일이다. 기존의 한 학문이 통합의 주체가 되어야 하는 게 당연하다.

윌슨 또는 최재천은 통합의 주체로 생물학, 좀 더 자세히 말하자면 사회생물학을 꼽는다. 위험을 무릅쓰고 그들의 주장을 단순화하면, 통섭은 사회생물학을 중심으로 자연과학, 사회과학, 인문학을 아우르는 플랜이다. 하지만 『통섭과 지적사기』에서 저자들은 그 작업이 그렇게 간단하지 않나고 말할뿐더러 꼭 그렇게 해야만 하는지 그 필요성과 당위성에 대해 의문을 제기한다. 저자 중 한 명은 차라리 지금 진행되고 있는 학제 간 연구를 보완하고 활성화하는 게 더 바람직한 모델이라고 지적한다.

학문의 전문화로 인한 거의 모든 학문, 특히 인문학이 고사되어 가던 2000년대 중후반 통섭은 학계에 신선한 바람이었다. 인문학의 경우 통섭은 거의 구세주나 다름이 없었다. 그래서 2000년대 중반 대학의 인문학 관련 많은 학과들이 없어지거나 아니면 통폐합되거나 학과의 이름을 바꾸었다. 예컨대 국어국문과는 한국문예콘텐츠과로, 영어영문과는 영미문화학과로, 불어불문과와 독어독문과는 각각 프랑스문화학과와 독일문화학과로 바뀌었다. 사학과의 경우에는 한국전통문화콘텐츠학과로 바뀌었다. 역사를 전통문화콘텐츠로 현대화한다는 취지에는 공감하지만 학과 이름을 꼭 저렇게 바꿔야 하는지 여전히 의문이 든다. 학과명뿐만 아니라 교과목명도 바뀌었다. 글쓰기 과목은 테크니컬 라이팅, 커리어 디벨롭먼트 라이팅, 크리에이티브 라이팅으로 바뀌었다. 글쓰기라는 수업 내용은 똑같은데 말이다.

중고등학교 때 국어, 영어, 수학에 많은 시간을 할애했던 것은 이 과목들이 입시에서 비중이 높았기 때문이지 다른 과목들, 즉 역사, 지리, 음악, 미술 등의 과목보다 더 중요했기 때문이 아니다. 오히려 살아가는 데는 역사나 음악, 미술 등이 더 중요할 수도 있다. 다른 모든 분야도 그렇겠지만 학문에서 인위적인 위계화와 서열화, 그리고 통합은 바람직하지 않다. 개인적으로 통섭이, 표면적으로는 모든 학문의 평등적 통합을 내세우지만 실제로는 생물학을 중심으로 한 수직적 계열화라는 의심을 지울 수 없다. 물론 이를 '지적 사기'라고까지 생각하지는 않는다. 그렇다고 하더라도 인위적인 위계화나 서열화, 그리고 통합은 쉽게 넘어가지 않는다.

좋은 삶과 올바른 삶을 위해서

『라틴어 수업』

영화 〈죽은 시인의 사회〉(1989)에서 문학을 가르치는 존 키팅(로빈 윌리엄스)은 틀에 박히지 않은 자유로운 생각을 중요하게 여긴다. 그렇기 때문에 그는 학생들에게 "너 자신의 삶을 특별하게 만들라"라고 말하고, 더 나아가 "현재를 즐기라"라고 격려한다. 심지어 그는 문학 수업 시간에 학생들에게 교과서의 서문을 찢어버리라고 명령한다. 학생들은 처음에는 망설이지만 결국 그의 명령을 따른다. 그가 학생들에게 찢어버리라고 말한 교과서 서문의 내용을 간략하게 요약하면 이렇다. 시는 '완전함'과 '중요성'을 평가되기에 시를 읽을 때는 반드시 이 두 가지를 고려해 훌륭한 시와 그렇지 않은 시를 가려내야 한다. 예컨대 셰익스피어의 소네트는 시의 완성도와 중요도가 모두 높지만 바이런의 시는 중요도는 높지만 완성도는 떨어진다. 요약하면, 궁극적으로 시는 주관적으로 감상하기보다는 객관적으로 이해되어야 한다. 그래서 영화 속 교재명도 『시의 이해』(Understanding Poetry)다. 그러나 키팅이 생각하기에, 시는 이해보다는 감상이 먼저다. 시는 객관적으로 훌륭해야 하는 게 아니라 주관적으로 좋아야 한다. 그리고 좋은 시는 많은 사람들이 훌륭하다고 말하는 시가 아니라 읽는 사람의 마음을 움직이는 시다. 그는 학생들에게 시를 써와서 자신이 쓴 시를 여러 사람 앞에서 발표하라고 독려한다.

학생들이 교재의 서문을 찢고 그것을 종이비행기로 만들어 날릴 때 교실 뒷문으로 갑자기 누군가 들어와 학생들에게 소리치며 꾸짖는다. 그는 다름 아닌 라틴어 교사 매칼리스터다. 그는 키팅의 교육 방식을 대놓고 반대하지는 않지만 내심 걱정스러워한다. 사실 그의 라틴어 수업 방식은 키팅의 수업 방식과 사뭇 대조된다. 키팅이 학생들의 자유로운 생각을 독려한다면, 그는 규범적인 교수법으로 학생들로 하여금 칠판에 써놓은 라틴어 단어의 복잡한 변이형을 따라 읽게 한다.

영화 〈죽은 시인의 사회〉의 배경은 1950년대 후반 미국의 웰튼 아카데미다. 영화 속 웰튼 아카데미는 개교한 지 100년이 된 전통, 명예, 규율, 최고를 가치로 내세우는 그야말로 명문 사립학교다. 웰튼 아카데미는 다른 학교와의 차별화를 위해 커리큘럼에 조정 연습과 라틴어 수업도 포함시키지만, 실은 학생들의 아이비리그 대학 진학을 목표로 하는 입시 위주의 학교다. 이 영화에서 라틴어 수업은 웰튼 아카데미의 엄숙하고 경직된 분위기를 잘 보여준다.

사실 라틴어는 1950년대 후반에도 그랬지만 오늘날에도 일상적인 회화에서 쓰이는 경우는 거의 없고 학문적인 영역에서만 사용되는 거의 '화석화된' 언어에 가깝다. 라틴어를 전문적으로 배우는 사람들은 극히 예외적이다. 예전에는 서양의 귀족들이 교양으로 라틴어를 필수적으로 배웠지만, 오늘날에는 고대 그리스로마의 문헌을 연구하는 학자나 예비 사제들인 가톨릭 신학생들 정도가 라틴어를 전문적으로 배운다. 오늘날에는 미사를 라틴어로 집전하지 않고 자국어로 집전하기 때문에 가톨릭 신학생들도 예전만큼 강도 높게 라틴어를 배우지 않는다고 한다. 그럼에도 여전히 라틴어는 신학교에서 꼭 배워야만 하는 필수 과목이고 배우기 어려운 언어다. 그렇기 때문에 신학생들은 어려운 라틴어 시험을 통과하기 위해 여러 방법을 동원하기도 한다. 전적으로 사실이라고 믿을 수는 없지만, 영화 〈검은 사제들〉(2015)에서 최부제(강동원)는 라틴어 시험 때 우리말로 '컨닝'(cunning), 영어로 '치팅'(cheating)을 한다.

언어가 의사소통의 도구라는 측면에서 보자면 라틴어는 효용성이 크지 않다. 배우는 데 시간도 오래 걸리고 배워도 일상생활에서 쓸 일도 거의 없다. 하지만 누군가가 '지적이고 아름다운 삶'을 위해 라틴어는 필요하다고 말했고 많은 사람들은 그 말에 공감했다. 한동일의 『라틴어 수업』(2017)은 제목만 봤을 때는 라틴어 교본으로 생각될 수 있다. 실제로 도서 분류에서도 이 책은 '언어학' 도서로 분류된다. 그런데도 대단히 이례적으로 이 책은 베스트셀러가 되었다. 이 책에 대한 사람들의 큰 관심을 통해 요즘 같은 시대에도 사람들이 모든 일에서 항상 효용성만을 고려하는 것만은 아니라는 사실을 깨닫게 된다.

『라틴어 수업』은 저자가 지금은 자리를 옮겼지만 2010년부터 2016년까지 몸담았던 한 대학에서 진행했던 라틴어 강좌의 수업 내용을 바탕으로 하고 있다. 책 중간마다 라틴어 문법이나 어휘에 관련된 내용이 나오기도 한다. 그런데 책을 꼼꼼히 읽다 보면 이 책은 절대로 라틴어 교본이 아니라는 사실을 확인하게 된다. 이 책은 '지적이고 아름다운 삶을 살기 위한 방법'이라는 부제가 말해주듯이, 삶을 고민하는 인문학 책이다. 라틴어로 된 각 장의 제목은 그 점을 충분히 알려주고 있다.

저자는 라틴어가 너무나 복잡하기 때문에 배우기 어렵다고 약간 '겁을 주며'(?) 책을 시작한다. 하지만 바로 이어서 "라틴어 공부는 평범한 두뇌를 공부에 최적화된 두뇌로 활성화시키고 사고 체계를 넓혀" 준다고 라틴어를 상찬

한다. 즉 라틴어 공부는 단순히 언어를 습득하는 과정이 아니라 공부에 맞게 뇌를 최적화시키는 과정으로서 '공부하는 방법을 배우는 공부'라고 말할 수 있다.

명색이 대학 선생이라서 학생들에게 자주 이런 말을 한다. '원래 인간의 몸은 공부에 맞지 않는다. 그렇기 때문에 공부에 맞게 바꿔줘야 한다. 그런데 문제는 한 번 바꿔주었다고 끝나는 게 아니라 계속 바꿔줘야 한다.' 사실 그 말을 하면서도 크게 생각하지 않았다. 조금 더 솔직히 말하면 나 자신도 정확하게 무슨 말을 하는지 몰랐다. 그런데 이 책을 읽으면서 내가 하는 이 말에 나름 확신과 명분을 갖게 되었다. 라틴어 공부도 그렇지만 모든 공부는 지식을 얻는 것보다 먼저 공부의 틀을 만드는 게 중요하다. 그리고 그 틀은 습관을 통해 형성되고 습관은 반복된 연습을 통해 굳어진다. '언어는 공부가 아니다'라는 저자의 말이 비로소 이해가 되고 공감이 간다. 그의 말에서 공부는 머리가 아니라 손과 엉덩이로 한다는 말이 괜한 말이 아니라는 사실을 확인하게 된다. 습관은 결국 손과 엉덩이, 즉 몸이 반복적으로 하는 행위를 가리키니까 말이다.

그렇다면 과연 공부는 무엇일까? 동양에서 말하는 공부와 서양에서 말하는 공부는 다르다. 동양에서는 기술이나 지식보다는 인간의 도리를 깨우치고 이를 몸소 실행하는 게 먼저다. 사물과 세상의 이치를 아는 것은 그 다음이다. 간단히 말해 동양의 교육은 '사람됨'에 방점이 찍힌다. 반면 서양에서 공부는 3학(문법, 논리, 수사)과 4과(산술, 기하, 음악, 천문)를 통해 전인적인 교양인을 양성하는 게 그 목적이다. 다시 말하면 서양에서는 문법을 통해 논리를 터득하고 그 논리를 바탕으로 말과 글로 명제에 접근하는 게 바로 공부의 핵심이다. 그런 점에서 라틴어 수업은 서양 교육의 기초이자 핵심이다. 왜냐하면 라틴어 수업은 3학의 문법, 논리, 수사학을 모두 아우르기 때문이다.

말이나 글은 완전할 수 없다. 아무리 말을 잘하고 글을 잘 써도 문법과 논리적인 면에서 크고 작은 오류가 있기 마련이다. 오류를 인정하지 않거나 고치지 않을 때는 독선으로 흐르기 마련이다. 공부를 꾸준히 잘하기 위해서는 자신의 오류를 인정하고 고치는 태도, 즉 겸손한 태도가 필요하다. 우치다 타츠루는 『망설임의 윤리학』(2003)에서 "철저하게 지적인 인간은 자신이 '전혀 지적이지 않은 인간'일 수 있는 가능성에 관해서 생각하는 것을 '자신이 매우 지적이라는 것을 타인에게 과시'하는 것보다 더 좋아하는 유형의 인간을 가리킨다"라고 말한다. 지적인 태도는 곧 '겸손'을 가리킨다. 그런데 공부뿐만 아니라 세상을 살아가다보면 겸손한 태도를 갖는 게 말처럼 쉽지 않다. 겸손은 일이 잘되면 다른 사람의 도움 덕분이고 잘 안되면 자신 때문이라고 말하는 태도라고 말 할 수 있다. 모든 사람들이 마땅히 가져야 할 덕목이다. 하지만 많은 사람들은 그와 정반대로 생각하고 행동한다. 아마도 겸손하면 손해를 본다는 생각하기 때문이다. 『라틴어 수업』의 저자는 공부가 그런 것처럼 겸손도 습관에서 비롯된다고 말한다. 타고나기를 겸손한 사람이 있을 수도 있지만 대부분의 경우는 연습과 습관을 통해 겸손을 체득해 간다. 그렇게 체득된 겸손은 비로소 인격이 된다. 겸손을 바탕으로 하는 인격을 유지하기 위해서는 또 연습과 습관이 필요하다.

누군가는 좋은 습관은 대체로 인간의 그릇된 욕망을 억제할 때 형성된다고 말한다. 그러나 또 다른 누군가는 좋은 습관을 길들이는 것은 그릇된 욕망을 없애는 것이 아니라 그 욕망을 인정하면서 욕망을 따르지 않는 것이라고 말한다. 전자는 욕망을 없애는 것이고 후자는 욕망을 인정하고 다스리는 것이다. 심급으로 보면 후자가 훨씬 윗길이다. 청교도 사회는 인간의 욕망, 그 가운데서도 즐거움과 기쁨, 그리고 그 원인이자 동시에 결과인 '웃음'을 죄악시했다.

그렇기 때문에 영국에서 청교도 혁명 때 청교도들은 웃음을 없애기 위해 가장 먼저 극장을 폐쇄했다. 영화 〈장미의 이름〉(1986)에서도 벌어지는 일련의 살인 사건도 결국은 '웃음'에서 비롯되었다.

청교주의에 따르면, 인간은 원죄를 지었고 죄를 지었기 때문에 벌을 받아야 하고 회개해야 한다. 그래야 구원을 받을 수 있다. 웃음은 인간을 향락에 빠져들게 하고 궁극적으로 타락시킨다. 그런데 가톨릭 사제이기도 한 『라틴어 수업』의 저자는 조금 다르게 말한다. 그에 따르면, 인간의 삶은 유한하고 회개로 모든 삶을 보내기에는 인간의 삶은 너무나 짧다. 그렇기에 인간은 이런 질문을 던져야 한다. "매일매일 충분히 사랑하며 살고 있는가? 남은 생 동안 간절하게 무엇을 하고 싶은가?" 인간은 이 두 가지를 해도 후회한다. 그렇다면 "이 두 가지를 하지 않고도 후회하지 않을 수 있을까?"

거칠게 말해 서양에서 중세는 대충 잡아도 1000년이 넘고 보통 '암흑의 시대'로 불린다. 중세가 암흑의 시대라고 불리는 데는 기독교의 영향이 크다. 중세를 중심으로 그 이전은 그리스로마 시대, 그 이후는 르네상스 시대로 구분된다. 중세 이전과 이후가 인간 중심의 세계였다면 중세는 신 중심의 세계였다. 그렇기 때문에 중세에는 그림이나 조각에서 인간은 예술적 소재로 될 수 없었고 오직 신만이 예술적 소재가 될 수 있었다. 문학 작품도 주로 기독교와 관련된 소재가 대부분이었고 그림이나 조각만큼 활발하지는 않았다. 라틴어로 쓰인 성서가 문학을 대신했다. 성서의 내용을 알려주기 위해 연극이라는 예술이 태동했다.

한마디로 중세는 기독교와 라틴어의 시대였다. 그렇다고 중세 자체를 부정할 수는 없다. 서구의 역사는 반전에 반전을 거듭하면서 발전해왔으니 말이다. 중세는 신 중심의 세계관으로 고대 로마 말기의 혼란과 타락을 극복했고,

인문주의를 바탕으로 하는 르네상스로 경직된 중세의 신 중심의 세계관에서 벗어나면서 근대가 태동했다. 어느 시대가 다른 시대보다 더 낫다고 쉽게 단정할 수 없다. 같은 논리로 누군가의 삶이 다른 누군가의 삶보다 더 낫다고 쉽게 단정할 수 없다. 그에 대한 근거로 『라틴어 수업』의 저자는 "시간은 가장 훌륭한 재판관이다"라는 명제를 든다. 더불어 그는 "이 또한 지나가리라", "삶이 있는 한 희망은 있다"라는 명제도 곁들인다.

앞서 말했듯이 『라틴어 수업』은 '지적이고 아름다운 삶'을 위해서 어떻게 해야 하는지 고민하게끔 하는 인문학 책이다. 하지만 저자는 어떤 삶이 더 나은 삶이고, 어떤 시대가 더 나은 시대라고 단언하지 않는다. 무언가를 단언하거나 무엇을 해야 한다고 요구하지도 않는다. 그의 말을 이렇게 요약할 수 있다. "충분히 사랑하고 간절하게 원하는 게 무엇인지 생각하라. 지금 불행하더라도 그 불행 또한 지나간다. 삶이 있는 한 희망이 있다."

『라틴어 수업』의 저자는 또 다른 책 『로마법 수업』(2019)에서 '흔들리지 않는 삶'을 위한 보다 구체적인 조언을 내놓는다. 로타 로마나 변호사이기도 한 그는 어떤 순간에도 인간답게 사는 길을 포기하지 말라고 말한다. 그에 따르면 사람이 법을 위해 존재하는 게 아니라 법이 사람을 위해 존재하는 것이다. 법은 사람의 말과 생각과 행동을 규제하기 위한 것이 아니라 사람들이 모여 사는 사회 또는 국가를 잘 돌아가게 하는 일종의 윤활유다. 그러나 인류의 역사에서 보듯이 바로 그 법이, 사람이 아니라 법 자체를 위해 존재할 때 모든 문제가 생긴다.

인류의 역사와 우리 시대의 과제에 대한 저자의 말로 글을 끝맺는다. "인류의 역사는 명백한 차별과 구별의 시대로부터 평등을 꿈꿨고, 그 결과 현재 우리는 명목상 평등한 사회까지는 도달해 있습니다. 이제는 이성과 평등을 지향하는 인류의 이상으로, 명목상의 평등을 넘어 실질적인 조화와 균형을 찾아야 할 시대가 아닐까요? 더불어 사는 공동체를 향한 조화와 균형의 시대라는 과제가 우리 시대에 화두로 주어져 있습니다." 한 단어도 버릴 게 없는 명문장이다. 가슴에 깊이 박혀 들어온다.

조금 **삐딱한** 책읽기

『90년생이 온다』 vs 『밀레니엄 선언』

비슷하면서도 조금 다른 두 권의 책을 겹쳐 읽었다. 임홍택의 『90년생이 온다』(2018)와 맬컴 해리스의 『밀레니얼 선언』(2017)이다. 출간 시기로는 『밀레니얼 선언』이 앞서지만 국내에 2019년에 번역되었기에 『90년생이 온다』가 시간적으로 먼저 출간된 것 같은 느낌이다. 『90년생이 온다』는 국내 출판계에 폭발적인 반응을 일으켰다. 참고로 지금 읽고 있는 책이 118쇄다. 각설하고 『90년생이 온다』의 저자는 90년대생의 생각과 행동의 여러 가지 특징을 통해, 그들을 "공무원을 갈망하고 호구가 되기를 거부하는" 세대로 규정한다. 그가 보기에 90년대생은 생각과 행동에 있어서 '간단하고', '재미를 추구하고', '정직하다'. 그는 이 책에서 간단하고 재미를 추구하고 정직한 90년대생이 직원이 되었을 때와 소비자가 되었을 때의 사고방식과 행동 양상을 상세하게 살핀다.

90년대생은 무엇보다도 '꼰대 문화'를 혐오한다. 그들은 회사에 충성하기보다는 자신의 사생활을 소중하게 여긴다. 일과 삶의 균형, 즉 '워라밸'을 적극적으로 요구한다. 강한 통제 방식이 그들에게는 통하지 않는다. 그들은 참견

보다는 참여를 원한다. 적절한 참여를 통해 인정 욕구를 충족시키려 한다. 『90년생이 온다』의저자는 기성세대가 90년대생을 길들이기보다는 그들의 세대적 특징을 인정하고 받아들여야 한다고 말한다.

90년대생은 이제 부모로부터 용돈을 받는 '아이'에서 직접 돈을 벌어 상품과 서비스를 소비하고 지불하는 '소비자'로 변했다. 그들은 기존의 소비지형도를 바꾸어 놓았다. 그들은 수동적인 소비자가 아니라 적극적인 소비자다. 앞서 말했듯이 '호구' 또는 '호갱'이 되는 것을 거부한다. 고루한 것은 가차 없이 외면한다. 그들은 특정 회사의 횡포에 침묵하지 않는다. 불합리하거나 정당하지 않다면 회피로 끝나지 않고 그 의제를 공론장으로 끌고 나온다. 구직자나 소비자의 입장에서 투명한 정보를 요구하고 재미있고 솔직한 콘셉트의 광고에 열광하기도 한다.

『90년생이 온다』의 저자에 따르면, 자신이 만난 많은 90년대생들은 일과 삶의 균형을 중요하게 여기고 즐거움을 잃지 않으려고 하며 참여를 통해 인정 욕구를 충족시키려 한다. 그들은 회사가 평생 고용을 보장하지 않는다는 것을 잘 알고 있기 때문에 회사에 충성하기보다는 자신과 자신의 미래에 투자한다. 공무원이 되었든 창업이 되었든 간에 그들은 사회적·경제적 환경에 적응하며 생존을 위해 각자 최선의 선택을 한다. 그렇기 때문에 저자는 기성세대가 자신들의 과거 경험을 바탕으로 90년대생을 기존의 시스템에 적응시키기보다는 90년대생의 세대적 특징을 '인정'하고 그들을 '이해'하려 노력하라고 제안한다. 이 책에 대한 추천사도 대부분 거기에 방점이 찍힌다. 결론적으로 『90년생이 온다』의 저자는 90년대생은 이제 같이 일하는 동료이자 앞으로 시장을 주도할 세대이기 때문에 그들을 이해하려는 노력이 모두의 생존을 위해 필요하다고 말한다.

여러 통계와 사례, 그리고 인터뷰를 통해 90년대생의 생각과 행동 양상을 다채롭게 보여주고 있는 『90년생이 온다』는 분명히 재미있고 흥미로운 책이다. 그럼에도 불구하고 기성세대가 동료로서 소비자로서의 90년대생을 인정하고 이해해야 한다라는 저자의 결론 부분에서는 조금 아쉬움이 남는 게 사실이다. 일단 세대 간 갈등은 어제오늘의 일도 아니고, 90년대생은 특별한 외계인들이 아니라 예전의 X세대처럼 새로운 젊은 세대이니까 그들을 인정하고 이해하자는 저자의 결론에서, 세대 간 갈등을 너무 낙관적으로 바라보고 있는 게 아닌가, 하는 의문이 들었다. 주지하듯, 우리나라를 비롯해 대부분의 나라에서 세대 간 갈등을 겪고 있다. 세대 간 갈등은 시간이 흐른다고 자연스럽게 해결되는 게 아니다. 그 방법이 틀렸거나 한 가지 방법에 도달하는 데 많은 시간이 걸리더라도 적극적으로 그 해결 방법을 모색해야 한다. 인정과 이해가 세대 간 갈등의 궁극적인 해결책이 될 수 없다. 인정과 이해는 문제의 해결 방법이 아니라 문제를 해결하는 데 양쪽에게 요구되는 자세와 태도일 뿐이다. 마땅히 기성세대는 90년대생을 인정하고 이해하고, 90년대생 또한 기성세대를 인정하고 이해해야 한다. 다시 말하면 인정과 이해는 궁극적인 문제 해결책이 아니라 문제 해결책의 기본값일 뿐이다.

다시 말하지만 『90년생이 온다』는 90년대생의 사고방식과 행동 유형을 상세하게 소개하지만 그들이 처한 시대적인 문제에 대한 진단은 깊지 않다. 오히려 젊은 세대의 시대적인 진단이라는 점에서는 『밀레니얼 선언』이 『90년생이 온다』보다 더 유의미하게 보인다. 일단 『밀레니얼 선언』의 저자 맬컴 해리스는 1988년생으로서, 소위 '밀레니얼 세대'다. 밀레니얼 세대는 넓게 보면 1980년부터 2000년까지, 즉 레이건부터 조지 W. 부시가 대통령으로 재임하는 동안 태어난 미국인을 가리킨다. 언론에서는 밀레니얼 세대가 전체적으로 지적 수준이 하락하고 있기 때문에 학교와 직장에서 엄격하게 관리되어야 한다고 말하지만 저자는 이 주장에 반대한다. 그에 따르면, 한 세대가 다른 세대와 구별되는 것은 진화의 결과가 아니라 세상이 바뀌었거나 기성세대가 세상을 바꾸었기 때문이다. 밀레니얼 세대 자체가 이전 세대와 비교했을 때 지적 능력과 판단력이 떨어지는 게 아니다.

밀레니얼 세대가 주축이 된 밀레니얼 소셜리즘은 '월가 점령 운동'(Occupy Wall Street)으로 촉발되었다고 일컬어진다. 주지하듯, 월가 점령 운동은 '불평등에 대한 봉기'다. 젊은이들은 제도적인 불평등에 문제를 제기했다. 물론 월가 점령 운동 전에도 불평등 문제는 존재했다. 인간 사회가 시작된 이후로 불평등은 늘 있었다. 그러나 월가 점령 운동에서 저항한 불평등은 자연적인 불평등이 아니라 제도화된 불평등이라는 점에서 그 이전의 불평등과는 다르다. 불평등을 사회적인 문제가 아니라 개인의 문제로 치환시킴으로써 경쟁이 가속화되었다.

『밀레니얼 선언』에서 저자는 밀레니얼 세대가 처한 삶을 '숙제 기계가 된 아이들', '대학생이라는 채무자', '엿 같은 직장 생활', '연방정부는 뭘 했나', '우리는 모두 슈퍼스타로 태어난다', '살아남기 위해서'로 도식화한다. 다시 말해서 밀레니얼 세대는 어렸을 때부터 과도한 숙제에 허덕이고, 대학에 가서는 학자금 대출금에 묶이고, 직장에서는 인간이기보다는 기계의 부품에 가까워진다. 밀레니얼이 처한 상황이 이런데도 연방 정부는 아무런 해결책도 내놓지 않는다. 오히려 언론, 대학, 산업과 공모해 밀레니얼 세대를 체제에 더욱 순응시킨다. 저자는 이런 상황에서 밀레니얼 세대가 살아남기 위해서는 어떻게 해야 하는지 나름의 자구책을 제안한다.

『밀레니얼 선언』을 조금 더 자세히 살펴보자. 밀레니얼 세대는 한마디로 숙제 기계였다. "21세기의 공부는 곧 노동"이다. 학교는 기업이 노동의 생산성 향상을 추구하는 것과 마찬가지로 '교육적 산출'을 높이기 위해 아이들에게 많은 학습량을 부과한다. 하지만 교육적 산출이라는 게 대체 무엇이고, 그것을 어떻게 측정할 수 있는지에 대해 저자는 의문을 제기한다. 저자에 따르면, 자본은 아이의 얼굴을 하고 있다. 더 좋은 성적을 받으면 보다 나은 삶으로 이어져야 하는데 실제로는 그렇지 않다. 인적 자원 또는 인적 자본이라는 용어의 등장에서 알 수 있듯이, 미국의 자본주의는 인간을 물질화·상품화한다. 미국의 자본주의 발전 과정에서 노동자들을 훈련하는 과제는 어느 순간 기업에서 정부로 넘어왔다. 정부는 그 과제를 학교에 떠넘겼고, 학교는 다시 숙제라는 이름으로 가족과 아이들에게 떠넘겼다. "합리적인 양육은 곧 위기관리"다. 원래 위험관리는 회사의 경영 방식의 일부였지만 이제는 주요한 육아 전략의 일부가 되었다. '플레이데이트'와 '헬리콥터 부모'는 단적인 예다. 그 결과 학생들의 어떤 일탈 행위도 용납되지 않는다. 밀레니얼 세대는 일상적인 억압에 대한 분노와 그로 인한 비참한 심정 때문에 삶에 만족하지 못하고 스스로 불행하다고 생각한다. 그들은 많은 시간을 공부에 할애했음에도 불구하고 그들에게 약속되었던 더 높은 삶의 질이 보장되지 않는다. 그들은 투자한 만큼 놀려받지 못하고, 그에 대한 책임과 비난도 감수할 수밖에 없다.

밀레니얼 세대는 힘겹게 대학에 입학하면 곧 채무자 신세로 전락한다. 예전에는 대학이 신분 계층 이동의 수단이었지만, 오늘날에는 대학을 졸업해도 빈곤층은 여전히 빈곤층으로 남는다. 오히려 평범한 대학생조차도 학자금 대출 때문에 대학을 졸업한 뒤 채무자로 남게 된다. 그럼에도 그들은 숙련된 노동자가 되기 위해 자신의 모든 것을 투입하고 있다. 문제는 높은 등록금에서 시작한다. 높은 등록금 때문에 대학생들은 학자금을 대출받는다.

그렇다면 대학등록금이 왜 이렇게 비쌀까? 저자는 대학이 비즈니스 모델을 따르기 때문이라고 답한다. 즉 대학은 기업처럼 낮은 품질의 제품일지라도 비싼 가격에 내놓아야 잘 팔린다고 생각해 비싼 등록금을 받는다. 하지만 그 등록금은 교육의 질을 높이는 데 쓰이지 않고 대학 건물을 짓거나 대학 외부 행사를 하는데 들어간다. 쓰여야 할 곳에 돈이 쓰이지 않다 보니 학교 개혁은 당연히 실패로 귀결될 수밖에 없다. 대학 졸업 후 취직도 어렵지만 취업을 한다고 하더라도 정부에 평균 몇 만 달러에 달하는 빚을 지고 살게 된다. 사실 연방정부는 가장 큰 대출업자다. 저자는 연방정부가 민간 대부 업체보다 훨씬 더 위험한 투자를 감행하고 돈을 버는 악덕 대부 업체라고 말한다.

인적 자원으로서의 자신을 개발하기 위해 더 많은 시간과 돈을 투자할수록 일자리는 점점 나빠진다. 기술의 발달로 전체 생산성은 향상되는데 노동자들에게 돌아가는 몫은 점점 작아진다. 즉 생산성이 높아지면 월급도 올라야 하는데 실제로는 정반대로 향하고 있다. 좋은 일자리를 향한 경쟁은 더 치열해졌고, 피하고 싶은 질 낮은 일자리는 더욱 열악해졌으며, 좋은 일자리건 나쁜 일자리건 모두 이전보다 불안정해지면서, 삶의 질은 더욱 나빠지고 있다. 그리고 좋은 일자리에 대해 고용주와 고용인의 생각이 근본적으로 다르다. 고용인의 입장에서는 '직업 안정성'이 보장된 일자리가 좋은 일자리라면, 고용주의 입장에서는 쉽게 채용하고 쉽게 해고할 수 있는 소위 '업무 유연성'이 있는 비정규직이 좋은 일자리다. 사용자의 입장에서는 노동자들을 교육하는 것은 비효율적인 일이며 비효율적인 일은 경영상 합리적이지 않다.

그 결과 오늘날 사용자들은 헌신적으로 일하는 노동자들을 두려워하고, 대신 자신들의 필요와 요구에 맞는 노동자들을 선호한다. 노동의 유연성은 삶의 불안정성을 가져왔다. 단순 노동자는 언제든지 일할 준비가 되어 있어야 하고, 전문직은 생산 기술의 발전으로 언제 어디서건 효율적으로 일할 수 있어야 한다. 실제 그렇게 되어 가고 있다. 노동의 유연성이란 고용인이 자신이 일을 선택할 수 있다는 것이 아니라 언제든지 일을 해야 한다는 말이다.

노동 강도가 높아지고 임금이 정체되기 시작한 시점부터 여성의 노동시장 참여율도 늘어나기 시작한다. 여성이 노동시장에 참여하면서 남성 노동자들은 여성 노동자들 때문에 자신들이 노동시장에서 설 땅을 잃어버렸다고 생각한다. 하지만 여성 노동자들이 노동시장에서 빠진다고 해서 임금을 비롯한 노동 조건이 예전 상태로 돌아가지 않는다. 따라서 남성 노동자와 여성 노동자들은 서로 갈등하고 대립할 게 아니라 '연대'해야 한다.

노동 시간의 외적 연장이 줄어든 반면, 내적 연장이 늘어나 노동 강도가 세졌다. 또한 미래 소득이 얼마나 될지 알 수도 없고, 건강보험, 연금, 실업급여, 병가 등의 복지 혜택 보장 역시 불투명하다. 노동자들의 보상이 줄어들었고 미국의 노동조합은 몰락에 이르렀다. 지금까지 미국인들은 미국 사회가 더 풍요로워질 거라고, 자녀들은 부모보다 잘살 것이라고 당연하게 여겨왔다. 하지만 밀레니얼 세대는 이에 대해 회의적이다. 학자금 대출을 받은 그들은 재산 형성 과정에서 뒤처지고 성공에 대한 가능성도 더욱 낮아지고 있다.

『밀레니얼 선언』의 저자는 상황이 이런데도 불구하고 연방정부는 뭘 하고 있는지 힐난한다. 밀레니얼 세대는 특권을 누린다는 꼬리표가 붙지만 실제로는 그렇지 않다. 예컨대 은퇴자들은 자신들만의 협회를 만들고 로비를 통해 지금껏 굉장한 성공을 거두어 왔다. 그들은 보충적인 소득 보장을 밀어붙이고 지켜냄으로써 미국의 노인과 은퇴자들이 살아가는 방식을 근본적으로 바꾸었다. 하지만 밀레니얼 세대는 투표권도 없고 투표권이 있다고 하더라도 목소리를 하나로 모으지 못했다. 사실 목소리를 하나로 모아야 한다는 당위성조차 느끼지 못했다. 그 결과 그들 앞에 놓인 현실은 더 '어려진 가난'이다. 아동 빈곤율은 높아지고 수혜자가 입증해야 할 자격 수준을 높이고 있기 때문에 빈곤선 이하의 삶을 사는 어린이를 둔 가정 중 복지 혜택을 받는 가정의 비중은 내려앉을 수밖에 없다.

다시 교육으로 돌아가자. 부시 정부에서 교육의 기회가 전반적으로 확대되었지만 교육의 목표는 오직 효율성과 합리성을 높이는 것뿐이었다. 특히 공교육을 시험 중심 위주로 재편성하는 '낙오 학생 방지법'을 통해 낙오 학생을 줄이는 게 교육 당국의 가장 큰 목표였다. 그 결과 학교에서는 수학이나 독해를 위해 음악과 미술 시간을 줄이고 학생들에게 시험 기술을 가르쳤다. 학교에서는 성적이 낮은 학생들에게 자퇴를 종용했고, 심지어 시험 볼 때 등교하지 못하도록 강요했다.

정책 결정권자들은 학생들이 시험 성적만 다를 뿐 똑같은 존재가 되기를 바라지만 현실은 그렇지 않다. 그들은 만일 어떤 학생이 학습 능력이 우수하지 않다면 최소한 다른 학생들을 방해하지 않는 학생이 되길 원한다. 즉 똑같은 존재가 되지 못한다면 최소한 관리 가능한 존재가 되기를 희망한다. 만일 다른 학생들을 방해한다면 그 학생은 강제로 교실 밖으로 쫓겨난다. 교실 밖으로 쫓아내기 위해 학교 경찰뿐만 아니라 실제 경찰이 학교에 투입된다. 미국의 형사 제도는 기본적으로 교화보다는 처벌에 방점을 두고 있는데, 학교 역시 마찬가지다. 저자는 그에 대해 이렇게 말한다. "국가는 문제가 아니라 해답이어야 한다. 뒤처지고 있는 학생들은 국가가 책임져야 하지만 국가는 그 의무를 다하지 않고 있다." 오히려 국가는 공공장소에 대해 통제를 강화하고 있다. 그렇기 때문에 밀레니얼 세대는 국가를 믿지 않고, 국가의 도움을 받는 아이들 또한 점점 줄어들고 있다.

밀레니얼 세대는 이전 세대보다 다양한 교과 활동과 비교과 활동을 한다. 스포츠도 그중 하나다. 그런데 그들에게 있어 스포츠는 단순히 뛰고 노는 게 아니라 "탁월한 육체를 완벽을 향해 갈고 다듬어야 하는, 그야말로 전형적인 후기 자본주의 엔터테인먼트 산업의 기준에 맞춰 합리"적으로 이루어져야 하는 활동이다. 다시 말하면 스포츠는 "타고난 재능의 산물이 아니라 타고난 재능을 어떻게 관리하느냐가 더 중요한 시스템의 산물"이다. 그 결과 대학의 운동선수들은 '트로피 공장'으로서 노력에 대한 적절한 보상을 받지 못하고 단지 대학의 이익을 위해 활용되는 소모품으로 전락했다.

음악의 경우에도 예전과 달리 만들기도 쉽고 향유하기도 쉬워졌지만 보상을 받는 사람은 소수에 불과하다. 일반적으로 음악은 합리화된 제조 시스템을 통해 스타를 양산하고 스타를 통해 부를 창출한다. 하지만 최근 들어 유튜브나 사운드 클라우드와 같은 무료 플랫폼의 영향으로 기존의 연예 산업 구조에 변화가 일어났다. 연예인들은 기존의 연예인들뿐만 아니라 아마추어와도 경쟁해야 하는 상황에 이르렀다. 성장하면서 목적의식을 갖고 연습하는 삶이 몸에 밴 밀레니얼 세대는 대중문화의 소비자인 동시에 창작가가 되어가고 있다. 요컨대 기술의 발전은 노동 생산성의 향상을 불러왔고, 노동 비용을 절감시켰으며, 경쟁을 더욱 심화시켰다. 하지만 인적 자본의 개발 비용은 점점 더 경쟁에 참여하는 개인들의 몫으로 돌아오고 생산성은 다시 향상되고 있다.

밀레니얼 세대는 자신의 잠재력을 개발하기 위해 인생에 투자하고, 자기 자신을 위험 차원에서 관리하면서 만들어진 존재다. 바로 이 전의 X세대가 부모 세대보다 타인에 대한 경계심이 높은 수준이었다면 밀레니얼 세대는 그들 스스로 남을 의심한다. 그들은 사회에 대한 믿음도 없다. 특히 그들은 공권력에 대한 신뢰가 아주 낮다. 학교 공부도 많고, 숙제도 많고, 연습할 것도 많다. 학교에서는 무관용 정책이 시행되고 있고, 법 집행은 엄격해지고 있으며, 부모들은 아이를 집중적으로 양육하고, 주의력과 집중력이 부족한 아이에게는 의학적 처방이 떨어진다. 그들에게는 주의를 집중할 힘이 더욱 필요해진다. 밀레니얼 세대는 그 어떤 세대들보다 더 많은 정신적 부담을 짊어진 채 젊음을 살아가고 있다. 그들은 소셜미디어가 개인을 감시하고, 추적하고, 약탈한다는 것을 알면서도 소셜미디어를 마치 정신과 치료를 위한 약물처럼 사용하고 이에 점점 더 의존한다. 다행스러운 일이라면 밀레니얼 세대는 자신들이 감시당한다고 생각해 검열해 맞서는 기법을 스스로 개발하고 있다는 점이다. 그들은 자신의 행위가 남에게 보이는 방식에 대해 대단히 민감하고, 이전 세대보다 훨씬 더 단정한 생활 습관을 지니고 있다. 마약을 비롯한 약물 남용도 전 세대보다 심각하지 않다. 성생활에서도 그들은 더 참을성 있게 성관계를 가질 뿐 아니라 더 책임 있는 자세로 성행위에 임하고 있다.

현재 미국에서는 평균 생산성이 늘어나고, 노동과 경영의 합리화가 진행되고, 노동 비용을 낮춰야 한다는 주장이 상식처럼 통용된다. 국가는 청년들을 일단 감옥에 집어넣고, 그 와중에 경쟁은 더욱 심화되고 있다. 이 모든 변화는 눈부신 성공과 끔찍한 추락 사이에서 갈팡질팡하며 초조해하는 한 세대의 아이들, 즉 '밀레니얼'을 낳고 말았다. 이윤은 높아지고 비용은 낮아지기 때문에 국가나 기업의 입장에서 보았을 때 이 상황은 나쁘지 않다. 왜냐하면 국가나 기업으로서는 누가 이기든 지든 상관이 없다. 하지만 개인으로서는 생존과 직결되기 때문에 누가 이기고 누가 지는 게 대단히 중요하다. 이론적으로는 개인의 노력으로 모든 게 결정되지만 실제로는 그보다 더 큰 힘에 의해 모든 게 결정된다.

우리가 영화, 드라마 등 영상 매체를 통해 주로 접하는 '자유분방한 미국 학생'은 현실에서 더는 찾아볼 수 없다. 그들의 삶은 '완벽한 스펙, 끝없는 노력, 그리고 불안한 삶'으로 정식화된다. 사실 잘사는 사람과 못사는 사람 사이에 격차가 점점 더 심해지는 게 미국형 경제의 특징이다. 그것을 당연하게 받아들인다. 경제 격차가 커지는 사회일수록 교육 과정은 더 정교해진다. 부모의 지위를 지키려거나 혹은 더 위로 올라가려는 욕구도 강해진다. 경쟁이 치열하기 때문에 아주 이른 시기부터 경쟁에 뛰어들고, 경쟁에서 이기기 위해서는 많은 시간을 투입해야 한다. 경쟁은 불안을 가속화한다. 그리고 불안은 영화 제목처럼 '영혼을 잠식한다.' 미국의 밀레니얼 세대는 불안을 넘어 절망에 사로잡혀 있다. 교실에서 쫓겨나 감옥에 가는 저소득층 혹은 인종적 소수자 그룹의 밀레니얼 세대뿐만 아니라, 넉넉한 양육자 품에서 성장하며 대학에 진학하는 중산층 그룹의 밀레니얼 세대 역시 마찬가지다.

전술했듯이 미국의 베이비부머들은 자신들이 성공할 수 있게끔 해준 세상의 원리를 모두 시장 원리로 뜯어고쳤고 넉넉한 연금을 받으며 노후 생활을 즐긴다. 미국의 베이비부머, 일본의 단카이 세대, 그리고 대한민국의 386세대는 이미 기득권층임에도 불구하고 젊은 시절 그랬던 것처럼 여전히 저항과 혁명의 담론을 즐긴다. 하지만 그들은 이미 기득권층이기 때문에 젊은이들이 자신들의 헤게모니에 진지하게 도전장을 내밀거나, 그 헤게모니를 흔들 수 있을 법한 담론을 만들어내는 것은 참지 못한다.

때문에 『밀레니얼 선언』의 저자는 미래를 다소 암울하게 전망한다. 미래는 인적 자본 계약, 아동기의 전문화, 기후 특권, 알고리즘에 의한 차별, 오작동, 여성혐오자들의 역습, 빅브라더의 도래로 특징된다. 그렇다고 해서 미래에 대한 암울한 전망이 패배주의로 귀결되지는 않는다. 그는 '끔찍한 미래 사회의 끔찍한 존재로 전락되지 않으려면 어떻게 해야 하는가?', 라고 질문하고 이 질문에 스스로 답한다. 그는 해결책으로 '구입하라', '투표하라', '저항하라', 세 가지 방법을 제안한다. 모든 사람들이 힘을 합쳐 높은 임금을 지급하는 윤리적 기업의 제품만을 구입해야 한다. 선거 자금 제도를 개혁한다고 해서 미국의 모든 정치 제도를 바꿀 수 있는 것은 아니기 때문에 적극적으로 투표해야 한다. 그리고 적극적으로 저항해야 한다. 예컨대 '투표하라'의 경우 "우리가 정말 해야 할 일은 우리의 뜻을 제대로 대변해줄 정치인을 뽑는 것이다." 그게 안 된다면 기존의 정치인들 가운데 선택하는 게 아니라 자신들의 후보를 만들어야 한다. 물론 이 모든 게 쉽지 않지만 "그래도 결정적 순간은 있다"라고 저자는 말하며 포기하지 않는다.

비영리는 아무것도 약속하지 않는다. 비영리 활동과 자원봉사가 늘어난다해서 우리 삶이 개선되는 결과로 반드시 이어지지 않는다. 사회개선을 위한 전체적인 전략으로서 자원봉사주의는 확실한 경험적 토대를 갖고 있지 않다. 자원봉사는 세상을 개선하는 일일 뿐이며 그런 식으로 문제를 해결하는 데는 분명 한계가 있다. 따라서 어떤 사회적 문제가 있을 때 그 문제를 함께 해결하겠다고 생각하면 개인적인 해법보다는 사회적인 연대가 훨씬 실용적인 대안이 될 수 있다.

『밀레니얼 선언』은 처음 읽는데도 왠지 기시감을 불러일으킨다. 아마도 저자 맬컴 해리스가 우리에게 여러모로 익숙한 연도인 1988년생 때문인지 모른다. 『밀레니얼 선언』은 분명 미국의 젊은 세대가 쓴 미국 이야기인데도 지금 이 순간 우리의 이야기처럼 들린다. 미국의 밀레니얼과 우리나라의 90년대생은 어느 정도 겹친다. 개인적인 생각에 밀레니얼과 90년대생의 세대적 특징을 인정하고 이해하는 것도 중요하지만, 그들이 혹은 우리가 마주하고 있는 현실을 피하지 않고 직시하는 게 더 먼저다.

매혹하는 **장르문학**

『장르문학 산책』

한국문학에는 '장르문학'이라는 정체불명의 괴상한 용어가 있다. 단어의 순수한 의미로 보자면 장르문학은 '일정한 기준에 따라 분류된 문학 작품'을 가리켜야 하는데, 실제로는 '문학 추리, 무협, 판타지, SF 등 특정한 경향과 유형에 입각한 문학'을 뜻한다. 국어사전에 장르문학은 그렇게 정의되어 있다. 장르문학은 크게 두 가지 방식으로 분류된다. 개별 작품에 등장하는 공통적인 요소들을 묶는 문학적 분류와 읽는 시간, 구매하는 장소 등 문학 외적 조건에 따른 마케팅적 분류다. 우리나라에서 장르문학의 분류는 대부분의 경우 전자를 따른다. 그래서 SF, 판타지, 무협소설, 탐정소설, 추리소설, 연애소설, 역사소설 등이 한국문학에서 장르문학의 하위범주를 구성한다.

장르문학이라는 단어에는 기본적으로 부정적인 뉘앙스가 담겨 있고, 오랫동안 대중문학, 심지어 상업문학으로 폄훼되어 왔다. 이런 장르문학과 구별하기 위해 순문학, 순수문학 또는 본격문학이라는 용어가 사용되었고 지금도 사용된다. 장르문학은 상업성을 추구한다고 비판을 받는데, 상업성과 동떨어진

문학 작품이 과연 존재하는지 의문이 든다. 그리고 장르문학과 순수문학을 가르는 경계선이 무엇인지 경계점이 어디인지도 잘 모르겠다. 예컨대 어떤 두 작품이 임진왜란과 이순신 장군이라는 비슷한 소재를 다루고 있고 비슷한 주제를 재현하고 있음에도 불구하고, 하나는 장르문학으로 분류되고 또 다른 하나는 순수문학으로 분류된다. 그 기준은 뭐고 그 기준은 누가 정하는지 알 수가 없다. 해외에서는 장르문학의 개념이 따로 없다. 그러니 장르문학과 본격문학의 구분도 없다. 사실 따지고 보면 모든 문학은 장르문학이다. 그럼에도 우리나라에서는 아직도 장르문학이라는 용어가 광범위하게 사용되고 있다. 그것도 부정적인 맥락으로 말이다. 장르문학을 두고 벌어지는 논쟁은 사실 문학의 본질에 대한 논쟁과 궤를 같이한다.

문학의 본질을 둘러싸고 벌어지는 논쟁은 사실 어제오늘의 일이 아니다. 즉 장르문학의 논쟁과 조금 맥락이 다를 수도 있지만 문학의 본질을 두고 지금까지 여러 차례 논쟁이 벌어졌다. 대표적으로 1940년대 '순수'의 개념을 두고 좌·우익 문학 진영이 충돌했고, 1960년대에 또 다시 촉발되었다. 참고로 1940년대의 논쟁에서는 정지용, 김동석, 조연현, 김남천, 김동리, 김병규 등의 문인이, 1960년대의 논쟁에서는 김붕구, 임중빈, 선우휘, 이호철, 이어령, 김수영, 김현 등의 문인이 활약했다. 당시 논쟁의 방점은 '문학과 사회'의 관계였다. 한쪽에서는 '문학이 현실에 적극적으로 참여해야 한다'고 주장했고, 다른 쪽에서는 '문학이 현실에서 한발 뒤로 물러나야 한다'라는 주장으로 맞섰다. 문학의 자율성과 순수성을 옹호한 이들은 참여론자들을 도식주의, 소재주의, 편내용주의, 정치주의 및 프롤레타리아 혁명 같은 단어로 응수했다. 반면 문학의 사회 참여를 옹호한 이들은 순수론자들을 소아주의, 이기주의, 형식주의, 퇴폐주의 및 이데올로기 노이로제 등으로 비판했다. 결국 그 논쟁은 한국문학의 대표적인 문학 에콜(ecole)인 《창작과비평》과 《문학과지성》을 탄생시켰다. 즉 작가의 현실 참여를 중시하는 이들은 1966년에 창간된 《창작과비평》을 거점으로 참여 문학을 민족 문학, 리얼리즘 문학, 농민·노동자 문학의 단계로 발전시켰다. 반면 작가의 개성과 문학의 자율적 미학을 더 소중하게 생각하는 이들은 《문학과지성》을 중심으로 문학의 순수성을 지키고자 했다.

그런데 2000년대에 들어서면서 문학의 본질을 둘러싼 논쟁은 사뭇 다른 양상으로 전개되었다. 2001년 《조선일보》는 순수(본격)문학과 대중문학 논쟁을 불러일으켰다. 이전의 문학 논쟁이 문학의 사회 참여를 두고 벌어졌다면, 이때의 논쟁은 문학의 새로운 시장 혹은 지평을 두고 벌어졌다. 조금 거칠게 말하면 이 논쟁은 '문학이 상품이냐 아니냐'를 두고 벌인 논쟁이라고 부를 수도 있다. 한편에서는 문학은 공장에서 만드는 상품과는 근본적으로 다르기에 아무리 시대가 변해도 예술적 가치를 추구해야 한다고 주장했고, 다른 한편에서는 시대에 변했기 때문에 문학 역시 변해야 한다는 주장으로 맞섰다. 두 진영은 나중에는 논쟁을 넘어서 상대를 향해 '천박한 상업주의', '애처로운 성골 의식' 등 인신공격에 가까운 막말도 쏟아냈다. 참고로 이뮤구, 하일지, 김성곤, 이인화, 이용범, 조창인, 박상우, 정과리 등이 당시 이 논쟁에 참여했다.

대중문학 논쟁에서 순수문학을 옹호하는 한 평론가는 대중문학에 대해 이렇게 말했다. "어느 시대에나 키치(Kitch)는 있게 마련이고 그것[상업주의 문학]은 비판이라기보다 조소나 경멸의 대상일 뿐"이고, "다른 문화상품들과 마찬가지로 문학도 자본주의 체제에서 생산되고 유통되고 소비되는 상품의 하나일 뿐"이다. 더 나아가 "스토리조차 제대로 갖추지 못한 멜로드라마이거나 비현실적인 변설과 가벼운 농담으로 가득 차 있다. 그들의 소설에는 아무런 감동도 없으며, 겉멋과 치기만이 '문체'라는 포장지에 가려 있"다. 논쟁의 당사자인 소설가가 이 주장을 반박했고, 그러자 또 다른 평론가는 "나쁜 문학은 작가 미숙 탓"이라고 재반박했다. 재반박의 핵심은 이렇다. '문제는 대중문학과 순수문학을 가르는 문단에 있지 않고 작가에 있다.' 간단하게 말해 대중문학은 순수문학에 비해 문학적으로나 도덕적으로 '나쁘다'는 주장이다.

그런데 문득 궁금해진다. 나쁜 문학과 나쁘지 않은 문학, 즉 좋은 문학을 가르는 기준은 무엇이고, 그 기준은 누가 정하는가? 많이 읽힌다고 해서 반드시 좋은 문학이 아닌 것처럼, 좋은 문학이라고 해서 반드시 많이 읽히지 않는다. 더 쉽게 말해 나쁜 문학이나 좋은 문학이나 많이 읽힐 수 있고 많이 읽히지 않을 수 있다. 많이 읽히는 정도는 문학의 좋고 나쁨, 즉 문학의 질과 상관관계에 있지 않다. 그럼에도 사람들 머릿속에는 많이 읽히는 대중문학은 나쁜 문학, 많이 읽히지 않는 순수문학은 좋은 문학이라는 생각이 들어서 있다. 대중문학은 장르문학의 또 다른 이름이기에 대중문학에 대한 평가, 주로 대중문학에 대한 비판적 평가는 고스란히 장르문학에도 그대로 통용되고 있다. 아무튼 대중문학을 둘러싸고 벌어진 이 논쟁은 여전히 진행 중이다.

문학평론가 조성면은 『장르문학 산책』(2019)에서 장르문학에 대한 사람들의 선입견에 반기를 든다. 대중문학을 전공했고, 드물게 대중문학으로 박사학위까지 받은 작가는 장르문학에 대해 이렇게 말한다.

> "여전히 우리는 본격문학과 장르문학을 나누고 가르는 근대적 문학관과 낡은 사고의 틀에 갇혀 있다. (…) 대중성을 자기의 운명으로 삼은 장르문학이야말로 많은 자기 한계에도 불구하고 가장 전형적인 나눔의 예술이라 할 수 있다."

저자는 장르문학이 "가장 많은 이야기를 쏟아내면서도 정작 자신의 언어를 갖지 못"한다고 말하는데 우리의 삶 역시 마찬가지다. 우리의 삶도 편견과 낡은 사고로 둘러싸여 있다.

솔직히 말해 우리의 삶은 아리스토탈레스가 『시학』에서 말하는 비극이나 셰익스피어, 세르반테스, 괴테, 스탕달 톨스토이, 도스토옙스키 등의 고전보다는 대중문학 혹은 장르문학에 가깝다. 때로는 막장 드라마에서 그러는 것처럼 원초적인 감정을 마구 쏟아 낸다. 그럼에도 우리는 장르문학을 의식적으로 멀리하고 고전을 읽어야 한다는 강박관념에 사로잡혀 있다. 혹시나 해서 말하는데, 고전을 읽지 말라는 것이 아니라 고전만 읽지 말라는 이야기다. 사실 오늘날 고전이라 불리는 작품도 당시에는 대부분 장르문학이었다. 셰익스피어의 작품도 그랬고 발자크의 작품도 그랬다. 심지어 도스토옙스키와 피츠제럴드는 왕성한 작품의 동력은 다름 아닌 '돈'이었다.

그렇다면 이제는 장르문학도 읽을 때다. 만일 지금까지 장르문학을 숨어서 읽었거나 장르문학을 즐기는 자신의 취향을 감추었다면 이제는 당당하고 떳떳하게 읽을 때다. 장르문학은 세계적 문화 현상의 일부다. 장르문학에 심취한 유명인은 헤아릴 수 없을 정도로 많고, 장르문학이 끼친 사회적·문화적 영향력은 너무나 넓고 깊다. 학계와 본격문학의 푸대접과 상관없이 압도적이고 세계적이다. 그런데 이에 대한 체계적인 논의나 조명은 아직 일반적 기대에는 미치지 못한다. 그나마 조금 다행스러운 일은 학계에서도 얼마 전부터 장르문학에 관해 관심을 갖기 시작했다. 본격문학이 담론의 중심에서 예술과 사회를 주도하던 영광의 시대는 사실 지난 지 꽤 오래되었다. 거듭 말하지만 이제는 장르문학도 읽을 때다. 그것도 당당하게 말이다. 장르문학은 절대 저급하지 않다.

'그렇다면 장르문학을 왜 읽어야 할까?' '장르문학의 효능은 무엇일까?' 『장르문학 산책』의 저자 조성면은 이 질문에 대해 이렇게 답한다.

"장르문학은 보바리즘(밋밋하고 불만스런 일상)에 맞서는 삶의 동반자다. 대부분 우리의 삶은 먹고 살기 위한 밥벌이 활동과 사회적 지위를 얻기 위한 경쟁 등으로 채워져 있다. 그러다가 몸이 아프거나 나이가 들어서, 또 문병이나 문상을 다녀오면서 문득 자신을 되돌아보게 된다. 인생 별거 없다. 이렇게 살지 말자. 인생의 시간을 뜨겁게 불태우는 옥탄가 높은 삶을 살자, 이렇게 다짐해 본다. 그러나 현실이 어디 그리 녹록한가. 어김없이 찾아오는 청구서들과 대출금 상환일 그리고 승승장구하는 친구들을 보노라면, 이 같은 기개는 홍로일점설(紅爐一點雪)처럼 사라지고 만다. 이럴 때 생각해 볼 수 있는 것이 종교와 장르문학이다."

장르문학의 본질은 대리 경험을 통한 위안에 있다. 여기에는 우리가 체험하기 어려운 열정적 사랑과 짜릿한 모험이 있으며, 사회적 부조리에 대한 통쾌한 심판이 있다. 주인공과의 동일화와 강력한 감정이입으로 시름을 잊고 찰나적 만족을 얻는다.

앞서 장르문학의 하위범주에 SF, 판타지, 무협소설, 탐정소설, 추리소설, 연애소설, 역사소설 등이 포함된다고 말했다. 여기에 그 변종과 혼종 장르까지 포함한다면 장르문학의 하위범주는 더 넓을 수 있다. 이 글에서는 장르문학의 범주를 구성하는 모든 장르에 대해 살펴볼 수는 없고 개인적인 독서 취향에 기대에 장르문학에 대해 아주 좁게 살펴보려 한다.

먼저 SF다. SF는 science와 fiction의 첫 글자를 따서 만든 용어이기 때문에

'과학소설'이라고 불리는 게 너무나 당연한데 아주 오랫동안 '공상과학소설'이라고 불렸다. 그 어디에도 공상이라는 말이 없는데도 말이다. 혹자는 이렇게 된 데에는 이 단어를 일본을 통해 수입하는 과정에서 생긴 해프닝 때문이라고 말한다. 지금은 SF를 공상과학소설이라고 하지 않고 과학소설 또는 그냥 SF라고 부른다. 초창기 SF는 '유희적 공상과 정치적 무의식'을 근간으로 삼았다. 하지만 테드 창이나 켄 리우의 소설이 잘 예거하듯이, 최근의 SF는 정치, 종교, 윤리 등 민감하고 예민한 문제를 에두르지 않고 정면으로 마주한다. 그리고 거기에 철학적 깊이까지 더해진다. 최근 한국문학의 김초엽이나 듀나의 소설 역시 마찬가지다.

개인적인 생각에 보수적인 학계가 장르문학을 학문의 영역에 받아들이게 된 데에는 그 무엇보다도 『반지의 제왕』과『해리 포터』로 대표되는 판타지 소설의 공이 가장 크다고 할 수 있다. 조성면의 말처럼 "판타지는 현대문화의 우점종이다." 경제적인 측면에서 보자면 판타지는 도서관 대출 순위나 베스트셀러 목록에서 가장 윗자리를 차지하고 있고, 게임 개발사와 영화사 등에 문화 자본의 핵심 질료로 기능하고 있다. 판타지는 기술적으로는 상상 속에서나 가능했던 일들이 현실이 되도록 테크놀로지를 추동한다. 그뿐만 아니라 판타지는 심리학이나 정신분석학과 같은 학문에 영향을 끼쳤고 동시에 그로부터 영향을 받기도 한다. 그렇기 때문에 판타지는 우리가 생각하는 것보다 그 영향력이 넓으면서도 깊다.

지나친 일반화를 무릅쓰고 말하자면, 무협소설은 '남성의 로망이나 남근의 서사'로, 연애소설은 주로 '여심을 저격'하는 달콤한 멜로드라마로 규정될 수 있다. 즉 무협소설과 연애소설은 각각 남성과 여성에게 특화된 장르라고 말할 수 있다. 물론 정반대일 수도 있다. 그런데 현재 두 장르문학은 다른 운명을 겪고 있다. 문학평론가 김현은 일찍이 “무협소설을 급변하는 사회질서와 사회적 부조리에 대한 중산층의 불안과 초조 그리고 도피주의를 반영하는 장르”로 진단한 바 있다. 간단히 말해서 무협소설은 사회상을 반영하는 거울로서 중요한 문학 장르다. 그런데 무협소설은 언제부터인가 잘 읽히지 않는다. 김현의 주장을 받아들인다면, 무협소설이 읽히지 않는다는 것은 우리 사회가 정의로워졌기 때문이라는 결론이 자연스럽게 도출된다. 하지만 대부분 이 결론에 동의하지 않을 것 같다. 오히려 지금 우리가 살고 있는 현실이 무협소설 세계보다 훨씬 더 부조리하고 잔인하기 때문에 더 이상 사람들이 무협소설을 읽지 않는다면 설명이 더 설득력이 있다. 반면 연애소설은 무협소설과 다르게 끊임없는 변주를 거듭하며 생명력을 유지하고 있다. 우리나라에서 연애소설은 하이틴 로맨스로 출발해 PC 통신 문학을 거쳐 현재의 인터넷소설에 이르렀다. 연애소설은 여러 장르와 혼종하며 ‘패러노멀 로맨스’(paranormal romance)로 변주되고 더 나아가 영화, TV 등 다양한 매체로 재생산되고 있다.

예전에 개인적으로 좋아하는 추리소설의 작가를 꼽으라면 에드거 앨런 포, 아서 코난 도일, 애거사 크리스티 등이었다. 그런데 언젠가부터 일본의 소설가 히가시노 게이고가 그들의 앞자리를 차지하기 시작했다. 그는 일본에서 가장 잘나가는 작가 중 한 명이고 우리나라에서도 그렇다. 그는 대단히 많은 작품을 발표했고, 그 가운데 열아홉 편이 드라마로 만들어졌고, 또한 일곱 편이 영화화되었다고 한다. 지금 제작 중이거나 예정 중인 작품까지 포함한다면 아마도 그 수는 더 많을 것이다. 조금 많이 과장해서 말하면 『나미야 잡화점의 기억』(2012)을 비롯해 우리나라에 번역 출간된 그의 거의 모든 소설을 읽었다. 거기에 그치지 않고 그의 작품을 원작으로 한 TV 드라마와 영화도 찾아보았다. 심지어는 여러 영화를 비교해가면서 보기까지 했다. 그렇기에 만일 누군가 내게 '가장 좋아하는 작가'를 묻는다면 히가시노 게이고라고 자신 있게 말할 수 있다. 히가시노의 일련의 추리소설은 "인간의 얼굴을 한 추리소설", 다시 말하면 "감동적 휴먼 추리소설"로 규정된다. 동시대의 미야베 미유키의 추리소설이 주로 현대 일본 사회와 에도 시대의 역사를 소재화한다면, 히가시노의 소설은 시대와 사회보다는 개인에 방점을 찍는다.

히가시노의 소설은 일단 쉽고 재미있다. 기괴하고 엽기적인 스토리로 겁을 주지도 않고 복잡한 트릭으로 독자들을 괴롭히지도 않는다. 그렇다고 해서 그의 작품이 결코 가볍거나 허술하다고 말할 수 없다. 혹자는 '그가 다작을 하기 때문에 가끔 황당할 정도의 졸작을 발표한다', '본격추리소설의 공식을 따르지 않는다' 등 비판하기도 하지만, 개인적인 생각에 그것은 작가의 스타일이자 독자의 취향의 문제에 불과할 뿐이다.

히가시노의 추리소설은 크게 가가 교이치로 형사가 등장하는 '가가 시리즈'와 천재 물리학자로 데이도대학교 물리학과 조교수 유가와 미나부가 등장하는 '갈릴레오 시리즈'로 나뉜다. 그의 많은 작품들이 드라마와 영화로 만들어졌기 때문에, 그의 소설은 읽는 동시에 보는 것이라고 말할 수 있다. 예컨대 『용의자 X의 헌신』(2005)은 일본, 한국, 대만에서 각각 영화로 만들어졌고, 『나미야 잡화점의 기억』의 경우에도 일본과 중국에서 각각 영화로 만들어졌다. 〈갈리레오〉와 〈신참자〉는 TV 드라마뿐만 아니라 극장판 영화로도 제작되었다.

장르문학과 본격문학의 구분 자체가 사실 모호한 개념이며 장르문학의 장치들이 본격문학 작가들에 의해 활용되는 예는 예나 지금이나 얼마든지 찾아볼 수 있다. 예를 들어 포의 추리소설, 환상소설, 공포소설이 영미 단편소설에 미친 영향은 이루 말할 수 없을 정도다. 그의 소설은 장르문학이니 순수문학이니 따질 필요 없이 그저 훌륭한 문학작품일 뿐이다. 포의 소설뿐만 아니라 괴테와 보르헤스, 하루키와 히가시노의 작품 역시 마찬가지다. 그 누가 포나 보르헤스의 작품을 환상문학이나 추리소설이라는 이유로 폄훼할 수 있겠는가? 순수문학이든 장르문학이든 문학적으로 괄목할 업적을 쌓는다면 문단으로부터의 사랑 정도는 얼마든지 받을 수 있다. 히가시노의 작품을 읽거나 보고 있으면 장르문학이든 본격문학이든 좋은 작품은 반드시 읽히고 또 살아남는다는 평범한 사실을 다시 한번 확인하게 된다.

조금 삐딱한 책읽기

2020년 11월 27일 초판 1쇄 발행

지은이 윤정용
펴낸이 유정환
펴낸곳 도서출판 고두미
등록 2001년 5월 22일(제2001-000011호)
충북 청주시 상당구 꽃산서로8번길 90
Tel. 043-257-2224 / Fax. 070-7016-0823
E-mail. godumi@naver.com

ISBN 979-11-86060-94-0 03810

이 도서의 국립중앙도서관 출판예정도서목록(CIP)은
서지정보유통지원시스템 홈페이지(http://seoji.nl.go.kr)와
국가자료공동목록시스템(http://www.nl.go.kr/kolisnet)에서 이용하실 수 있습니다.
(CIP제어번호: CIP2020049150)

※ 이 책은 2020년 충북문화재단 우수창작활동지원사업 기금을 지원받아 발간되었습니다.